新能源汽车维修
从入门到精通

瑞佩尔 ◎ 主编

化学工业出版社

·北京·

内容简介

本书共 6 篇 36 章,分别介绍了新能源汽车的基本知识;新能源汽车电源系统;新能源汽车的电驱系统;混合动力系统技术;新能源汽车底盘的维修,选择其要点及与传统燃油汽车不同的结构系统进行讲解;最后是车身电气。附录为新能源汽车常见英文缩略词。

本书采用全彩图解+动画演示+视频教学的形式向刚入门的维修人员讲解新能源汽车的基础知识和主要的维修方法与实用技术,内容由浅入深,层层递进。

本书适合广大汽车维修人员自学新能源汽车维修技术使用,也适合作为汽车职业院校新能源汽车专业的教材。

图书在版编目(CIP)数据

新能源汽车维修从入门到精通 / 瑞佩尔主编. —北京:化学工业出版社,2023.2(2024.10重印)
ISBN 978-7-122-42513-3

Ⅰ. ①新… Ⅱ. ①瑞… Ⅲ. ①新能源 - 汽车 - 车辆修理 - 图解 Ⅳ. ① U469.707-64

中国版本图书馆 CIP 数据核字(2022)第 208155 号

责任编辑:周 红	文字编辑:温潇潇
责任校对:赵懿桐	装帧设计:王晓宇

出版发行:化学工业出版社(北京市东城区青年湖南街13号 邮政编码100011)
印 装:北京建宏印刷有限公司
787mm×1092mm 1/16 印张19¼ 字数490千字
2024年10月北京第1版第2次印刷

购书咨询:010-64518888   售后服务:010-64518899
网 址:http://www.cip.com.cn
凡购买本书,如有缺损质量问题,本社销售中心负责调换。

定 价:108.00元   版权所有 违者必究

　　在政策的推动下,新能源汽车的全面发展已成大势,并在市场上获得了一席之地。据中国汽车工业协会统计数据显示,2012 年我国新能源汽车销量为 1.28 万辆,2021 年销量跃升至 352.1 万辆,截至 2022 年 5 月底,全国汽车保有量 3.07 亿辆,新能源汽车保有量达 1000 万辆,占汽车总量的 3.25%。世界主要汽车生产国已基本将发展新能源汽车作为国家战略,加快了技术研发和产业化进程。主要汽车厂商也宣布了停止销售燃油车的时间表。新能源汽车已成为国际汽车产业的发展方向,未来十年将迎来全球汽车产业转型升级的关键战略机遇期。传统燃油汽车被新能源汽车取代只是时间问题,而从燃油车的维修向新能源汽车的维修的技术转变,也成为每一个从业人员不得不面对的课题。

　　从传统燃油汽车的维修转变到新能源汽车的维修,其实并没多大的困难,二者并没多大的区别。唯一要关注的就是高压安全问题及高压系统与部件的维修诊断技术。

　　高压电如果操作不当,有可能危及接触者的生命。当然我们也不用谈"电"色变,因此而却步不前。只要遵守"用正确的工具和正确的方法去做正确的事情"的原则,维修新能源汽车的作业安全问题也将不再是问题。

　　与传统燃油车型相比,新能源汽车的很多系统及总成部件,其构造原理、拆装检测及维修方法都是相同的,比如插电混动车的发动机、变速箱,底盘传动、行驶、转向及制动系统,车身电气及车身构件,等等。

　　纯电动汽车与燃油汽车相比结构更加简单,去除了发动机与变速器总成,换上一套高压系统。而插电混动汽车则是在燃油车型的基础上加上了一套高压系统,成为燃油车加电动车的混合体。这样的结构看起来比燃油汽车更复杂,但只要我们分别对待,单独理解和处理高压系统,事情也就没有那么复杂了。

　　本书是一本适合新能源汽车维修人员从入门到提高的书籍,内容涉及新能源汽车结构原理与保养维修的诸多方面,可以说是新能源汽车维修相关从业人员及汽车职业院校新能源专业师生的"充电宝"。

　　全书分为 6 篇共 36 章,讲述新能源汽车的结构原理知识与维修技术。本书以行业规范为依照,注重知识性、系统性、实用性的多重结合,尽量用最直观(全彩图解 + 动画视频)的方式将最有用(一线品牌 + 主流车型)的内容呈现给读者朋友们。

第 1 篇为概述性内容,分 7 章介绍了新能源汽车概念、车型特征、纯电动车、增程电动车、插电混动车、油电混动车、燃料电池汽车的基本结构原理,高压电作业安全与基本的保养与维护项目。第 2 篇介绍新能源汽车的电源系统,分 7 章讲述了高压电池、高压配电、高压充电、DC-DC 转换器与车载充电机、充配电与集成电控总成、电池管理与电池温度管理等的系统组成、功能及原理、部件拆装、电气检测与故障诊断及排除方法。第 3 篇介绍新能源汽车的电驱系统,分 5 章讲解了电机基本原理与类型特征,重点介绍了永磁同步电机,异步感应电机、电机控制单元与电驱冷却系统的构造、功能与原理、部件拆装、检测与故障排除方法。第 4 篇分 5 章介绍了混合动力系统技术,主要以丰田 THS 系统、本田 i-MMD 系统、通用 VOLTEC 系统、比亚迪 DM-i 系统、国产 DHT 系统为例讲解系统组成、原理及相关维修技术。第 5 篇分 5 章介绍新能源汽车底盘的维修,择其要点及与传统燃油汽车不同的结构系统进行讲解。第 6 篇为新能源汽车的车身电气,共 7 章,主要介绍电路图识读,空调系统、智能座舱、自动驾驶(辅助)、整车控制器、车身控制器及网络总线系统的原理及相关维修技术。

本书以全彩图解的形式向读者讲解新能源汽车结构原理的基础知识,传授新能源汽车维修的主要方法与实用技术。为了加深学习印象,提高学习效率,还专门配套了演示动画与教学视频,扫描二维码即可观看。本书最后还附有新能源汽车常见英文缩略词中文注释,以供参考。

本书由瑞佩尔主编,此外参加编写的人员还有朱如盛、周金洪、刘滨、陈棋、孙丽佳、周方、彭斌、王坤、章军旗、满亚林、彭启凤、李丽娟、徐银泉。

由于涉及资料诸多,技术新颖,加上编者水平有限,疏漏之处在所难免,还请广大读者批评指正,以使本书在再版修订时更为完善。

编　者

目 录

第1篇　维修基础　001

第1章　新能源汽车概述
1.1　新能源汽车定义 …………………… 002
1.2　新能源汽车类型 …………………… 002

第2章　电动汽车
2.1　纯电动汽车 ………………………… 005
2.2　增程式电动汽车 …………………… 007

第3章　插电混动汽车
3.1　插电混动汽车构造 ………………… 009
3.2　插电混动汽车原理 ………………… 010

第4章　油电混动汽车
4.1　全混型混动汽车 …………………… 013
4.2　轻混型混动汽车 …………………… 015

第5章　燃料电池汽车
5.1　燃料电池汽车构造 ………………… 018
5.2　燃料电池汽车原理 ………………… 020

第6章　高压安全
6.1　高压安全策略 ……………………… 022
6.2　高压解除与启动 …………………… 024
6.3　高压互锁 …………………………… 026
6.4　高压绝缘 …………………………… 032
6.5　高压防护 …………………………… 040

第7章　保养与维护
7.1　保养项目 …………………………… 046
7.2　基本维护 …………………………… 047

第2篇　电源系统　055

第8章　高压电池
8.1　蓄电池概述 ………………………… 056
8.2　三元锂电池 ………………………… 057
8.3　磷酸铁锂电池 ……………………… 059
8.4　镍氢电池 …………………………… 061
8.5　电池包维护 ………………………… 062
8.6　电池包拆装 ………………………… 065
8.7　电池包检测 ………………………… 074
8.8　电池包故障排除 …………………… 078

第9章　高压配电系统
9.1　高压电缆与接插件 ………………… 083
9.2　高压配电箱结构 …………………… 085
9.3　高压配电箱拆装 …………………… 086
9.4　高压配电箱电路检测 ……………… 087
9.5　高压配电箱故障排除 ……………… 088

第10章　高压充电系统
10.1　高压充电方式与充电接口功能 …… 091
10.2　交流充电（慢充）工作流程 ……… 093
10.3　直流充电（快充）工作流程 ……… 094
10.4　充电接口保养 ……………………… 096
10.5　充电接口检测 ……………………… 097

第11章　DC-DC转换器与车载充电机
11.1　DC-DC转换器工作原理 ………… 098
11.2　DC-DC转换器电路检测 ………… 099
11.3　DC-DC转换器故障排除 ………… 100
11.4　车载充电机结构 …………………… 102

11.5　车载充电机检测与故障排查⋯⋯⋯⋯103

第 12 章　充配电与集成电控总成

12.1　充配电三合一组成⋯⋯⋯⋯⋯⋯106
12.2　多合一电控总成⋯⋯⋯⋯⋯⋯⋯109
12.3　交流充电故障排除⋯⋯⋯⋯⋯⋯110
12.4　直流充电故障排除⋯⋯⋯⋯⋯⋯112

第 13 章　电池管理系统

13.1　系统工作原理⋯⋯⋯⋯⋯⋯⋯⋯116
13.2　系统电路检测⋯⋯⋯⋯⋯⋯⋯⋯118
13.3　系统故障诊断⋯⋯⋯⋯⋯⋯⋯⋯120

第 14 章　电池温度管理

14.1　电池包冷却⋯⋯⋯⋯⋯⋯⋯⋯⋯123
14.2　电池包加热⋯⋯⋯⋯⋯⋯⋯⋯⋯125
14.3　系统故障排除⋯⋯⋯⋯⋯⋯⋯⋯126

第 3 篇　电驱系统　129

第 15 章　电机概述

15.1　电机基本结构与原理⋯⋯⋯⋯⋯130
15.2　电机类型与特性⋯⋯⋯⋯⋯⋯⋯131

第 16 章　永磁同步电机

16.1　电机构造⋯⋯⋯⋯⋯⋯⋯⋯⋯⋯133
16.2　电机拆装⋯⋯⋯⋯⋯⋯⋯⋯⋯⋯134
16.3　电机检测⋯⋯⋯⋯⋯⋯⋯⋯⋯⋯136
16.4　电机故障排除⋯⋯⋯⋯⋯⋯⋯⋯137

第 17 章　异步感应电机

17.1　电机构造⋯⋯⋯⋯⋯⋯⋯⋯⋯⋯142
17.2　电机原理⋯⋯⋯⋯⋯⋯⋯⋯⋯⋯142
17.3　电机拆装⋯⋯⋯⋯⋯⋯⋯⋯⋯⋯144

第 18 章　电机控制单元

18.1　系统原理⋯⋯⋯⋯⋯⋯⋯⋯⋯⋯147
18.2　部件拆装⋯⋯⋯⋯⋯⋯⋯⋯⋯⋯149
18.3　电路检测⋯⋯⋯⋯⋯⋯⋯⋯⋯⋯154
18.4　故障排除⋯⋯⋯⋯⋯⋯⋯⋯⋯⋯158

第 19 章　电驱冷却系统

19.1　系统组成与工作原理⋯⋯⋯⋯⋯165
19.2　系统部件拆装⋯⋯⋯⋯⋯⋯⋯⋯166
19.3　系统故障排除⋯⋯⋯⋯⋯⋯⋯⋯168

第 4 篇　混合动力系统　169

第 20 章　丰田 THS 系统

20.1　系统组成⋯⋯⋯⋯⋯⋯⋯⋯⋯⋯170
20.2　系统原理⋯⋯⋯⋯⋯⋯⋯⋯⋯⋯171
20.3　系统部件拆装⋯⋯⋯⋯⋯⋯⋯⋯172
20.4　系统故障排除⋯⋯⋯⋯⋯⋯⋯⋯173

第 21 章　本田 i-MMD 系统

21.1　系统组成⋯⋯⋯⋯⋯⋯⋯⋯⋯⋯178
21.2　系统原理⋯⋯⋯⋯⋯⋯⋯⋯⋯⋯179
21.3　系统检测⋯⋯⋯⋯⋯⋯⋯⋯⋯⋯180
21.4　系统部件拆装⋯⋯⋯⋯⋯⋯⋯⋯183

第 22 章　通用 VOLTEC 系统

22.1　系统组成⋯⋯⋯⋯⋯⋯⋯⋯⋯⋯186
22.2　系统原理⋯⋯⋯⋯⋯⋯⋯⋯⋯⋯187
22.3　系统部件拆装⋯⋯⋯⋯⋯⋯⋯⋯189

第 23 章　比亚迪 DM-i 系统

23.1　系统组成⋯⋯⋯⋯⋯⋯⋯⋯⋯⋯194
23.2　系统原理⋯⋯⋯⋯⋯⋯⋯⋯⋯⋯196
23.3　系统检测⋯⋯⋯⋯⋯⋯⋯⋯⋯⋯199
23.4　系统部件拆装⋯⋯⋯⋯⋯⋯⋯⋯201

第 24 章　国产 DHT 系统

24.1　系统组成⋯⋯⋯⋯⋯⋯⋯⋯⋯⋯204
24.2　系统原理⋯⋯⋯⋯⋯⋯⋯⋯⋯⋯206

24.3 系统旋变标定 ………………… 211

第5篇 底盘系统 213

第25章 纯电传动系统
25.1 齿轮箱构造 ………………… 214
25.2 电子换挡器结构原理 ………… 215
25.3 电子换挡器拆装与检测 ……… 217
25.4 齿轮箱故障排除 ……………… 219

第26章 混动传动系统
26.1 变速箱构造 ………………… 221
26.2 变速箱原理 ………………… 223
26.3 变速箱故障排除 ……………… 225

第27章 智能制动系统
27.1 制动系统组成 ……………… 230
27.2 能量回收原理 ……………… 233
27.3 系统总成更换 ……………… 233

第28章 电动转向系统
28.1 系统结构原理 ……………… 236
28.2 转向系统维修 ……………… 237
28.3 系统故障诊断 ……………… 239

第29章 电子驻车制动器
29.1 系统结构原理 ……………… 241
29.2 系统电气检测 ……………… 246

第6篇 车身电气 249

第30章 电气概述
30.1 电路图识读 ………………… 250
30.2 导线类型与表示法 ………… 253

第31章 空调系统
31.1 系统组成 …………………… 254
31.2 系统原理 …………………… 256
31.3 系统部件拆装 ……………… 258
31.4 系统故障排除 ……………… 261

第32章 智能座舱
32.1 车机系统 …………………… 266
32.2 部件拆装 …………………… 268

第33章 自动驾驶
33.1 系统概述 …………………… 271
33.2 故障排除 …………………… 273

第34章 整车控制系统
34.1 系统功能 …………………… 276
34.2 电气检测 …………………… 277
34.3 故障诊断 …………………… 281

第35章 车身控制系统
35.1 系统功能 …………………… 283
35.2 故障排除 …………………… 284

第36章 车载网络
36.1 总线概述 …………………… 286
36.2 总线诊断 …………………… 289
36.3 故障排除 …………………… 293

附录 新能源汽车常见英文缩略词

参考文献

第1篇

维修基础

第1章 新能源汽车概述

1.1 新能源汽车定义

1980年，联合国召开的联合国新能源和可再生能源会议对新能源的定义为：以新技术和新材料为基础，使传统的可再生能源得到现代化的开发和利用，用取之不尽、周而复始的可再生能源取代资源有限、对环境有污染的化石能源，重点开发太阳能、风能、生物质能、潮汐能、地热能、氢能和核能（原子能）。

新能源一般是指在新技术基础上加以开发利用的可再生能源，包括太阳能、生物质能、风能、地热能、波浪能、洋流能和潮汐能，以及海洋表面与深层之间的热循环等；此外，还有氢能、沼气、酒精、甲醇等。而已经广泛利用的煤炭、石油、天然气、水能等能源，称为常规能源。能源分类如图1-1所示。随着常规能源的有限性以及环境问题的日益突出，以环保和可再生为特质的新能源越来越得到各国的重视。

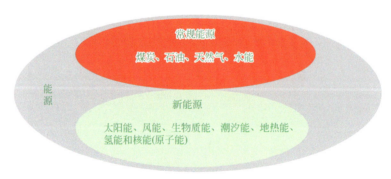

图1-1 地球能源分类

依照中华人民共和国工业和信息化部2009年6月17日发布的《新能源汽车生产企业及产品准入管理规则》，新能源汽车是指采用非常规的车用燃料作为动力来源（或使用常规的车用燃料、采用新型车载动力装置），综合车辆的动力控制和驱动方面的先进技术，形成的技术原理先进、具有新技术、新结构的汽车。

1.2 新能源汽车类型

新能源汽车主要包括混合动力汽车、纯电动汽车（BEV，包括太阳能汽车）、燃料电池电动汽车（FCEV）、氢能源动力汽车、其他新能源（如高效储能器、二甲醚）汽车各类型产品。丰田新能源汽车产品类型如图 1-2 所示。

图 1-2　丰田新能源汽车类型划分

电动汽车指的是所有使用电能驱动的车辆。这包括蓄电池驱动车辆和混合动力车辆（完全混合动力车）或搭载燃料电池的车辆。

全部或部分由电机驱动并配置大容量电能储存装置的汽车统称为电动汽车，简称 EV（electric vehicle），包括纯电动汽车 BEV（battery electric vehicle）、混合动力电动汽车 HEV（hybrid electric vehicle）和燃料电池电动汽车 FCEV（fuel cell electric vehicle）三种类型。燃油与电动车型的进化关系如图 1-3 所示。

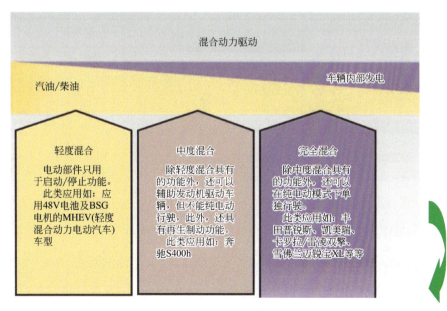

图 1-3

图 1-3　燃油与电动车型的进化关系

第 2 章　电动汽车

2.1　纯电动汽车

纯电动汽车的结构主要由电力驱动控制系统、底盘、车身以及各种辅助装置等组成。除了电力驱动控制系统，其他部分的功能及其结构组成基本与传统燃油汽车相同，所以电力驱动控制系统既决定了整个纯电动汽车的结构组成及性能特征，又是纯电动汽车的核心。电力驱动控制系统相当于传统汽车中的发动机与其他功能以机电一体化方式相结合，这也是纯电动汽车区别于传统燃油汽车的最大不同之处。如图 2-1 所示为典型纯电动汽车的结构。

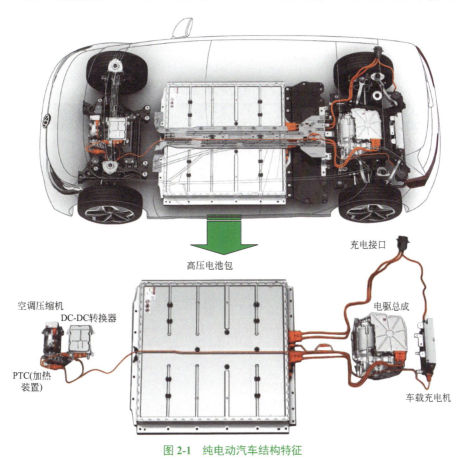

图 2-1　纯电动汽车结构特征

与燃油汽车相比,电动汽车的特点是结构灵活。燃油汽车的主要能源为汽油和柴油,而电动汽车是采用电力能源,由电源和电动机驱动。电力驱动及控制系统是电动汽车的核心,也是其区别于发动机汽车的最大不同之处。传统燃油汽车的能量是通过刚性联轴器和转轴传递的,而电动汽车的能量是通过柔性的电线传输的。因此,电动汽车各部件的放置具有很大的灵活性。

以大众高尔夫纯电动汽车为例,这是一款不装载发动机的纯电动车。除了通过再生性制动充电的蓄电池,高压电池只能通过一个充电站、230V 的电源插座或连接至公共充电站的充电电缆进行外部充电。除了高压系统,车辆还带有 12V 车载供电转换器和 12V 车载供电蓄电池。85kW 电动机/发电机通过一个减速箱和差速器将输出传导至驱动轮。车辆驱动单元与高压系统部件分布如图 2-2 所示,车辆工作模式如表 2-1 所示。

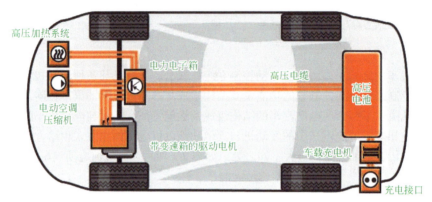

图 2-2 车辆驱动单元和高压系统部件位置

表 2-1 纯电动汽车工作模式

模式	模式说明	能量传递线路
电动驱动	纯电动车辆电动驱动单元的配置与完全混合动力车辆的配置完全相同:高压电池向动力电子元件供能,动力电子元件将直流电压转变成交流电压来驱动电动机	电机作为驱动单元运行 → 电力电子箱 ← 高压电池输出电能
再生制动	如果电动车"滑行"(车辆在没有来自电动机的驱动转矩下移动),部分热能通过用作交流发电机的电机转化成电能并对高压电池充电	电机作为交流发电机运行 → 电力电子箱 → 高压电池接受充电
外部充电	高压电池通过车辆上的充电触点进行充电。当连接外部充电电源时,车辆将按照之前的设定值自动充电。该过程会自动完成。如果充电过程中使用用电设备,它们将由充电电压供电	充电接口 → 电力电子箱 → 高压电池接受充电

续表

2.2 增程式电动汽车

带增程器的电动汽车属于串联式混合动力系统，电动机驱动车轮，发动机（增程器）带动发电机为电动机提供电能。

以奥迪 A1 etron 为例，它由一个发动机和两个电动机驱动，发动机未配备至驱动桥的机械连接。该车辆仅配备电动驱动。

发动机仅驱动电机 1，电机 1 作为发电机使用，并在车辆行驶时对高压电池充电。在该功能下，发动机以高输出和低油耗高效运作。该构造使得车辆行程增加。该车的高压电池主要由外部充电。

当发动机和电机 1 作为交流发电机对车辆进行再充电时，其可被视作备用发电机。除了高压系统，车辆还带有 12V 车载供电转换器和 12V 车载供电蓄电池。增程式电动汽车组成部件见图 2-3。车辆工作模式如表 2-2 所示。

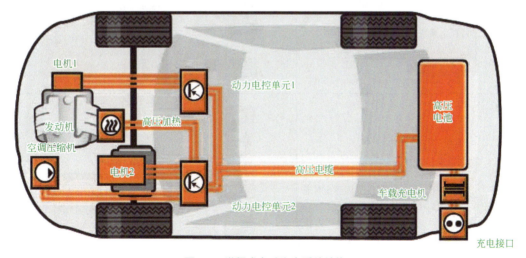

图 2-3 增程式电动汽车系统结构

表 2-2　增程式电动汽车工作模式

模式	模式说明	能量传递路线
电力驱动	如果高压电池已充电，则车辆由电机2驱动。便捷用电设备（高压供热系统和高压空调压缩机）和12V车载供电蓄电池通过动力电控单元2供电	发动机关闭；电机1关闭；动力电控单元1和2；电机2作为驱动部件运行；高压电池输出电能
电动驾驶和充电	高压电池缺电。发动机启用，以继续行驶。它驱动电机1，为高压电池充电。电机2是推进车辆的唯一动力源，也是再生性制动的唯一方式	发动机运行；电机1作为交流发电机运行；电机2作为驱动部件运行；高压电池输出电能并接受充电
外部充电	高压系统和整个驱动系统停用。高压电池通过车载充电插头、高压充电器和两个充电保护继电器充电。充电过程由系统自动监控和停止	外接电源充电接口；高压电池充电中
车辆静止时充电	没有外部电源对高压电池充电。这种情况下，发动机可在车辆静止时通过电机1对高压电池充电	发动机运行；电机1作为交流发电机运行；电机2关闭；高压电池充电中

第3章 插电混动汽车

3.1 插电混动汽车构造

插电混动汽车（plug-in hybrid electric vehicle，简称 PHEV），就是介于纯电动汽车与燃油汽车之间的一种新能源汽车，既有传统燃油汽车的发动机、变速箱、传动系统、油路、油箱，又有纯电动汽车的高压电池、电动机、控制电路，而且高压电池容量比较大，同时配有充电接口。它综合了纯电动汽车（EV）和混合动力汽车（HEV）的优点，既可实现纯电动、零排放行驶，又能通过混动模式增加车辆的续驶里程。

以宝马 i8 为例，该车型应用了车桥独立式混合动力系统。这种创新型驱动方案在车上组合使用了两种高效的驱动装置。由一个高效的 3 缸汽油发动机配合一个 6 挡自动变速箱进行后桥驱动。由一个电机配合一个 2 挡手动变速箱进行前桥驱动，驱动部件分布如图 3-1 所示。两个驱动装置巧妙配合使得车辆兼具了跑车的动力性能和紧凑型轿车的效率。

这种在宝马上首次采用的车桥混合动力形式在没有附加组件的情况下实现了可独立调节的四轮驱动系统。前部和后部驱动力矩相互协调可确保传动系统高效性能，可根据不同行驶情况进行具体调节。

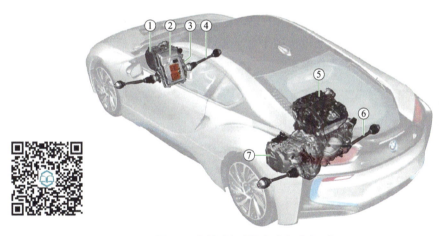

图 3-1　车桥独立式混合动力系统（宝马 i8）

1—电机；2—电机电子装置 EME；3—2 挡手动变速箱；4—右侧前桥半轴；
5—发动机；6—右侧后桥半轴；7—自动变速箱

采用车桥混合动力系统对车辆各车桥进行独立驱动时路面是两车桥间唯一的联系。驱动车辆时不仅可以单独而且可以同时使用两种传动系统。高压电池电量充足时可通过电动驱动装置以零排放和低噪声方式行驶较长距离。采取相应设计的发动机在配合电动驱动装置使用的情况下也可实现较长可达里程，并可在低油耗的情况下实现运动型驾驶方式。宝马 i8 高压系统部件分布如图 3-2 所示。

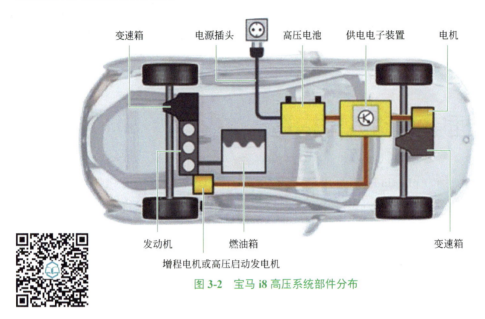

图 3-2　宝马 i8 高压系统部件分布

3.2　插电混动汽车原理

以大众混合动力驱动系统为例介绍插电混动汽车原理。图 3-3 为高尔夫 6 双驱 PHEV 插电混动车型结构示意图。驱动系统主要由发动机、混合动力车辆传动桥总成、带转换器的逆变器总成和 HV 蓄电池组成。采用混联式混合动力系统，载有两个电机，其中一个电机专门用作交流发电机或启动电机，另一个电机用作电动机和交流发电机。两个电机和发动机通过离合器相互连接。插电混动汽车工作模式如表 3-1 所示。

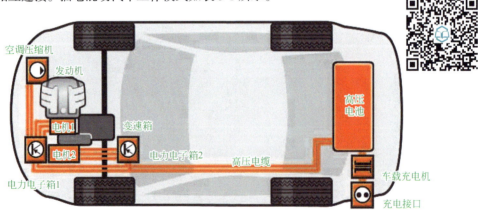

图 3-3　插电混合动力系统结构

表 3-1 插电混动汽车工作模式

模式	模式说明	能量线路
电动驱动	发动机停用,车辆由电机 1 驱动。高压电池通过动力电子元件 1 供能	发动机与电机2；高压电池输出电能；电机1作为驱动部件运行
序列驱动	电机 2 启动发动机,之后电机 2 作为交流发电机运行并向高压电池供能。因为电机 2 提供能量,所以电机 1 可电动驱动车辆。这种运行模式是个例外	发动机运行；电机2作为交流发电机运行；高压电池输出电能同时接受充电；电机1作为驱动单元运行
联合驱动	发动机和电动机使车辆加速。该功能取决于高压电池的充电状态	发动机运行；电机2作为驱动单元运行；高压电池输出电能；电机1作为驱动单元运行
发动机驱动	如果高压电池完全失电,则不再允许电动驾驶。在这种情况下,车辆使用发动机驱动,同时使用电机 2 产生的额外能量对高压电池充电	发动机运行；电机2作为交流发电机运行；高压电池接受充电；电机1关闭

续表

模式	模式说明	能量线路
耦合驾驶和充电	驾驶者计划的路线可能要求发动机驱动车辆，同时，额外的能量用于给高压电池充电	发动机运行；电机2作为交流发电机运行；高压电池输出电能的同时接受充电；电机1作为驱动部件运行
再生制动	离合器接合时，两个电机可用于再生性制动。车辆减速产生的能量可通过这两个动力电子元件转换成直流电压，并立刻存储在高压电池中	发动机运行；电机2作为交流发电机运行；高压电池接受充电；电机1作为交流发电机运行
外插充电	在从外部电源充电过程中，高压系统处于备用模式。 电动机和动力电子元件停用。充电电缆通过充电触点连接至车辆。当控制单元识别用于为高压电池充电的电源时，两个充电保护继电器关闭。 充电过程开始。一旦达到要求的容量，充电过程停止。充电过程中启用的用电设备由外部充电电源供电	发动机和电机2关闭；电机1关闭；外部充电连接；高压电池充电中

第 4 章　油电混动汽车

4.1　全混型混动汽车

hybrid 这个词来源于拉丁语 hybrida，意思是杂交或者混合的意思。在技术层面，hybrid 这个词指一种系统，该系统将两种不同的技术组合在一起来使用。丰田混合动力系统标志如图 4-1 所示。

图 4-1　丰田混合动力系统标志

全混系统将功率更强的电机和发动机相结合，可以实现纯电力驱动。一旦达到规定条件，电动机即可辅助发动机的运行。低速行驶时，车辆完全由电力驱动。发动机具备启动停止功能。回收的制动能量可为高压电池充电。发动机和电机之间的离合器，可以断开这两个系统之间的连接，发动机仅在需要时介入。系统组成与原理如图 4-2 所示。

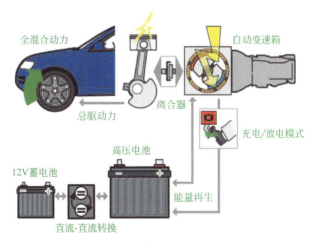

图 4-2　全混合动力系统

全混合动力系统又分为四个子类别：并联式混合动力系统、混联式混合动力系统、串联式混合动力系统、混串联式混合动力系统。

(1) 并联式混合动力系统

并联式设计的特点是结构简单。这种技术通常用于对已有车辆进行"混合动力化"。发动机、电机和变速箱安装于一根轴上。并联式混合动力系统通常配有一台电机。发动机和电机各自输出功率的总和等于总输出功率。这种方案可以保留车辆上大部分的原有零部件。在四轮驱动车辆的并联混合动力设计中，四个车轮的驱动力由托森差速器和分动器传送。系统组成与原理如图 4-3 所示。

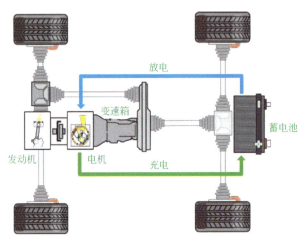

图 4-3　并联式混合动力系统

(2) 混联式混合动力系统

混联式混合动力系统除配有发动机外，还配有一台电机。二者均安装于前桥上。

驱动力由发动机和电机共同提供，通过行星齿轮组传递给变速箱。与并联式混合动力系统设计不同，两种形式的动力输出并不能全部传递给车轮，一部分动力输出用于驱动车辆，而另一部分则以电能的形式储存在高压电池中。系统组成与原理如图 4-4 所示。

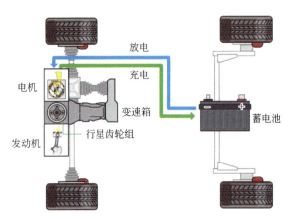

图 4-4　混联式混合动力系统

(3) 串联式混合动力系统

串联式混合动力系统配有一台发动机、一台交流发电机和一台电机。但与上述两种方案不同，发动机本身不能通过传动轴或变速箱驱动车辆，即发动机的输出动力不能传递给车轮。电机为车辆提供主要驱动力。当高压电池的电量降低时，发动机才会启动，通过交流发电机对高压电池充电，于是电机又可重新从高压电池上获得能量。系统组成与原理如图4-5所示。

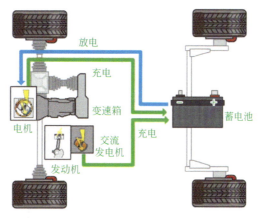

图4-5　串联式混合动力系统

（4）混串联式混合动力系统

混串联式混合动力系统是混联式混合动力系统和串联式混合动力系统的结合。装备该系统的车辆拥有一台发动机和两台电机。发动机和电机1安装于前桥上，电机2则安装于后桥上。

这种方案适用于四轮驱动车辆。发动机和电机1通过行星齿轮组连接至车辆变速箱。同样，在这种情况下，各动力源输出的动力并不全部传递给车轮。后桥上的电机2会在需要时启动。由于这样的设计，高压电池安装在车辆前、后桥之间。系统组成与原理如图4-6所示。

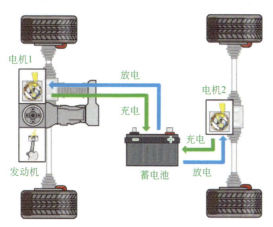

图4-6　混串联式混合动力系统

4.2　轻混型混动汽车

MHEV（mild hybrid electric vehicle）车型一般采用48V-BSG（belt driven starter generator）混动系统。整个系统由一台集成在发动机前端轮系上的48V-BSG电机、一个48V-12V

DC-DC 转换器、一个 48V 高压电池包（早期多为镍氢电池，现在多应用锂电池）、制动能量回收系统、冷却散热装置、混动控制器（HCU，集成在 ECU 内）等组成，如图 4-7 所示。

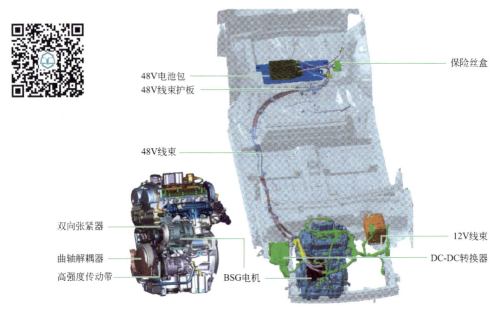

图 4-7　48V-BSG 混动系统组成

如通用汽车早期的轻混车型所应用的 BAS（belt alternator starter）系统由 36V 镍氢电池组、电动机发电机单元 MGU（motor generator unit）、传动带及双向张紧器总成、起动机/发电机控制模块 SGCM（starter/generator control module）、混合高压电池组分离控制模块（generator battery pack disconnected control module）也叫能量存储控制模块（ESCM）、12V 低压蓄电池组成，见图 4-8。

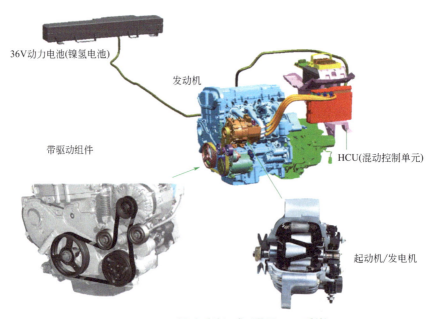

图 4-8　MHEV 混动系统组成（通用 BAS 系统）

48V-BSG 系统可以实现发动机舒适启动、低速助力、停机辅助、停机滑行、改变意图、全速助力、滑行能量回收、制动能量回收、发动机工况优化、整车能量管理等功能。

经济性方面油耗有效降低 14%，动力性方面低速（0～40km/h）加速性能提升 10% 左右。舒适性方面整车 NVH 性能得到提升，发动机启动和发动机熄火时的振动有明显改善。发动机节油减排技术方案对比如图 4-9 所示。

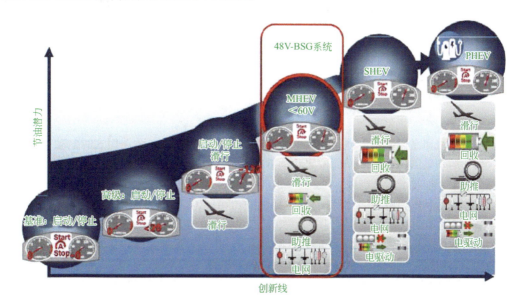

图 4-9　发动机节油减排技术方案对比

第 5 章 燃料电池汽车

5.1 燃料电池汽车构造

燃料电池汽车是以燃料电池为主要电源和以电动机驱动为唯一驱动模式的电动车辆。燃料电池汽车的基础结构多种多样，按照驱动方式可分为纯燃料电池驱动和混合驱动两种，区别主要在于是否加装了辅助电源。

目前，因受到燃料电池启动较慢和燃料电池不能用充电来储存电能的限制，多数燃料电池汽车都要增加辅助电源来提供燃料电池汽车启动所需要的电能和储存车辆制动反馈的能量。

因此一般的燃料电池汽车大多是混合驱动型车，其动力系统关键装备除了燃料电池，还包括 DC-DC 转换器、驱动电动机及传动系统、辅助电源。

2009 年奔驰发布了 B 级 F-CELL 燃料电池车。该车动力系统最大输出功率为 136 马力[1]，峰值转矩 290Nm，而且在启动时即可达到峰值转矩。最高速度可达 170km/h，只比自然吸气式奔驰 B200 车型低 26km/h。每公里二氧化碳排量为 0。B 级燃料电池汽车驱动系统的主要部件包括：小型氢气燃料电池反应堆、高效能的锂离子电池、3 个 700bar[2] 高压储氢罐以及一个位于前轴的紧凑而轻量化的驱动电机。该车内部结构如图 5-1 所示。

图 5-1　奔驰 B 级 F-CELL 燃料电池汽车

[1] 1 马力≈ 0.735kW。

[2] 1bar=0.1MPa。

奥迪在 2014 洛杉矶车展上发布了奥迪 A7 Sportback h-tron 氢燃料混合动力车，其最核心的部件是位于传统发动机舱的氢燃料电池，此电池由 300 多个电池单元组成。其工作原理为：氢气被输送到电池阳极后，被分解为质子和电子，质子到达阴极后与空气中的氧气反应变成水蒸气，同时电子提供电能，整个燃料电池的电压为 230～360V。在燃料电池模式下，车辆仅需大约 1kg 的氢就能行驶 100 公里，产生的能量相当于 3.7L 汽油，加满大约 5kg 氢气只需要不到 3min 的时间。该车内部结构及关键部件位置如图 5-2～图 5-5 所示。

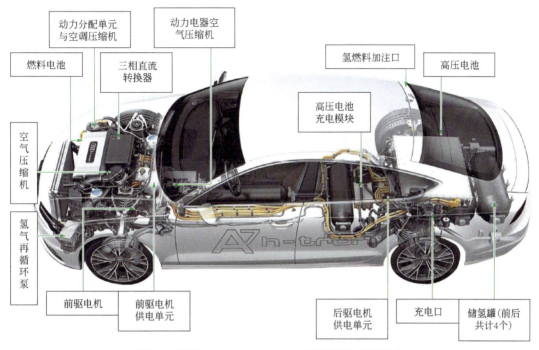

图 5-2　奥迪 A7 Sportback h-tron 氢燃料汽车部件分布

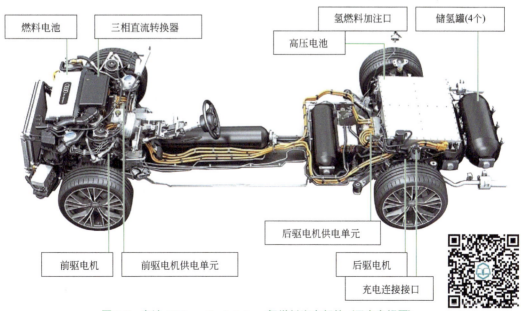

图 5-3　奥迪 A7 Sportback h-tron 氢燃料汽车部件（无车身视图）

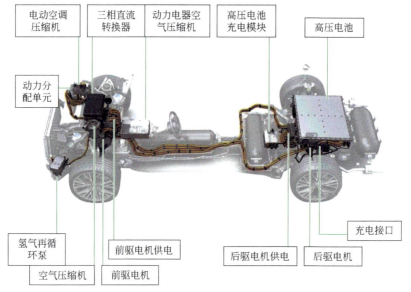

图 5-4　奥迪 A7 Sportback h-tron 氢燃料汽车部件（电动系统视图）

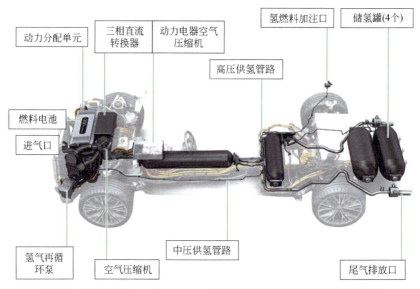

图 5-5　奥迪 A7 Sportback h-tron 氢燃料汽车部件（氢燃料系统视图）

5.2　燃料电池汽车原理

以大众途观 HyMotion（FCEV）车型为例，该车采用燃料电池驱动。车辆以氢气作燃料，并从燃料电池模块为电动机获取电能。在燃料电池模块中，氢气转化为水以产生电能。根据操作模式，高压电池的充电电压用于驱动。

该车没有安装附加的发动机，高压电池只能通过特殊的蓄电池充电器进行外部充电。除了高压系统，车辆还带有 12V 车载供电转换器和 12V 车载供电蓄电池。该车高压部件连接如图 5-6 所示。燃料电池汽车运行模式如表 5-1 所示。

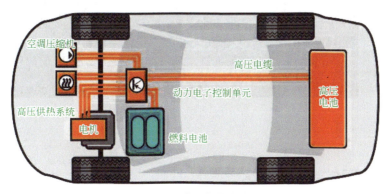

图 5-6　高压部件连接

表 5-1　燃料电池汽车运行模式

模式	运行模式说明	能量线路
电动驱动	如果高压电池已充电，则可电动驾驶车辆。在这种情况下，燃料电池不再提供任何能量，而且不再消耗任何氢气	
电动驾驶和充电	当高压电池在充电时需要燃料电池的能量时，燃料电池启用。用于驱动及高压电池充电的电能由燃料氢气和空气中氧气相互作用而获得	
再生制动	电机专门用于再生性制动。在超限运转阶段，电机用作交流发电机。它通过动力电子元件为高压电池充电	

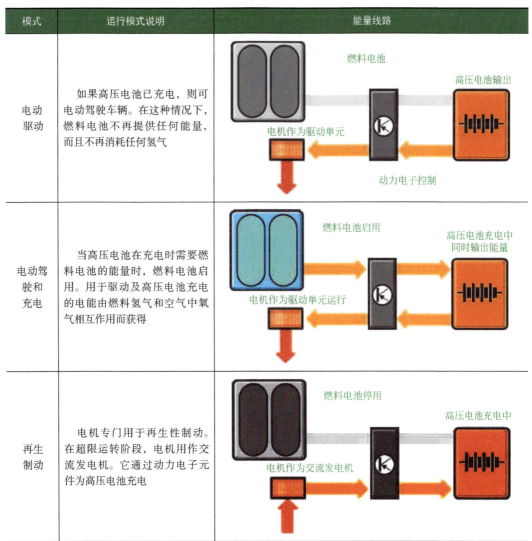

第 6 章　高压安全

6.1　高压安全策略

电动车辆一般可以使用如表 6-1 所示的安全策略来防范高电压对人员和车辆造成的危害与不利影响。

表 6-1　电动汽车高压安全策略

策略	说明	图例
1. 线束和连接器的颜色代码	所有高压线束和连接器使用醒目的橙/黄/红色	
2. 安全标记与警示标签	所有高压电组件均带安全标记，所有高压电组件均标有警告标签。发动机舱锁支架上有额外的黄色高压警告	
3. 触电防护	所有高压连接器均配备经过改进的触电防护组件（IPXXB+、防触摸）。高压电池内部还提供触电防护	
4. 紧急断电连接	紧急断电连接指的是高压电池包上的保养插头 TW 和保险丝架中的可快速拆卸的保险丝	

续表

策略	说明	图例
5. 互锁回路与绝缘电阻	为了提高所有高压连接器的触电防护效果，互锁线路仅与保养插头 TW 连接，绝缘监测电阻对车身高压电势的电绝缘情况进行检测	
6. 主动放电与被动放电	高压系统紧急关闭后，例如撞车或打开保养插头 TW 后，高压系统将在 5s 内放电。所有高压组件的电路中都有电容器。被动放电可确保电压在组件与高压电池断开后 2min 内降到 60V 以下	
7. 发生碰撞事故时高压切断	发生无法排除高压电系统损坏的事故后，高压电系统将关闭并主动放电。许多高压电组件都安装在非常靠近车身外壳的位置，一旦检测到事故，高压电会立即断开（通过烟火方式），该动作不可以在维修车间复位，必须进行更换维修	
8. 监测高压继电器与短路测试	每个高压继电器前后都有一个电压接头。如果非预期状态被识别为对其中一个高压继电器有影响，则高压电系统将停用，直到消除故障为止。如果高压继电器在预充电过程中发生短路，则会将其隔离，并且不会激活高压电系统。如果在高压电系统已经激活时检测到短路，则高压电系统将关闭	
9. 高压电池防护标准 IP67	IP6X 的 6 表示固态（异物颗粒与灰尘）等级（共 6 级）为完全防止异物进入；IPX7 的 7 表示液态（油和水等液体）等级（共 8 级），8 为无限浸泡而不损坏，7 为防护短暂浸泡（防浸）	

比亚迪 e 平台电动汽车采取的九级安全策略如图 6-1 所示。

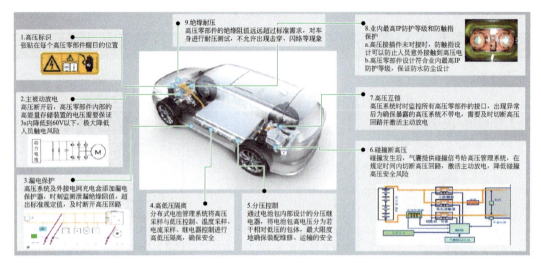

图 6-1　比亚迪 e 平台所应用的安全策略

6.2　高压解除与启动

6.2.1　高压维修开关结构与原理

维修开关（service switch），位于高压电池包总成的左上角，见图 6-2，连接了高压电池的一个正极和一个负极。它的主要作用是在车辆维修时直接断开高压回路，从而保证操作人员的安全。维修开关正常状态时，手柄处于水平位置；需要拔出时，应先将手柄旋转至竖直状态，再向上拔出；需要插上时，应先沿竖直方向用力向下插入，再将手柄旋转至水平状态。

图 6-2　维修开关安装位置（比亚迪唐 DM）

手动维修开关内部安装有高压电路的主保险丝和互锁的舌簧开关，见图 6-3。

拉起手动维修开关上的卡子锁止器可断开互锁，从而切断高压电池正负极继电器。但为确保安全，务必将启动开关置于"OFF"位置，断开蓄电池负极接线柱，等待 10min 后再拆下手动维修开关。在执行任何检查或维护前，应先拆下手动维修开关，使高压电路在高压电池的中间位置切断，以确保维护期间的安全。

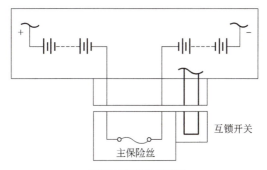

图 6-3 手动维修开关内部原理

6.2.2 手动维修开关启闭操作

以江淮新能源车型为例，手动维修开关的取出步骤如下：
① 钥匙置于"LOCK"挡。
② 断开 12V 蓄电池电池负极。
③ 断开维修开关，位置见图 6-4。

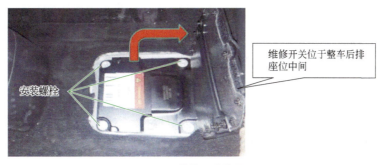

图 6-4 维修开关位置

④ 打开维修开关上方的地毯盖板。
⑤ 拆下维修盖板 4 颗安装螺栓，拆除维修开关盖板。
⑥ 打开维修开关二次锁扣，见图 6-5。

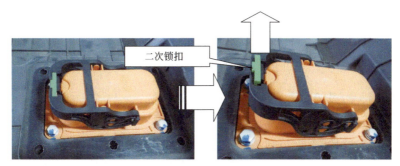

图 6-5 打开二次锁扣

⑦ 按住锁扣，按图 6-6 所示方向转动维修开关把手，然后向上用力，至把手垂直，拔出

维修开关。拔下维修开关后，需等待 10min，确保残余高压电量耗尽。

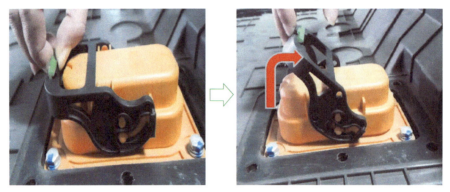

图 6-6　取出维修开关

6.3　高压互锁

6.3.1　高压互锁的原理

以比亚迪新能源车型为例，高压互锁包括结构互锁（图 6-7）和功能互锁（图 6-8）。

结构互锁的主要高压接插件均带有互锁回路，当其中某个接插件被带电断开时，高压电池管理系统便会检测到高压互锁回路存在断路。为保护人员安全，将立即进行报警并断开主高压回路电气连接，同时激活主动泄放。

功能互锁指的是当车辆在进行充电或插上充电枪时，高压电控系统会限制整车不能通过自身驱动系统驱动，以防止可能发生的线束拖拽或安全事故。

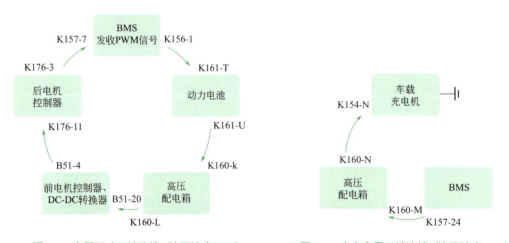

图 6-7　高压驱动互锁连接（比亚迪唐 DM）　　图 6-8　充电高压互锁连接（比亚迪唐 DM）

以北汽新能源 EV200 车型为例，高压控制盒互锁线路连接如图 6-9 所示。

高压线束总成互锁线路连接如图 6-10 所示。

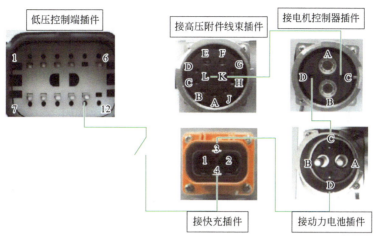

图 6-9　高压控制盒互锁线路连接（北汽 EV200/EV160）

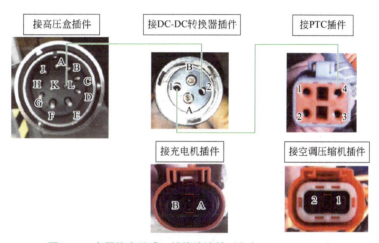

图 6-10　高压线束总成互锁线路连接（北汽 EV200/EV160）

6.3.2　高压互锁电路检测

以传祺 GA3S 车型为例，如高压互锁线路断开，可排查高压互锁线路。排查顺序为：500Ω 电阻器→车载充电机→PTC→电动压缩机→IPU→HVH→BMS→VCU。高压互锁回路如图 6-11 所示。

检测步骤：

① 检查前舱电器盒（EF1、EF16 保险丝，ER05 高压互锁继电器）和 12V 蓄电池处的 UEC150A 是否有松动、烧坏、氧化现象。

② 检查高压电池包手动维修开关安装状态（无松脱），见图 6-12。

③ 检测高压电池系统：用万用表测量 BMS（高压电池）FB30-16 是否有 12V 的电压，如果有电压，说明 HVH—BMS 这段回路是正常的。复原接插件后，测量 FB30-2 是否有 12V 电压输出，如有则说明 BMS 正常，如无则要检查该接插件及 BMS。

④ 检查电阻器：如果 FB54-30 没有 12V 电压，则测量电阻器 FB31-F4B 是否有 12V 电压。

如果有，则说明电阻器这段回路正常。再把接插件复原，检查 500Ω 的电阻是否异常或者接插件状态，见图 6-13。

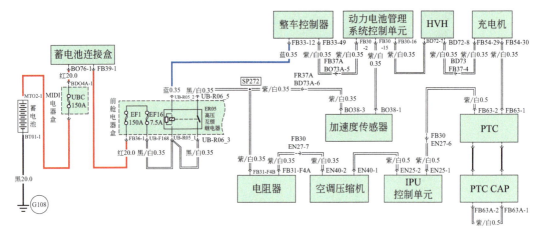

图 6-11　高压互锁回路（广汽 GA3S PHEV）

图 6-12　检查维修开关有无松脱

图 6-13　检查 500Ω 电阻状态

⑤ 检查充电系统。

a. 首先检测充电机是否正常，用万用表测充电机 FB54-30 端与 FB54-29 端是否导通，若导通，则充电机正常，反之，充电机异常。

b. 用万用表检测充电机 FB54-30 端是否有 12V 电压，若有，则蓄电池—前舱电器盒 EF1 保险丝—EF16 保险丝—ER05 高压互锁继电器—电阻器—空调压缩机—IPU—控制单元—PTC—充电机 FB54-30 端正常。反之，则需逐步排查上述部分。

⑥ 检测 PTC 系统。检测 PTC 是否正常，位置见图 6-14。用万用表检测 PTC 高压互锁插头 FB63A-2 端是否有 12V 电压，若有，则测量 FB63A-1 是否有 12V 电压输出，或往下一步，测量充电机 FB54-30 是否有 12V 电压。若有则说明 PTC 有电压输送过来，PTC 无问题。反之，PTC 高压互锁。再排查 PTC 连接充电机的线束状态。

图 6-14　检查 PTC 系统

⑦ 检测空调压缩机（位置见图 6-14）。用万用表测量压缩机 EN40-2 端是否有 12V 电压。分两种情况：EN40-2 端有 12V 电压，则检测 EN40-1 端，若 EN40-1 有 12V 电，则压缩机正常，反之则压缩机异常；若 EN40-2 无 12V 电压，则检查电阻器连接压缩机的线束状态。

⑧ 检测 IPU，见图 6-15。利用万用表检测 IPU 的 EN25-2 端是否有 12V 电压。分两种情况：若有，则检测 EN25-1 端是否有 12V 电压，有则 IPU 控制器正常，反之则 IPU 内部异常；若没有，则检测空调压缩机连接 IPU 的线束状态。

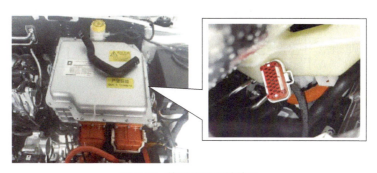

图 6-15　检测 IPU 互锁端子

⑨ 检查 HVH，见图 6-16。利用万用表检测 HVH 的 BD72-8 端是否有 12V 电压。分两种情况处理：若有，则检测 BD72-7 端，若有 12V 电压，则 HVH 正常，反之则 HVH 异常；若没有，则检查充电机连接 HVH 的线束状态。

图 6-16 检测 HVH 连接端子

⑩ 检查 VCU（整车控制器），位置见图 6-17。利用万用表检测 VCU 的 FB33-49 端是否有 12V 电压。分两种情况处理：若有，检测 FB33-12 端，若有 12V 电压，则 VCU 正常，反之 VCU 异常；若没有，检查 BMS 连接到 VCU 的线束状态。

图 6-17 检测 VCU 互锁端子信号

6.3.3 高压互锁故障排除

比亚迪秦 PHEV 车型，上 OK 挡电发动机启动，无法使用 EV 模式，仪表提示请检查动力系统，动力系统故障灯亮、高压 BMS 报故障码"P1A6000 高压互锁故障"，故障码无法清除或者清除后再现。

故障分析：

比亚迪秦的主要高压接插件（高压 BMS、高压配电箱、维修开关、驱动电机控制器及 DC 总成）均带有互锁回路，当其中某个接插件被带电断开时，高压电池管理器便会检测到高压互锁回路存在断路，为保护人员安全，将立即进行报警并断开主高压回路电气连接，同时激活主动泄放。高压互锁回路如图 6-18 所示。

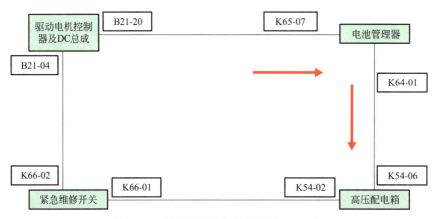

图 6-18 高压互锁回路（比亚迪秦 PHEV）

检修过程：

① 读取故障码，高压电池管理器报故障码"P1A6000：高压互锁故障""P1A4A00 高压互锁一直检测为高信号故障"，且故障码无法清除，如图 6-19 所示。

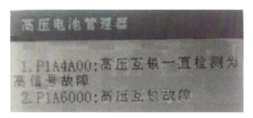

图 6-19　读取高压系统故障码

② 用诊断仪读取高压电池管理器及驱动电机控制器数据流如下：
a. 电池管理器数据流显示"高压互锁：锁止"，如图 6-20 所示。
b. 电池管理器显示高压接触器断开，如图 6-20 所示。

图 6-20　数据流分析

③ 测量高压互锁端子及低压互锁线束：

a. 测量高压电池管理器 K64-01 与 K65-07 端子，不导通（电阻大于 1Ω），确认互锁回路存在开路。根据经验，故障点一般在驱动电机控制器及 DC 总成、高压配电箱这两个零部件上，以下重点检查。

b. 测量高压配电箱 K54-02 与 K54-06 端子，导通（电阻小于 1Ω）。逐个轻微晃动高压配电箱上的高压互锁插头，测量没有开路现象，说明高压配电箱互锁端子没有开路或者偶发性开路情况。

c. 驱动电机控制器及 DC 总成无法直接测量，可以用排除法先测量维修开关 K66-01 与 K66-02，这两个端子导通正常（电阻小于 1Ω）。拔掉高压线束检查互锁端子是否有退针现象，确认端子已经退针，重新处理互锁端子，故障排除，如图 6-21 所示。

故障排除：修复高压线束退针的互锁插头。

维修小结：

① 首先要确认故障是偶发性故障还是一直存在故障，偶发性故障一般是线束插接不良，可以在测量导通性时逐个轻微晃动高压互锁插头，寻找故障点。

② 高压配电箱上有 7 个互锁端子，包括：高压电池包输入正、高压电池包输入负、驱动电机控制器及 DC 总成正、驱动电机控制器及 DC 总成负、车载充电机输入、输出至空调

配电盒、高压配电箱开盖检测。这些接插件插上后互锁端子是串联状态，通过测量 K54-02 与 K54-06 的导通性即可确认高压配电箱的互锁是否正常，如果不导通请检查高压及低压互锁端子是否有退针现象。

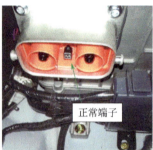

图 6-21　高压线束互锁端子

6.4　高压绝缘

6.4.1　高压绝缘的原理

以通用别克 VELITE 5 车型为例。配备高压蓄能和推进能力的车辆高压电路与车辆底盘绝缘。如果正极或负极高压直流（DC）电路或任一高压交流（AC）电路失去与车辆底盘的绝缘，则可能设置一个或多个 DTC。

类似于传统的 12V 车辆系统，绝缘损耗可简单认为是导体至底盘直接短路。但是，与 12V 系统不同的是，高压系统内的电势意味着绝缘击穿也是绝缘损耗的原因。因此，绝缘损耗诊断需要用高压进行测试。专用万用表使用其内置高压测试高压部件和电路的绝缘能力，例如 EL-50772 绝缘万用表。此外，当高压激活时，监测特定故障诊断仪参数还有助于确定哪些高压部件和电路已失去其底盘绝缘。

车辆执行两个独立的绝缘测试：被动式绝缘测试，通过混合动力总成控制模块 1 在电源逆变器模块内执行，内部原理图见图 6-22；主动式绝缘测试，通过混合动力总成控制模块 2 在混合动力 / 电动汽车蓄电池组内执行。

只要模块存在高压，电源逆变器模块持续执行绝缘测试。虽然驱动电机和辅助泵控制模块冗余地监测并显示传感器数据，但电源逆变器模块具有一个绝缘传感电路。正极电源绝缘电压和负极电源绝缘电压故障诊断仪参数给出绝缘状态的实时指示。在正常操作条件下，各个参数值约为混合动力 / 电动汽车蓄电池组高压总电压的一半。当检测到绝缘损耗状况时，电压故障诊断仪参数值将根据情况发生变化。当电压变化超过设定比例时，将设置故障码 P1AF0、P1AF2 或 P1E22。

注意，某些高压部件包括内部开关或逆变器电路，可中断其高压电路的一部分。如果是这种部件关闭，例如乘客驾驶室加热器，其整个内部电路将不被监测。与此类似，这些内部开关部件无法使用 EL-50772 绝缘万用表或同等产品完全在车下测试。

故障诊断仪参数：

• Drive Motor 1 Positive Supply Isolation Voltage（驱动电机 1 正极电源绝缘电压）

- Drive Motor 1 Negative Supply Isolation Voltage（驱动电机 1 负极电源绝缘电压）
- Drive Motor 2 Positive Supply Isolation Voltage（驱动电机 2 正极电源绝缘电压）
- Drive Motor 2 Negative Supply Isolation Voltage（驱动电机 2 负极电源绝缘电压）
- Aux Trans Fluid Pump Positive Supply Isolation Voltage（辅助变速箱油泵正极电源绝缘电压）
- Aux Trans Fluid Pump Negative Supply Isolation Voltage（辅助变速箱油泵负极电源绝缘电压）

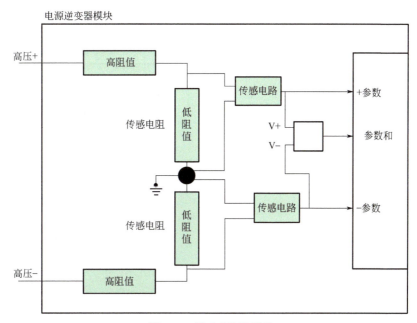

图 6-22　被动式绝缘原理

电源逆变器模块绝缘传感电路进行一个值的通信，该值由三个不同的模块冗余地显示。各个模块的参数均相同。

高压（HV）部件和底盘之间的绝缘损耗如表 6-2 所示。

表 6-2　高压（HV）部件和底盘之间的绝缘损耗（正极侧 *）　　单位：V

高压总线和底盘之间的绝缘	正常车辆	10M	5M	1M	500K	200K 近似 DTC 设置	100K	无一直接短路
正极绝缘参数 *	198	180	165	110	75	35	20	0
负极绝缘参数 *	192	210	225	280	315	355	370	390
参数之间的差值	0～15	30	60	170	240	320	350	390

* 观察到的完全充电电池组的典型值，390V。显示为对正极总线短路，对负极总线短路将显示数值相似的相反电压值。

主动式绝缘测试专用于监测混合动力 / 电动汽车蓄电池组内部高压（HV）电路。蓄电池能量控制模块在高压系统和车辆底盘之间切换固定式电阻。切换至底盘状态和未切换状态之间的差值用于计算至底盘的电阻值。当至底盘的电阻值降至低于设定值时，将设置 DTC P0AA6。

当主高压接触器继电器打开时，发生主动式绝缘测试。出于此原因，车辆行驶一段时间并关机后，混合动力 / 电动汽车蓄电池组的大部分测试紧随其后。绝缘测试电阻故障诊断仪参数指示上一次执行主动式绝缘测试时确定的至底盘的电阻的计算值。VELITE 5 车型高压系统组成如图 6-23 所示。

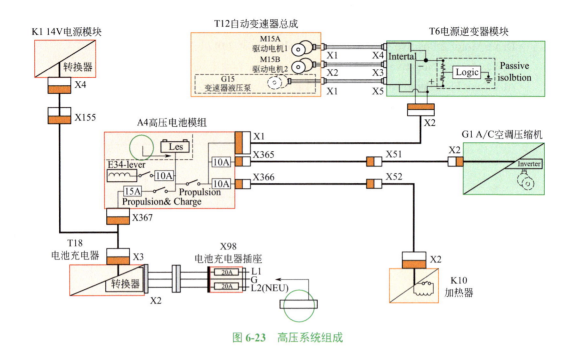

图 6-23 高压系统组成

6.4.2 高压绝缘电路检测

下面以比亚迪秦 PHEV 车型为例，讲解电动汽车高压系统漏电故障的检修方法。

根据维修经验，高压系统可能漏电的模块有：电动压缩机本体漏电，2#、4#、6#、8# 电池模组漏电，PTC 加热器漏电，驱动电机控制器及 DC 总成漏电，高压配电箱漏电。

高压系统报漏电故障时，确认是 ON 挡电报漏电故障，还是 OK 挡电报漏电故障。整车所有高压模块、橙色线束、漏电传感器及连接线束故障时均有可能报漏电故障码，可参考以下方法检查漏电故障。

高压系统漏电检测原理图如图 6-24 所示。

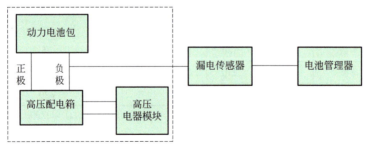

图 6-24 高压系统漏电检测

高压系统漏电检测原理：当高压系统漏电时，漏电传感器发出一个信号给高压电池管理器，高压电池管理器检测到漏电信号后，禁止充、放电并报警；漏电传感器检测高压电池包负极及与其相连接的高压模块与车身底盘之间的绝缘电阻，来判断高压电池包的漏电程度；当高压电池管理器报漏电故障时，先初步排除漏电传感器线路异常，再确认是 ON 挡电报漏电故障，还是 OK 挡电报漏电故障。高压系统漏电检测电路如图 6-25 所示。

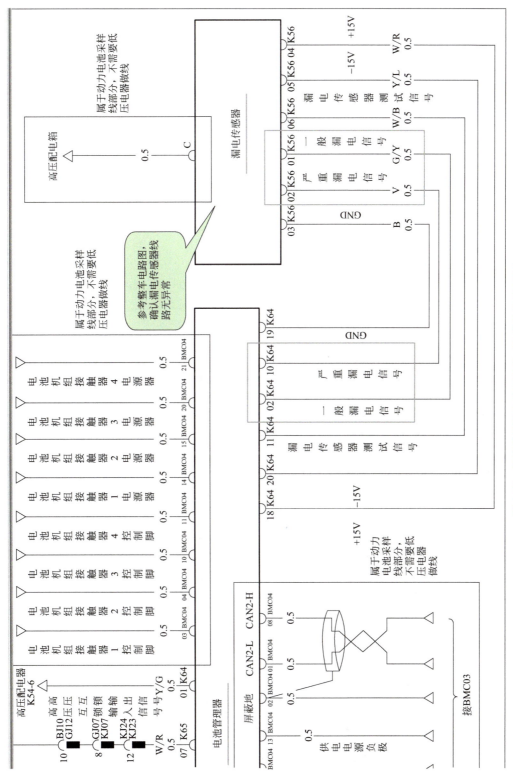

图 6-25 高压系统漏电检测电路（比亚迪秦 PHEV）

① 如果 ON 挡电报漏电故障，初步判断为高压电池包漏电。具体哪个电池模组漏电，可根据以下流程检查，见图 6-26。

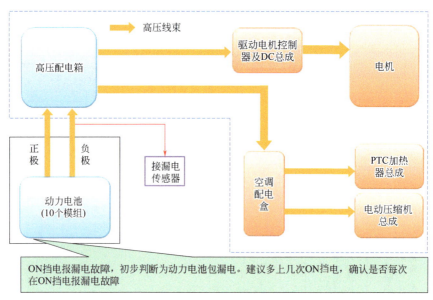

图 6-26　ON 挡漏电排查流程图

a. OFF 挡，拔掉 8# 电池模组接触器接插件，再上 ON 挡电，用诊断仪读取系统故障。如果不漏电，判断 8#、9#、10# 电池模组漏电（根据经验 8# 电池模组故障率高）；如果漏电，则排除 8#、9#、10# 电池模组故障，需检查 1#～7# 电池模组。

b. OFF 挡，拔掉 6# 电池模组接触器接插件，再上 ON 挡电，用诊断仪读取系统故障。如果不漏电，判断 6#、7# 电池模组漏电（根据经验 6# 电池模组故障率高）；如果漏电，则排除 6#、7# 电池模组故障，需检查 1#～5# 电池模组。

c. OFF 挡，拔掉 4# 电池模组接触器接插件，再上 ON 挡电，用诊断仪读取系统故障。如果不漏电，判断 4#、5# 电池模组漏电（根据经验 4# 电池模组故障率高）；如果漏电，则排除 4#、5# 电池模组故障，需检查 1#～3# 电池模组。

d. OFF 挡，拔掉 2# 电池模组接触器接插件，再上 ON 挡电，用诊断仪读取系统故障。如果不漏电，判断 2#、3# 电池模组漏电（根据经验 2# 电池模组故障率高）；如果漏电，则排除 2#、3# 电池模组故障，判定 1# 电池模组漏电。铁电池组 1#、3#、5# 可以互换，2#、4# 可以互换，6#、8# 可以互换，7#、9# 可以互换。各电池模组接触器接插件安装位置见图 6-27。

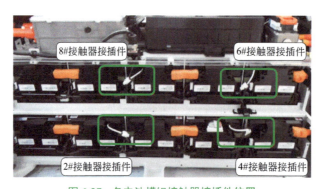

图 6-27　各电池模组接触器接插件位置

② 如果上 OK 挡电报漏电故障，初步判断为高压电池包以外的高压模块漏电。具体哪个高压模块漏电，根据以下流程检查，见图 6-28。

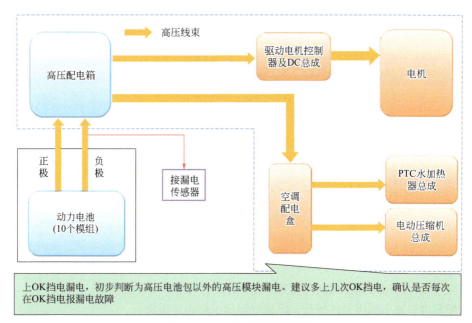

图 6-28　OK 挡漏电检测流程

a. OFF 挡，断开紧急维修开关，再断开电动压缩机高压线束插头；装上紧急维修开关，上 OK 挡电，用诊断仪读取系统故障。如果不漏电，判断电动压缩机漏电；如果漏电，判断电动压缩机正常；继续断开其他高压模块。

b. OFF 挡，断开紧急维修开关，再断开 PTC 高压线束插头；装上紧急维修开关，上 OK 挡电，用诊断仪读取系统故障。如果不漏电，判断 PTC 漏电；如果漏电，判断 PTC 正常；继续断开其他高压模块。

c. OFF 挡，断开紧急维修开关，再断开空调配电盒输入端高压线束插头；装上紧急维修开关，上 OK 挡电，用诊断仪读取系统故障。如果不漏电，判断空调配电盒及线束漏电，线束如图 6-29；如果漏电，判断 PTC 及线束正常正常；继续断开其他高压模块。

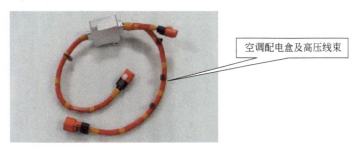

图 6-29　空调配电盒与高压线束

按照以上方法，依次断开剩余高压模块，逐个判断哪个模块漏电或哪条高压线束漏电。判定一个高压模块或高压线束漏电时，尽量再将高压模块或线束插头插上去确认故障是否再现，避免零部件误判。

6.4.3 高压绝缘故障排除

(1) 江铃仪表亮绝缘故障指示灯故障

故障现象：江铃 E100A 车型把钥匙拧到启动挡后，仪表上绝缘故障指示灯亮，见图 6-30。

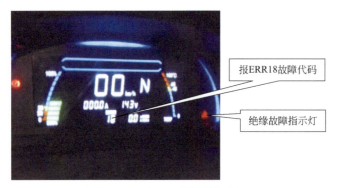

图 6-30　仪表亮绝缘故障指示灯

检修步骤：

① 把空调压缩机的高压接插件拔开，此绝缘故障指示灯还是报警。

② 把充电机输出端接插件拔开，绝缘故障指示灯还是报警。

③ 把 DC-DC 转换器高压输入端接插件拔掉，绝缘故障指示灯还是报警。

④ 把高压配电箱打开，分别把高压配电箱至电机控制器的正极、负极线拆下，绝缘故障指示灯还是报警，如图 6-31 所示。

⑤ 把高压配电箱 4 个固定脚用绝缘橡胶垫垫在高压配电箱与支架中间，绝缘故障指示灯还是报警。

⑥ 把电池包总正极至高压配电箱内的动力线拆卸，绝缘故障指示灯还是报警，见图 6-32。把电池包总负极至高压配电箱内的动力线拆下，绝缘故障指示灯灭，故障排除。当不拆卸该线，而是直接把电源总开关往下按下去，绝缘故障指示灯也灭。

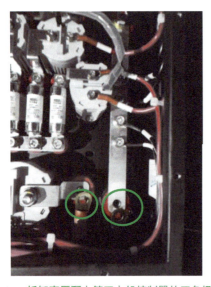

图 6-31　拆卸高压配电箱至电机控制器的正负极线路　　图 6-32　拆除电池包总正极至高压配电箱的连接线

⑦ 把电池包上的正负极航插拔下，分别测量电池包正极、负极对电池包外壳电压，二者相同。通过上位机软件监测，此时绝缘故障指示灯灭，以此排除电池包导致的绝缘报警问题。

⑧ 拆卸电源总开关，把两端的负极线直接接触在一起，绝缘故障指示灯亮。综合以上的排查过程，判定此绝缘故障是由动力线束引起的。

故障排除：更换动力线束总成。

（2）比亚迪宋 DM 车型高压电池包漏电故障

故障现象：一辆宋 DM 仪表偶发性报 EV 功能受限，无法使用 EV。

故障诊断：

① 使用诊断仪读取故障码为漏电故障，故分析原因为漏电传感器或 BMS 故障、高压部件漏电、高压线束破损等。

② 使用诊断仪读取故障码为严重漏电与一般漏电，清除故障码重新上电，发现只有一般漏电无法清除，检查各线束连接正常，无接插件松动的现象。

③ 首先确认是否为漏电传感器误报，断开漏电传感器到高压配电箱的连接，再次清除故障码后读取，故障码消失，排除漏电传感器与 BMS 故障。

④ 检查各高压件正常，由于漏电故障是在 ON 挡下就报，故分析严重漏电与一般漏电都为电池包故障，更换电池包后故障排除。

故障排除：更换高压电池包。

（3）比亚迪宋 DM 车型 EV 功能受限故障

故障现象：一辆宋 DM 里程 3000 公里，行驶过程中突然显示 EV 功能受限，无法切换纯电行驶。故障时 SOC 值为 80%，车辆无法充电，使用混动模式速度最快只能达到 60km/h。

故障诊断：

① 根据现象分析可能引起的原因有：高压电池故障、高压配电箱故障、驱动电机控制器故障、电池管理器故障、高压互锁或漏电故障。

② 使用 VDS2000 进行扫描后发现车辆有 7 个升级项，于是对车辆进行故障清除并更新最新程序。

③ 更新程序后试车故障未排除，读取电池管理器故障码为"P1A0000：严重漏电故障"，漏电传感器故障码"P1CA100：严重漏电故障""P1CA200：一般漏电故障"。诊断界面如图 6-33 所示。

④ 根据故障码定义进行检查。车辆在 OFF 挡位时断开高压电池母线，使用绝缘测试仪测量前驱动电机控制器对车身阻值，分别为 ≥ 20.9MΩ、21.0MΩ，正常；测量后驱动电机控制器对车身阻值，分别为 ≥ 24.2MΩ、24.2MΩ，正常。断开高压配电箱高压接插件，使用绝缘测试仪测量阻值，为 0.08MΩ，属于严重漏电。为了彻底排查故障原因，分别对高压配电箱周围低压线路进行拔出测量。断开漏电传感器低压线路后测量高压配电箱对车身阻值，阻值恢复正常。

⑤ 拆下漏电传感器查看，发现漏电传感器内部有许多液体，打开上盖后发现内部有许多水珠，查看底板及周围未发现有水痕，怀疑车辆涉水行驶。和车主沟通得知前些天下大雨，车辆有涉水较深情况。更换漏电传感器后故障排除。

故障排除：更换漏电传感器。

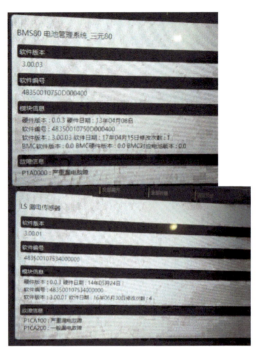

图 6-33 诊断仪读取故障码显示内容界面

6.5 高压防护

6.5.1 高压系统维修注意事项

混合动力汽车和电动汽车上的高压车载网络以最高 650 V 的直流电压工作且必须提供较大电能。其高压电部分连接线束呈橙色。部分高压部件上有警示标志，如图 6-34 所示。如果不遵守作业要求，将导致严重性伤害，甚至有生命危险。

工作人员一定要穿好绝缘鞋，身上不要携带金属物品，如口袋里不要装硬币等。使用 1000V 耐久性的绝缘手套，并在使用前确认是否破损，在未佩戴手套的情况下不要直接接触有高电压的部分。

图 6-34 高压部件警示标志

进行场地检查，在比较明显的位置使用三角警示牌提醒其他人员"高电压作业中触摸危险"字样。将维修车辆停放在维修工作区域时，先确认地面和发动机舱内没水，不允许在潮湿的环境下作业。确认工作区域内配有二氧化碳灭火器。

准备所需维修工具，确认维修工具经过绝缘处理。

切忌手上沾有水时进行高压作业及在高压部件沾有水的状态下作业。在地面或周围湿度过高时，须停止作业。

切断高压系统电源，首先切断手动维修开关。

6.5.2 高压安全操作规范

① 在维修作业前请采用安全隔离措施（使用警戒栏隔离），并树立高压警示牌，如图 6-35 所示，以警示相关人员，避免发生安全事故。

图 6-35　作业区域隔离与警示牌标示

② 在维修高压部件前，请将车身用搭铁线连接到混合动力及纯电动车型专用维修工位的接地线上。

③ 在检修有电解液泄漏的高压电池包时，需佩戴防护眼镜，以防止电解液溅入眼中。

④ 在车辆上电前，注意确认是否还有人员在进行高压维修操作，避免发生意外。

⑤ 检修高压线束时，对拆下的任何高压配线都应立刻用绝缘胶带包扎绝缘。

⑥ 进行钣金维修时，必须采用干磨工艺，严禁采用水磨工艺。

⑦ 整车进入烤漆房进行烘烤工艺时，必须将高压电池包与整车分离。

⑧ 不能用手指触摸高压线束接插件里的带电部位以免触电，另外应防止有细小的金属工具或铁条等接触到接插件中的带电部位。

⑨ 若发生异常事故和火灾，操作人员应立即切断高压回路，其他人员立即使用灭火器扑救，使用干粉灭火器，严禁用水剂灭火器。

⑩ 当发生电池漏电解液时，切勿用手触摸，电解液需用葡萄糖软膏进行稀释，不可用水稀释。

⑪ 空调制冷剂和冷冻油的回收、加注须用单独的专用设备进行，不能与燃油车型制冷剂加注及回收设备混用，避免对车辆空调系统及环境造成危害。

⑫ 作业中注意用于高压部件及区域提示的颜色或标示：

a. 橙色线束均为高压（适用于所有新能源车型，如图 6-36 所示的北汽新能源 EC200 车型）。

图 6-36　前机舱高压部件及橙色线束（北汽 EC200）

b. 动力整车电池包连至电源管理器的电压采样线束为红色（适用于部分新能源车型，如图 6-37 所示的比亚迪新能源车型）。

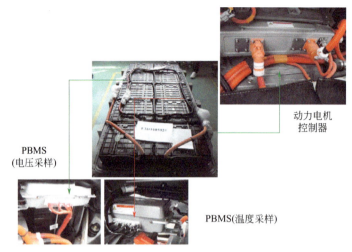

图 6-37　比亚迪新能源车型高压电池采样线束

c. 高压零部件：高压电池包、高压配电箱、车载充电机、太阳能充电器（如比亚迪 F3DM）、驱动电机控制器总成（前、后）、电动力总成（前、后）、电动压缩机总成、电加热芯体 PTC、漏电传感器等。图 6-38 所示为宝马 i3 高压部件分布。

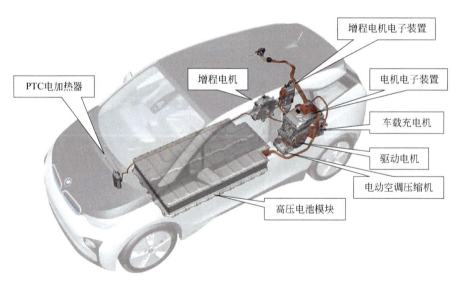

图 6-38　电动汽车高压系统所属部件（宝马 i3）

⑬ 新能源汽车高压系统维修步骤（图 6-39）：

a. 切断车辆电源（将启动按钮打在 OFF 挡），等待 5min；

b. 戴好绝缘手套；

c. 拔下维修开关并存放在规定的地方；

d. 在断开维修开关 5min 后，检修高压系统前应使用万用表测量整车高压回路，确保无电。

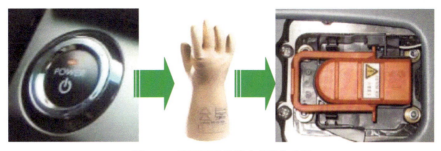

图 6-39 高压系统维修安全操作步骤

6.5.3 高压作业工具与要求

新能源汽车维修所用的基本设备如表 6-3 所示。

表 6-3 新能源汽车维修用基本设备

序号	设备工具名称	规格要求/技术标准
1	测电笔	1. 非接触式，声光提示；2. 可测试电压范围：90～1000V 交流电压
2	数字钳形表	电压测量 1000V AC/DC
3	兆欧表（绝缘电阻测试仪）	1. 输出电压：250V/500V/1000V；2. 测试电流：250V（$R=250kΩ$）1mA，500V（$R=500kΩ$）1mA，1000V（$R=1MΩ$）1mA；3. 绝缘电阻：250V 0.1～20MΩ，500V 0.1～50MΩ，1000V 0.1～100MΩ；4. 测试电压：AC750V
4	三相交流电相序计	1. 相序检测电压使用范围：200～480V；2. 相序检测频率使用范围：20～400Hz；3. 用于三相正弦交流电源相序的顺、逆及断相检查；4. LCD 和蜂鸣器指示正相、反相和缺相
5	Has_Hev 制动液充放机	1. 储液容量：≥4L；2. 工作压力范围：0～0.4MPa

维修用的辅料如表 6-4 所示。

表 6-4 新能源汽车维修用辅料

序号	名称	单位	数量	规格及要求
1	精密 0～7pH 试纸	盒	5	型号：pH 0～14，分辨率 0.5pH 单位
2	电工胶带	卷	10	尺寸：18mm×20m×0.18mm；电压等级：600V；介电强度：1000V/mil（39.37kV/mm）；绝缘电阻：>10～12Ω
3	干粉灭火器	个	4	如果车辆起火，火势较小较慢，可使用干粉灭火器灭火，并立即拨打求救电话

新能源汽车维修用的安全防护用具如表 6-5 所示。部分防护用具如图 6-40 所示。

表 6-5 新能源汽车维修用防护用具

序号	名称	单位	数量	设备规格及要求
1	安全警告牌	件	2	规格：30cm×60cm、高强度 ABS 塑料；内容："危险 请勿靠近"与高压标识
2	绝缘手套	双	3	耐直流电压 1000V 以上
3	防酸碱手套	双	3	耐酸碱性
4	绝缘鞋	双	3	耐直流电压 1000V 以上
5	绝缘胶垫	张	4	单张 $1m^2$，耐直流电压 1000V 以上
6	防护眼镜	个	3	耐酸碱性

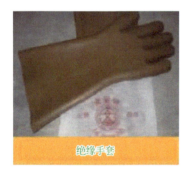
绝缘手套

绝缘胶鞋

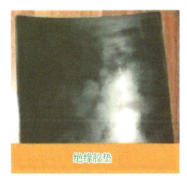
绝缘胶垫

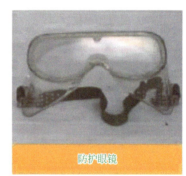
防护眼镜

图 6-40 防护用具实体

（1）混合动力及纯电动车型安全维修工位配置标准

① 设立专用维修工位（配备 3.5T 以上龙门举升机）；

② 采用安全隔离措施，并树立高压警示牌，如图 6-41 所示；

③ 墙面贴挂《混合动力及纯电动车型维修安全作业规范》；

④ 专用维修工位配有符合 GB/T 2099.1—2021 标准的额定电压为 250V、额定电流为 16A 的单相且有效接地的标准三孔插座。

（2）混合动力及纯电动车型安全维修工位辅料规格

① 高压警示牌（规格：30cm×60cm、高强度 ABS 塑料）；

② 警戒栏（规格：总高 90cm，拉带宽 5cm，拉带长 200cm、300cm、500cm，拉带颜色红色）；

图 6-41 维修工位警告牌与隔离栏

③ 绝缘地胶（规格：绝缘 1000V 的电压，防水级别与塑料或橡胶材料类似，尺寸：7m×4m），铺装效果如图 6-42 所示。

图 6-42 维修工位地面布置

第 7 章　保养与维护

7.1　保养项目

在运行的驱动电机周围工作时，应避免接触运动部件和热表面，以防受伤。检查驱动电机冷却液。如果驱动电机冷却液过脏或生锈，应排放、冲洗驱动电机冷却系统并重新加注新的驱动电机冷却液。保持适当的驱动电机冷却液浓度，以保证正确的防冻、防沸、防腐性能及驱动电机运行温度。检查软管，更换开裂、膨胀或老化的软管。紧固卡箍，清洁散热器和空调系统冷凝器外部，清洗加注口盖和加注口管颈。对冷却系统和盖进行压力测试，以便确保系统运行正常。

以吉利帝豪 EV 车型为例，油液更换规格及容量如表 7-1 所示。

表 7-1　吉利帝豪 EV 车型油液规格及容量

应用	油液容量	油液规格
减速器齿轮油	（2.3±0.1）L	Mobil Dexron Ⅵ
制动液	（445±20）mL	符合 DOT4
驱动电机水箱冷却液	6.1L	符合 SH0521 要求的驱动电机用乙二醇型驱动电机冷却液（防冻液），冰点≤-40℃
玻璃清洗剂	2.1L	硬度低于 205g/1000kg 的水或含有适量商用添加剂的水溶液
空调制冷剂	550g	R134a

以吉利帝豪 EV 车型为例，有别于传统燃油汽车的高压系统部件保养内容及周期如表 7-2所示。

表 7-2　吉利帝豪车型高压部件保养内容

总成	保养项目	保养内容	保养周期
高压电池总成	电池箱外围	电池箱体（含尾部挂梁）与车辆底盘的固定螺柱紧固	1万公里或6个月保养一次
		电池箱体（含尾部挂梁）与车辆底盘的固定螺柱腐蚀/破损	
		MSD 拉手及底座内部清洁度/腐蚀/破损	
		高压连接器公插与母插清洁度/腐蚀/破损	

续表

总成	保养项目	保养内容	保养周期
高压电池总成	电池箱外围	低压连接器公插与母插连接可靠性	1万公里或6个月保养一次
		低压连接器公插与母插清洁度/腐蚀/破损	
		电池箱箱体划痕/腐蚀/变形/破损	
		电池下箱体底部防石击胶划痕/腐蚀/破损	
	电池状态	检查电池状态参数/SOC/温度/cell电压	
		检查Pack绝缘阻值	
驱动电机	清洁电机水冷系统	清洁电机外壳体，保证无水渍、泥垢	1万公里或6个月保养一次
		检查管路有无老化、渗漏	
		检查水泵是否有冷却液渗漏	
	电机机械连接紧固	检测螺栓上的漆标，若漆标位置有移动则对螺栓进行紧固，若无则不做要求	
	接地线连接	电机接地线部位的接地电阻不大于0.1Ω	
冷却系统	冷却液	检查或更换	2万公里更换一次
减速器	齿轮油	检查或更换	5万公里更换一次
车载充电机	一般检查	清洁	1万公里或6个月保养一次
		高、低压接插件表面完好无破损、牢固	
		接地线牢固无松动	
驱动电机控制器	绝缘、接地、检测	绝缘电阻≥100MΩ；接地电阻≤100mΩ	5万公里检查一次
		不可维修件，无需保养	
分线盒		无需保养	

7.2 基本维护

电动汽车基本维护的大部分项目与传统燃油汽车是相同的，有区别的地方就是动力系统。相对于发动机的维护，因为无须定期更换机油、机滤、空滤、火花塞、燃油滤清器等消耗易损部件，所以电动系统的维护简单了许多。

汽车的基本维护分为检查（外观、液位与功能）、加固（按规定力矩拧紧螺栓或螺母）、调整（如轮胎换位、车轮定位）和更换（油液、空调滤清器）。

以小鹏P7为例，车辆维护时进行的检查项目如表7-3所示。

表 7-3　电动汽车维护检查项目

系统	项目	要求或规定
高压	检查电池包	线束及高低压接插件有无损坏,连接是否可靠,整体外观有无变形、磕伤,进出水口有无漏液,管路有无老化破损
	检查维修开关	检查与电池包连接是否牢靠
	检查前后电机	检查外观应完好,无磕伤、损坏及漏液现象,连接线束与接插件应无老化、破损,并且绝缘良好
	检查车载电源三合一	检查连接器应无松动,高低压连接线束无老化破损,总成外观无破损、磕伤及漏液情况
	检查交、直流充电口	试插入充电枪看充电是否正常,充电口有无异物,接插件是否松动,高低压线束是否老化、破损
	检查压缩机与PTC线束	检查连接器是否松动,线束是否老化、破损,与车身有无干涉
底盘	检查前后电机支撑胶	应无老化破损现象,如有需更换副车架总成
	检查电子驻车制动	将车辆行驶至15°坡道,制动停车挂入N挡启动电子驻车,释放制动踏板,观察驻车是否充分,会不会下滑。释放电子驻车,若行车中指示灯亮则为残余力过大
	检查制动液液位	正常的制动液液位应处于MAX(最大)和MIN(最小)之间
	检查制动管路	检查管路(软管)有无老化破损,车辆上电,将制动踏板踩到底并保持5s,观察有无制动液泄漏
	检查制动踏板行程	车辆下电,踩踏制动踏板多次直到不存在真空,制动踏板自然垂直状态到用手指按压至有阻力的距离为自由行程,正常为6.3mm
	检查制动开关	踩下制动踏板时观察制动灯是否点亮
	检查方向盘自由行程	将车停在水平地面,车轮朝向正前,转动方向盘检查自由行程,正常最大为30mm
	检查转向轴与防尘罩	检查上下轴螺栓是否紧固良好,防尘罩有无损坏
	检查横拉杆球头与防尘罩	晃动横拉杆检查有无间隙,检查球头固定螺母是否牢固,检查防尘罩是否损坏

续表

系统	项目	要求或规定
底盘	检查减速器润滑油	常温下旋开前/后桥减速器观察螺塞，如有润滑油流出则正常，如无流出则须加注直至流出，螺塞拧紧力矩：52Nm
	检查轮胎	检查胎面，如发现有中心或双边磨损，调整胎压；如有单边或锯齿形磨损，检查车轮前束及外倾角并调整，检查胎纹深度，保证沟槽深度高于磨损标记厚度
	检查车轮螺母	检查螺母是否缺失或损坏，以对角交叉方式拧紧，拧紧力矩110Nm
	检查悬架组件	目检连接衬套是否老化破损，目检各个连接部件是否变形、有裂纹、有干涉、有松动，检查减振器是否漏油
电器	检查灯光	两人作业检查前大灯与后尾灯。前大灯：日间行车灯——位置灯——近光灯——远光灯——高度调节——转向灯（及外后视镜转向灯）——危险警告（及外后视镜转向灯）。尾灯：位置灯——后雾灯——转向灯——制动灯——高位制动灯——倒车灯——牌照灯——危险警告灯（后雾灯在近光灯或AUTO挡情况下开启）。检查车内灯功能
	检查多功能方向盘	检查按钮动作是否顺畅不卡滞。在大屏选择方向盘助力（轻柔、标准、运动）模式，方向盘阻力应随模式依次增加
	检查座椅记忆与调节	通过大屏"车辆控制——常用——座椅调节按钮"进入控制界面，点击按钮1、2、3储存当前座椅位置，保存后再点击"恢复"提取座椅位置信息。调节大屏以及座椅按钮，座椅动作应与调节方向一致且运行顺畅无卡滞
	检查电动门锁	通过左前门控制面板开关闭锁与解锁按键，检查车辆四门是否同步执行闭锁与解锁动作
	检查电动车窗	通过调节四门车窗的升降，玻璃动作过程应无异响、抖动与卡滞。通过左前控制开关禁用乘客侧玻璃升降时乘客侧升降开关应无效
	检查电源与USB	通过12V车用电器检测供电是否正常。使用USB接口用具检测USB供电及数据读取是否正常
	检查扬声器	按压扬声器开关检测扬声器功能
	检查大屏	查看大屏4G网络信号、通信信号、充电管理界面等是否正常，分别打开导航、多媒体应用、蓝牙与电话通信、语音识别等功能看是否正常
	检查内外后视镜	镜面应完好，调节应灵敏
	检查雨刮器与洗涤器	如前风挡玻璃两个喷射区在不同角度时，可以使用镊子微调喷嘴的喷射方向，雨刮器接口的正确安装位置应与前风挡玻璃下边三个小圆点重合
	检查洗涤液	洗涤液为易耗品，应定期（两周或一个月）检查，不足时及时添加。型号为TEEC-30℃，加注量为（2±0.2）L

续表

系统	项目	要求或规定
电器	检查故障码	连接车辆诊断仪，车辆上电，按诊断仪提示，读取故障码。如显示当前有故障码，则须排除故障，清除历史故障信息，重启车辆，等待5s后再次读取故障码，确保没有当前故障码，则故障排除
	检查并清洁空调排水管	夏季来临前应检查冷凝水排水管有无堵塞，拆下排水管并用高压气枪清洁内部杂质
车身	检查并润滑车门锁、车门限位器与铰链	在各个部位涂抹润滑脂，并操作车门开启、闭合，使之运行顺畅
	检查前后盖撑杆	检查是否正常支撑，卡扣是否安装到位，有无泄压、漏油现象
	检查安全带	完全拉出安全带检查是否脏污、撕裂、扯破或擦伤，用力迅速拉出安全带检查自动回卷装置锁止功能是否正常，检查插扣总成功能是否正常

维护时需要进行加固的部位如表7-4所示。

表7-4　电动汽车维护加固部位

系统	项目	要求或规定
高压	紧固电池包螺栓	电池包固定螺栓A与螺栓B拧紧力矩：70Nm
	紧固车载电源三合一	4个紧固螺栓的拧紧力矩：35Nm
底盘	紧固底盘螺栓（以减振器为例）	紧固前减振器与车身固定螺母：30Nm 紧固滑柱下叉1与前减振器总成2固定螺栓/母：100Nm 紧固滑柱下叉与前横拉杆总成固定螺栓/母：70Nm+180°

续表

系统	项目	要求或规定
电气	检查蓄电池	安装蓄电池正极夹 3，紧固螺栓 C：6Nm；安装蓄电池负极夹 1，紧固螺栓 A：11Nm。螺栓 B 拧紧力矩：6Nm 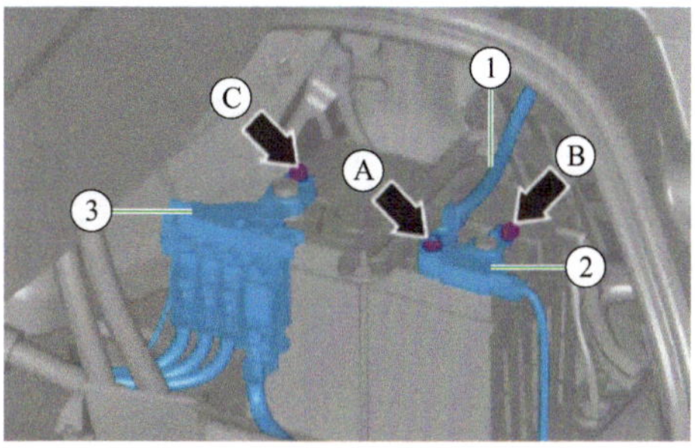

需要进行电气或机件检测的项目如表 7-5 所示。

表 7-5　电动汽车维护检测项目

系统	项目	要求或规定
电气	检测蓄电池电压	在蓄电池两天未充放电的情况下使用万用表测量静态电压。静态电压大于或等于 12.6V 时，为正常，当小于 11V 时，应对蓄电池充电
电气	检测故障码	如下图所示连接车辆诊断仪 1，车辆上电按照诊断仪提示，查询故障信息，如显示当前故障码，则须排除故障。将历史故障信息清除后重启车辆，等待数秒后再次读取，确保没有当前故障码 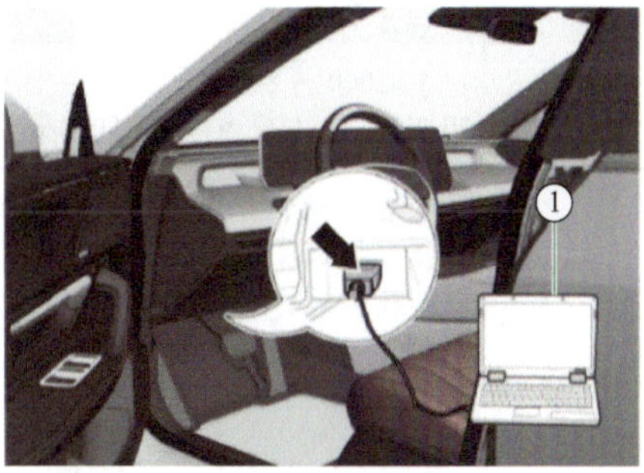
底盘	检测制动盘	使用千分尺 1 测量制动盘厚度：前制动盘——30mm（磨损极限 28mm）；后制动盘——20mm（磨损极限 18mm）。如达到极限值则须更换。 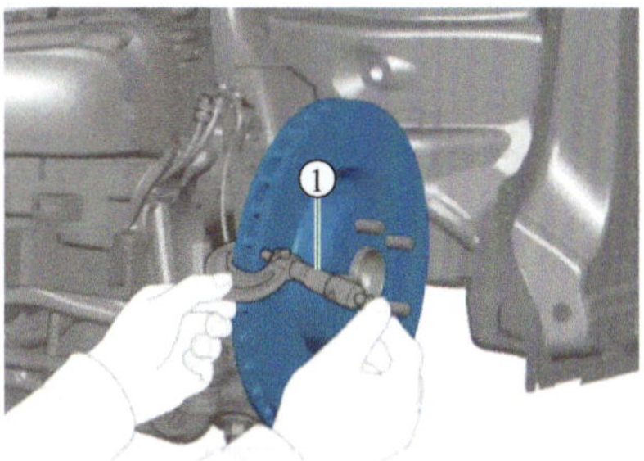

续表

系统	项目	要求或规定
底盘	检测制动摩擦片	用游标卡尺 1 测量摩擦片 2 厚度：前摩擦片——9mm（磨损极限 2mm，不包括背板）；后摩擦片——10mm（磨损极限 2mm，不包括背板）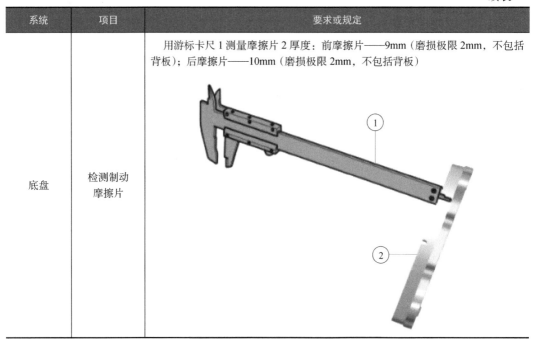

需要进行调整和更换的项目如表 7-6 所示。

表 7-6　电动汽车维护调整与更换项目

系统	项目	要求或规定
底盘	车轮换位	每 5000～8000 公里进行一次换位。后驱车型：左前调右后，右前调左后，左后调左前，右后调右前。四驱车型：前后左右交叉对调
底盘	制动液更换	旋松制动卡钳排气螺栓，连续踩动制动踏板，排空旧制动液，加入新制动液并连续踩动制动踏板，直到新的制动液从排液口流出。排气螺栓拧紧力矩：40Nm。按下图顺序对 4 个制动分泵进行制动液更换 ① 左前　③ 右前　④ 左后　② 右后

续表

系统	项目	要求或规定
底盘	制动液更换	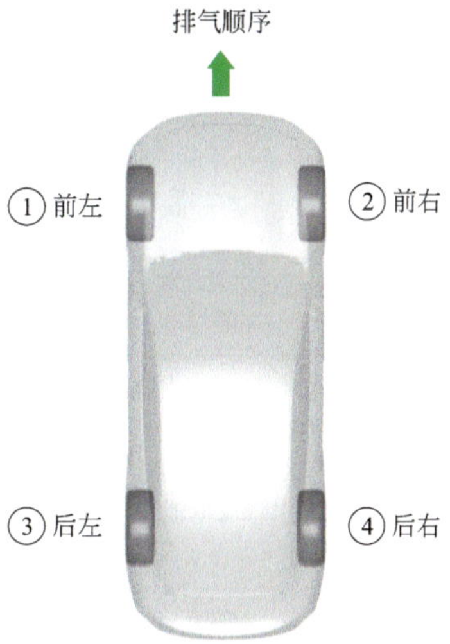 排气顺序：① 前左　② 前右　③ 后左　④ 后右
	制动系统排气	制动分泵更换制动液后，须对制动系统排气，然后再添加制动液到制动液罐。 进行排气时确认储液罐中制动液高于 MAX 标线。将塑料软管插入制动钳排气螺栓上，另一头放入干净容器。由另一名协助者缓慢踩制动踏板几次，然后施加持续不变的压力，松开制动卡钳上的排气螺栓，使空气从系统中释放出来，拧紧排气螺栓。继续重复以上步骤，直到空气排净。按上图顺序对每个车轮进行排气操作，直到制动液中没有空气为止
电气	更换前/后桥减速器润滑油 更换雨刮片	旋出加油、放油螺塞，排放废油，拧紧放油螺塞（52Nm）；加注润滑油[前桥（0.9±0.1）L，后桥（1.0±0.1L）]，拧紧加油螺塞（52Nm） 车辆上电，在大屏设置功能上开启"雨刮维修模式"，用手指按压雨刮片锁止按钮 A，沿箭头 B 方向拆下雨刮片 1。安装完成后车辆上电并短时操作刮水臂，使雨刮器重新置于末端位置 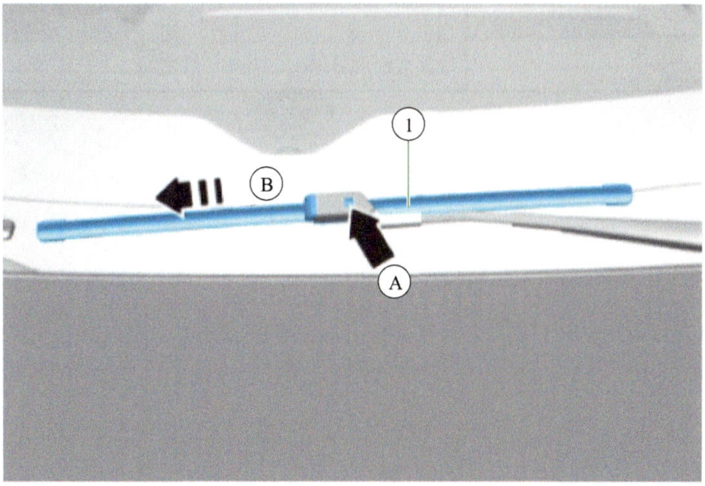

续表

系统	项目	要求或规定
电气	更换空调滤清器	打开手套箱，脱开阻尼器与手套箱固定卡扣 A，顺时针或逆时针旋转脱开手套箱盖 1 的固定卡扣 B，脱开卡扣并打开滤清器盖，取出旧的空调滤清器并更换。
	更换温控系统冷却液	关闭所有用电器，车辆下电，断开蓄电池负极，拆卸手动维修开关、前舱底部后护板、护板电池包安装支架总成，然后更换冷却液：首先旋出膨胀水壶盖（待冷却液冷却至环境温度后再打开），将收集器置于车辆底部，松开固定卡箍，脱开电池出水管与电池包的连接，排放冷却液，如不能完全排放，可使用压缩空气加压（加压压力不可超过 0.2MPa）。 加注冷却液时须使用诊断仪进入"加注模式控制"，并缓慢加入冷却液，车辆上电，诊断仪连接后选择"模块诊断"，点击"HVAC"—"动作测试"—"加注模式控制"，此时膨胀壶液面如果下降，则需要补充冷却液。加注量为后驱车型 16L，四驱车型 18L，加注完成后，须保持"加注模式控制"5～10min，同时观察液位，确保液面位于 MAX 与 MIN 线之间

第 2 篇

电源系统

第 8 章 高压电池

8.1 蓄电池概述

如果将锌棒和铜棒分别置于不同容器适当的电解液中,则两种金属会以不同速度向电解液中释放离子,电子将留在金属棒上。在一个容器中,溶液中有很多带正电的锌离子,锌棒上则留有许多电子。在另一个容器中,溶液中仅有少量正极铜离子,铜棒上也只有少量电子。如果现在将两个容器用离子桥连接起来,则会因离子浓度不同而发生电荷交换。由于锌棒上聚集了过量电子,因此它将作为正极,而铜棒将作为负极。由于电子浓度不同,因此两者之间的电压可测。

如果使用导线连接两个电极,则电流会从正极流向负极。该构造通常被称作原电池,是蓄电池最简单的形式。如果能量从蓄电池中释放,则正极转为负极。在可充电蓄电池中,相同的电极可作为正极或负极交替工作,取决于蓄电池正在充电还是正在放电。蓄电池工作原理如图 8-1 所示。

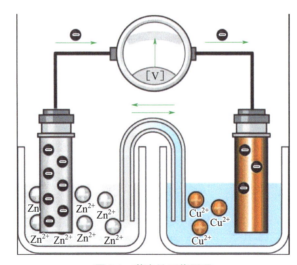

图 8-1 蓄电池工作原理

可充电蓄电池通过电极和电解质使用的材料进行分类。最常见的可充电蓄电池为铅酸蓄电池、镍氢蓄电池和锂离子蓄电池。

高压电池单体的封装形式常见有圆柱体、方形金属壳(硬包)、方形铝塑(软包)等,如图 8-2 所示。

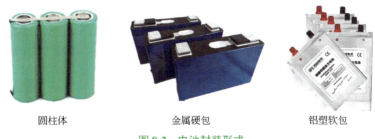

图 8-2 电池封装形式

以吉利星越 PHEV 车型为例，高压电池总成安装于乘员舱下部，呈 T 字形排布，如图 8-3 所示。

图 8-3 T 字形高压电池包总成

8.2 三元锂电池

锂（Li）是一种化学元素。"锂"字源自希腊词"lithos"，意思是"石头"，因为锂是在 1817 年从石头中发现的。和钠一样，锂属于碱性金属（由其化学行为决定），此外，由于其密度低，因此被视作轻金属。它是化学元素中质量第三轻的元素，仅次于氢和氦。

三元锂电池又称三元聚合物锂电池，三元锂电池的"三元"指的是包含镍（Ni）、钴（Co）、锰（Mn）或铝（Al）三种金属元素的聚合物（前三种组合简称 NCM，后三种组合简称 NCA），在三元锂电池中作正极。三者缺一不可，在电池内部发挥巨大的作用。镍的主要作用是提升电池的体积能量密度，是提升续航里程的主要突破口，但含量过多会导致镍离子占据锂离子位置（镍氢混排），导致容量下降。钴作用为抑制阳离子的混排，用以提升稳定性和延长电池的寿命，此外，也决定了电池的充放电速度和效率（倍率性能），但过高的钴含量会导致实际容量降低。钴是十分昂贵的稀有金属，成本高昂，锰或铝的作用在于降低正极材料成本，同时提升电池的安全性和稳定性。

三元锂电池最大优势在于电池储能密度高，其储能密度通常在 200Wh/kg 以上，相对于磷酸铁锂电池的 90 ~ 120Wh/kg，更适合乘用车市场对续航里程的需求。但是三元锂电池材料分解温度在 200℃ 左右，它会释放氧分子，在高温作用下电解液会迅速燃烧，有电池自燃和易爆风险，因此它对电池管理要求很高，需要做好过充保护（OVP）、过放保护（UVP）、过温保护（OTP）和过流保护（OCP）等。

松下采用的电池正极材料是 NCA（镍钴铝），三种材料配比为 80%：15%：5%，在负极上，松下使用了碳硅材料。硅的克容量为 4200mAh/g，而纯石墨负极克容量仅为 373mAh/g，掺入了硅的碳硅负极材料克容量能够达到 400 ~ 650mAh/g，进一步提高了电池的能量密度。特斯拉早期电动车型，安装的是松下提供的 18650 圆柱锂电池。在特斯拉 Model 3 上采用的新型的 21700 圆柱形电池上，松下实现了单体电芯能量密度 300Wh/kg 的指标。

特斯拉早期电动车的电池采用了松下提供的 NCA 系列（镍钴铝体系）18650 钴酸锂电池，整车的电池包分为 60kWh 或者 85kWh 两类（早期产品），单颗电池容量为 3100mAh（一般我们在蓄电池上看到的单位是 Ah，这主要是根据不同容量的电池来选择不同的单位）。

85kWh 的 Model S 的电池单元一共运用了 8142 个 18650 锂电池，组装时首先将这些电池以单元、模组逐一平均分配最终组成一整个电池包，电池包位于车身底板，如图 8-4 所示。

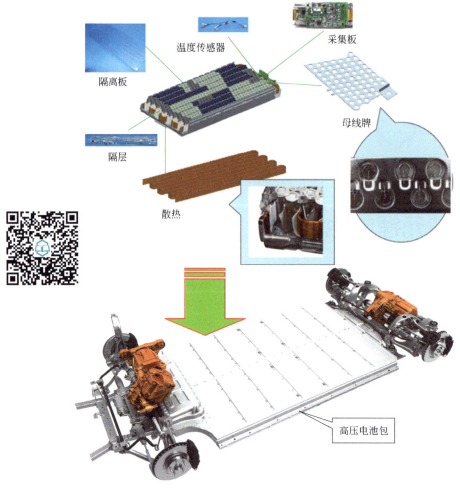

图 8-4　高压电池包组成

虽然18650钴酸锂电池是满足较高续航里程的关键，但它在高温状态下的稳定性与镍钴锰酸锂（NCM）电池和磷酸铁锂电池相比则要稍差些，因此，在安全性方面就需要技术的有力支撑。

电池包内每一节18650钴酸锂电池两端均设有保险装置，每个电池片和每个电池砖也都有保险装置，一旦发现某一单元内部出现问题，保险装置就会切断其与其他电池单元的联系，从而避免影响整体电池性能。另外，每个电池片之间都有相对独立的空间，由防火墙相隔，即使是单个电池片内部出现了起火的情况，火势也可得到一定控制，不至于迅速蔓延至整个电池包。电池模块内部细节如图8-5所示。

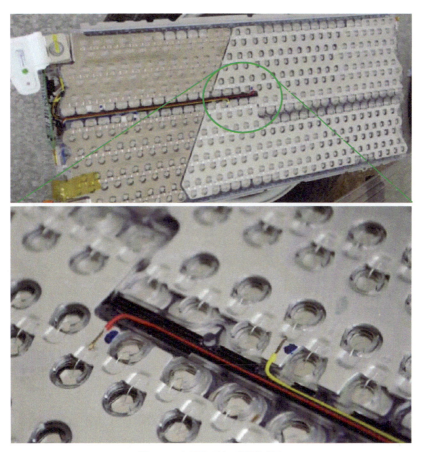

图8-5 高压电池组成局部特征

8.3 磷酸铁锂电池

磷酸铁锂电池全名是磷酸铁锂锂离子电池，简称为磷酸铁锂电池。由于其性能特别，所以多在动力方面应用，故多称为磷酸铁锂高压电池。也有把它称为"锂铁（LiFe）高压电池"的。磷酸铁锂高压电池是用磷酸铁锂（$LiFePO_4$）材料作电池正极的锂离子电池，它是锂离子电池家族的新成员。目前用作锂离子电池正极材料的主要有：$LiCoO_2$、$LiMn_2O_4$、$LiNiO_2$及$LiFePO_4$。这些组成电池正极材料的金属元素中，钴（Co）最贵，并且存储量不多，镍（Ni）、锰（Mn）较便宜，而铁（Fe）最便宜。

LiFePO$_4$ 电池的内部结构如图 8-6 所示。左边是橄榄石结构的 LiFePO$_4$ 作为电池的正极，由铝箔与电池正极连接，中间是聚合物隔膜，它把正极与负极隔开，但锂离子 Li$^+$ 可以通过而电子 e$^-$ 不能通过。右边是由碳（石墨）组成的电池负极，由铜箔与电池的负极连接。电池的上下端之间是电池的电解质，电池由金属外壳密闭封装。LiFePO$_4$ 电池在充电时，正极中的锂离子 Li$^+$ 通过聚合物隔膜向负极迁移；在放电过程中，负极中的锂离子 Li$^+$ 通过隔膜向正极迁移。锂离子电池就是因锂离子在充放电时来回迁移而命名的。

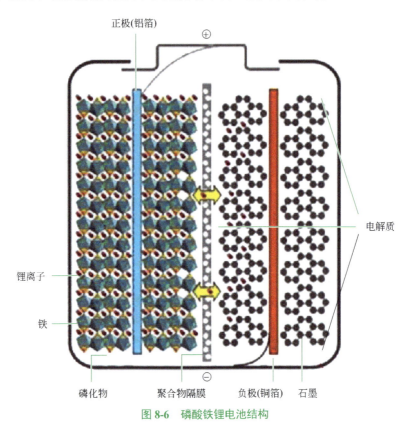

图 8-6 磷酸铁锂电池结构

比亚迪制造的绝大部分电动汽车，以及多数国产低端电动车型配载的一般都是磷酸铁锂电池。以比亚迪汉 EV 车型为例，该车型装载的是比亚迪最新研发的磷酸铁锂"刀片电池"，电池系统能量密度为 140Wh/kg。汉 EV 分为单电机和双电机版本，其中单电机版车型最大功率 222 马力，峰值转矩 330Nm，整备质量 2020kg，NEDC 综合续航 605 公里；双电机车型搭载的是最大功率 222 马力前驱动电机和 272 马力的后驱动电机，整备质量 2170kg，NEDC 综合续航 550 公里。

"刀片电池"是比亚迪开发的长度大于 0.6m 的大电芯，通过阵列的方式排布在一起，就像"刀片"一样插入到电池包里面。一方面可提高高压电池包的空间利用率，增加能量密度；另一方面能够保证电芯具有足够大的散热面积，可将内部的热量传导至外部，从而匹配较高的能量密度。根据专利信息，该电芯可实现无模组，直接集成为电池包（即 CTP 技术），从而大幅提升集成效率。汉 EV"刀片电池"组装的高压电池包内部形态如图 8-7 所示，部件分解如图 8-8 所示。

图 8-7 比亚迪汉 EV 所使用的"刀片电池"

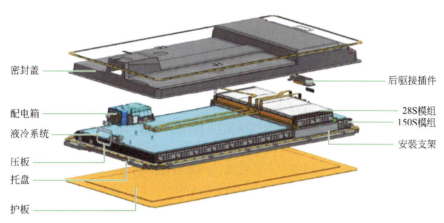

图 8-8 高压电池部件分解

8.4 镍氢电池

镍氢（NiMH）电池的单电池的源电压是由电极上过量的带电氢离子产生的。镍氧氢化合物（氢氧化镍）作正电极。负电极由能对氢进行可逆存储的金属合金组成。镍氢电池内部结构如图 8-9 所示。

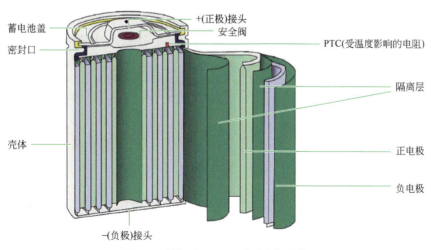

图 8-9 镍氢（NiMH）电池内部结构

充电过程中,氢离子从负电极迁移至正电极,并吸附在电极材料上。放电过程相同,但顺序相反。

镍氢(NiMH)电池的单电池采用了两个安全机制。PTC 电阻器可限制高温时的电流,安全阀可以以受控方式释放蓄电池的单电池中产生的过高压力。

镍氢电池电解液为不可燃的水溶液,比热容、电解液蒸发热相对较高,而能量密度相对较低,即使发生短路、刺穿等极端异常情况,电池温升小,也不会燃烧。

在低温地区,如日本北海道、加拿大,室外温度在 0℃以下,镍氢电池也能正常充放电,不会存在安全隐患。此外,镍氢电池的产品质量控制难度也相对较低,因制造过程导致缺陷的可能性很小。

所以对电池电量要求不高的普通混动车型,大多都选择使用镍氢电池。除了丰田旗下的卡罗拉 - 雷凌双擎、凯美瑞双擎、普锐斯,雷克萨斯 CT200H、ES300H,本田思域 HEV、INSIGHT 英赛特、CR-Z 等混动车型,其他使用镍氢电池的混合动力车辆有:福特汽车的 Ford Escape、雪佛兰的 Chevrolet Malibu。

丰田普锐斯(PRIUS)hybrid,是日本丰田汽车于 1997 年推出的世界上第一个大规模生产的混合动力车辆车款。丰田第三代普锐斯采用 201.6V(1.2V×6 格 ×28 块)直流镍氢电池,2003 款车型为 1.2V×6 格 ×38 块 =273.6V,丰田为第四代普锐斯提供了两种电池选择,较为传统的镍氢电池和目前比较流行的锂离子电池。两款电池的输出电压相近,锂离子电池的输出电压为 207.2V,镍氢电池则为 201.6V,所占的体积也相似,锂离子电池大小约为 30.5L,镍氢电池约为 35.5L。第三代普锐斯所配镍氢电池模块结构见图 8-10。

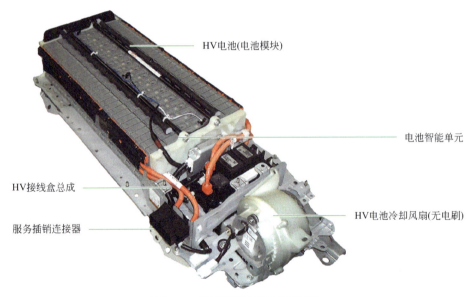

图 8-10 普锐斯所用镍氢电池模块

8.5 电池包维护

本小节内容以比亚迪唐电动汽车为例。唐的高压电池包安装位置如图 8-11 所示。

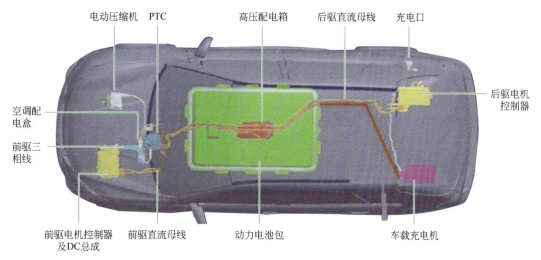

图 8-11 比亚迪唐高压电池包位置

(1) 维护保养计划（表 8-1）

表 8-1 维护保养计划

序号	维护保养项目	维护保养周期	适用范围
1	外观检查	每 6 个月或 50000 公里	高压电池
2	绝缘电阻测试	每 6 个月	独立高压电池
3	容量测试及校正	每 6 个月或 50000 公里	高压电池

(2) 高压电池外观检查

高压电池的外观检查主要针对高压电池托盘底部。检查步骤如下：

① 将轿车停在举升机两柱之间。

② 举升轿车，高度 1.2m 左右，观察高压电池托盘边缘及底部。

③ 检查托盘边缘是否开裂、有无液体流出，托盘底部有无凹陷变形。

④ 确定无问题后放下轿车。

(3) 容量测试及校正

① 放电至下限保护电压（单节电压 2.2V），即 0%SOC。

② 充电至上限保护电压（单节电压 3.8V），即 100%SOC。

③ 记录充入的容量 C。

④ 充电结束后，拔掉充电器，关闭充电口舱门。

⑤ 连接 VDS1000，将标称容量更改为 C。

电池包标称容量标定方法，以比亚迪唐为例：

① 确认电池包标称容量（品检代号）、SOC；

② 进入系统标定设置。操作界面如图 8-12 所示。

品检代号命名规则：A 为 0、B 为 1、C 为 2……

电池包出厂容量标定方法的操作界面如图 8-13 所示。

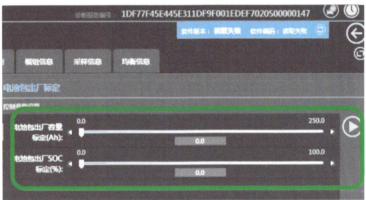

图 8-12 容量标定操作界面

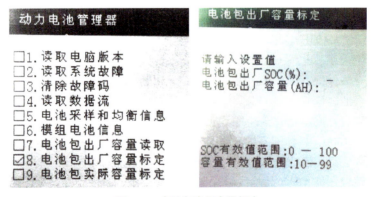

图 8-13 电池包出厂容量标定

(4) 独立高压电池的维护和保养

独立高压电池包连接端子分布如图 8-14 所示。维护标准与处理措施见表 8-2。

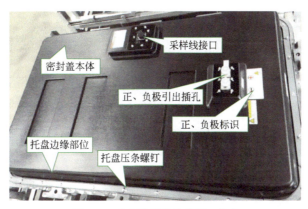

图 8-14 高压电池包连接端子分布

表 8-2 独立高压电池包维护标准

序号	标准	不符项处理措施
1	密封盖无裂痕，无凹陷、凸起等变形	更换
2	托盘边缘无变形	更换
3	托盘压条螺钉无松动	重新紧固
4	正、负极标识和高压警示标识清晰，无破损	更换标识
5	正、负极引出插孔内无异物	用气枪吹出，清理异物
6	正、负极引出附近螺栓无断裂	更换
7	采样线接口无破损	更换

8.6 电池包拆装

8.6.1 电池包总成拆装

以小鹏 P7 电动汽车为例，高压电池包紧固件力矩参数如表 8-3 所示。

表 8-3 小鹏 P7 高压电池包紧固件力矩参数

紧固位置	规格	拧紧力矩 /Nm
锁紧电池包至车身两侧螺栓	六角法兰面螺栓 M10×50	70
预紧并锁紧电池包中部螺栓至车身	六角法兰面螺栓 M10×125	70
紧固等电位铜排总成至车身及电池包	六角法兰面自排屑搭铁螺栓 M6×16	10
	六角法兰面螺栓 M6×20	10
连接低压线束及高压线至电池包	六角法兰面螺栓 M5×16	5

续表

紧固位置	规格	拧紧力矩 /Nm
安装检修口盖至车身后底板	六角法兰面螺母 M6	8
连接高压线束至电池包	六角法兰面螺母 M6	5
装配两驱前电池线束至车身	六角法兰面螺母 M6	6
装配四驱前电池线束至车身	六角法兰面螺母 M6	6

进行高压系统维修作业前，穿戴好绝缘保护设备，包括绝缘手套、绝缘鞋和面罩。电池包如果长时间在炽热的环境中会导致性能下降。烤漆时，注意在 70℃温度下不要超过 30min，在 80℃温度下不要超过 20min。若因为电池包问题更换 BMS 或者更换电池包，更换后需要在 BMS 控制器中重新写入 VIN 信息。

① 关闭所有用电器，车辆下电。
② 断开蓄电池负极极夹。
③ 拆卸手动维修开关。
④ 排放冷却液。
⑤ 拆卸前舱底部护板总成。
⑥ 拆卸前舱底部护板电池包安装支架总成。
⑦ 拆卸备胎池护板总成。
⑧ 拆卸备胎池护板电池包安装支架总成。
⑨ 拆卸左 / 右后轮导流板。
⑩ 拆卸左 / 右侧裙板总成。
⑪ 拆卸电池包：
a. 旋出电池包高压线束固定螺母（拧紧力矩 5Nm），如图 8-15 中箭头 A 所示。
b. 断开电池包高压线束连接插头，如图 8-15 中箭头 B 所示。
c. 脱开固定卡扣（箭头 A），沿箭头 B 方向揭开后座椅下隔音垫总成 1，如图 8-16 所示。

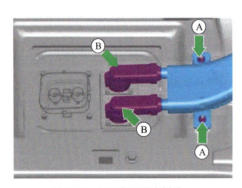

图 8-15　断开高压线束插头

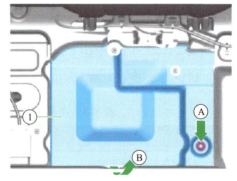

图 8-16　揭开后座椅隔音垫

d. 旋出固定螺母（箭头处），拆下检修口盖组件 1，如图 8-17 所示。螺母拧紧力矩：8Nm。
e. 旋出固定螺栓（箭头 A），拆下电池包高压接插件 1，如图 8-18 所示。螺栓拧紧力矩：5Nm。
f. 断开电池包低压连接插头（箭头 B、箭头 C），如图 8-18 所示。

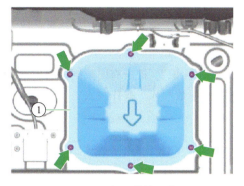

图 8-17　拆下检修口盖

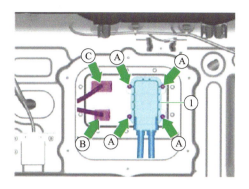

图 8-18　断开低压连接插头

g. 松开固定卡箍（箭头 A），脱开电池出水管 1 与电池包连接。

h. 松开固定卡箍（箭头 B），脱开 Chill 出水管 1 与电池包连接，如图 8-19 所示。

提示：拆卸水管前，将接收冷却液的容器放置电池出水管和 Chill 出水管下面。

i. 旋出固定螺栓（箭头处），取出等电位铜排总成 1，如图 8-20 所示。螺栓拧紧力矩：10Nm。

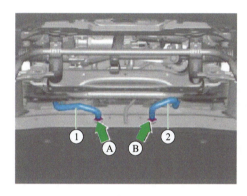

图 8-19　拆卸出水管

图 8-20　取出等电位铜排

j. 使用电池包拆装工具 1 支撑电池包 2，如图 8-21 所示。

k. 旋出电池包固定螺栓（箭头 A、箭头 B），如图 8-21 所示。

l. 调节电池包拆装工具 1，缓慢地放下电池包 2，如图 8-21 所示。螺栓拧紧力矩（箭头 A、箭头 B）：70Nm。

注意车下操作，穿戴好安全帽、安全鞋和手套。使用电池包拆装工具支撑电池包时，注意观察电池包是否支撑稳定。电池包移出整车时，严禁接近升降车，防止侧滑掉落伤人。

⑫ 安装程序以拆卸程序倒序进行，同时注意下列事项：

a. 按规定力矩紧固电池包固定螺栓。

b. 安装完成后，加注冷却液。

c. 如更换电池包，用诊断仪进行"BMS 整包更换"。

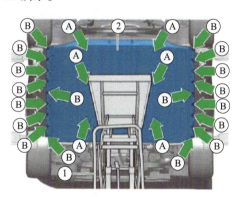

图 8-21　拆下电池包

d. 如只是更换了 BMS 模块，则用诊断仪进行"模块更换"。

e. 在使用诊断仪做"模块更换"操作结束时，诊断仪会报写入值与读取值不一样的故障提示，此提示可忽略。

f. 如果"模块更换"操作失败，则需要进入 BMS"标识"，把所有旧数据读取出来并记录，在 BMS 的"参数写入"逐一写入，再把 VCU 的"参数写入"操作写入。

8.6.2 电池包模组拆解

以江淮新能源 IEV6、IEV7 车型为例，其高压电池模组由左前、右前及后部三个模块组成，如图 8-22 所示。

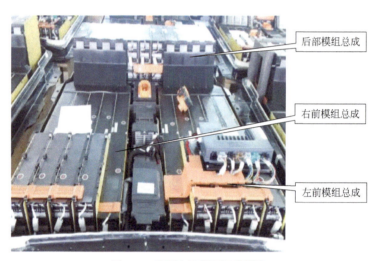

图 8-22 高压电池模组组成模块

① 拆卸 BDU 上壳体，拆卸连接左前模组总成与 BDU 的输出铜条和高压护盖，见图 8-23。提示：为了防止被电击，立即使用绝缘胶带包裹好断开连接的高压连接端子。

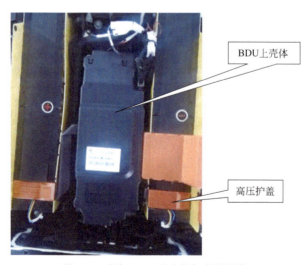

图 8-23 拆卸 BDU 上壳体与高压护盖

② 移除中央风道海绵条，移除左风道盖板塑料卡钉，拆卸左风道盖板，见图 8-24。

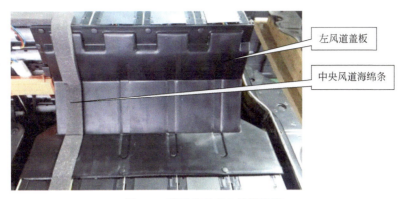

图 8-24　移除海绵条与风道盖板

③ 拆卸左前模组总成与后部模组总成间软连接，见图 8-25。

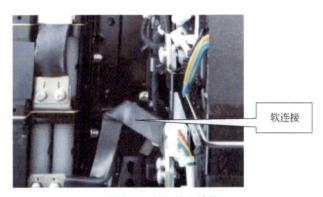

图 8-25　拆卸软连接件

④ 拔出 LBC 低压线束接插件，拆卸线束固定盖板，分别移除低压线束及其线束固定盖板，见图 8-26。

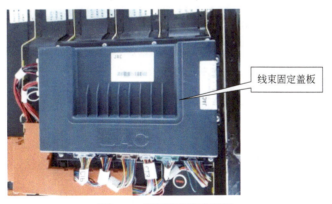

图 8-26　拆卸线束固定盖板

⑤ 拔出模组前部分低压线束接插件，拆卸左前模组总成固定螺母，见图 8-27。
⑥ 拆卸左前模组总成侧压钣金固定螺栓，见图 8-28。
⑦ 移除左前模组总成，将左前模组总成放置在绝缘的工作台上。

⑧ 拆下后模组总成的风道盖板，见图8-29。

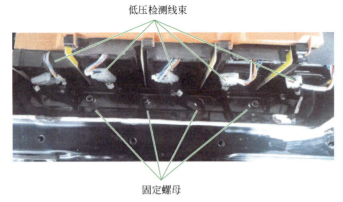

图8-27　取出低压检测线束连接端子

图8-28　拆卸固定螺栓

图8-29　拆下后模组总成风道盖板

⑨ 拔出后部模组总成低压线束接插件，见图8-30。移除后部模组总成低压主线束固定卡口，移除低压主线束。

⑩ 分别拆除左、右前模组总成与后部模组总成间高压护盖及软连接，见图8-31。

⑪ 拆卸后部模组总成与维修开关间软连接高压护盖，移除软连接。拆卸维修开关支架固定螺栓，移除维修开关软连接支架，见图8-32。

⑫ 分别拆卸后部模组总成固定件与下壳体总成固定螺栓（图8-33）。

⑬ 移出后部模组总成，并放置于绝缘的工作台上。

拆装作业警示：在所有拆卸过程中，应确保穿好防护用品；不得有裸露在外的高压连接端子及高压软连接，如有应立即用绝缘胶带包裹好；即使使用防护设备触碰高压部件，仍有可能会被电击。

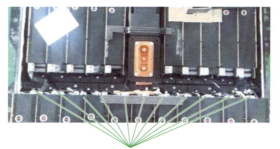

低压线束接插件

图 8-30　拔出低压线束接插件

软连接

图 8-31　拆卸软连接件

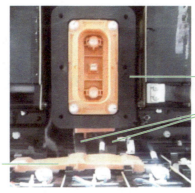

维修开关支架

软连接

高压护盖

图 8-32　拆卸维修开关支架与软连接

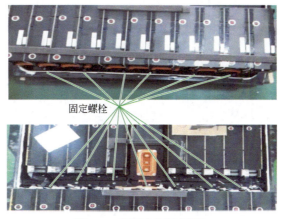

固定螺栓

图 8-33　拆卸壳体固定螺栓

8.6.3 电池包模组更换

下面以比亚迪秦 PHEV 车型为例,示范讲解其高压电池模组的更换步骤及方法。

① 如图 8-34 所示拉动维修开关手柄呈竖直状,拔出维修开关。维修开关拔出时需佩戴高压绝缘手套。

② 拔出蓄电池负极,见图 8-35。

图 8-34　取出维修开关

图 8-35　拔出蓄电池负极

③ 拆除高压电池包前、后盖板,见图 8-36。

图 8-36　拆除电池包前后盖板

④ 拆除前、后部高压电池包串联线,见图 8-37。注意:需佩戴绝缘手套。

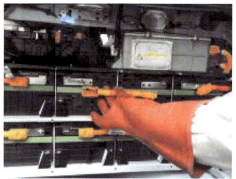

图 8-37　拆除电池包串联线

⑤拔下 BIC 采样线接插件,见图 8-38。
⑥拆除 BIC 采样线固定板,见图 8-39。

图 8-38　拔下采样线接插件

图 8-39　拆除采样线固定板

⑦拆除模组固定螺栓,见图 8-40。
⑧取出模组,见图 8-41。注意:戴好绝缘手套,小心取出模组避免挤压、碰撞。

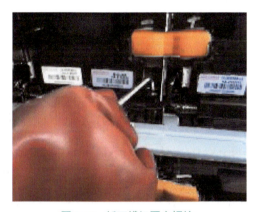

图 8-40　拆下模组固定螺栓

图 8-41　取出电池模组

⑨搭接高压电池包特定的串联线,将模组的负极与另一个模组的正极连起来(图 8-42 为取下的两个模组的搭接情况;图 8-43 为取出一个模组后将串联线从其中穿过搭接隔壁两个模组正负极)。注意:戴好绝缘手套且务必将串联线拧紧。

图 8-42　取下两模组的搭接方式

图 8-43　取出一个模组的搭接方式

(1) 高压电池维修模式充电设置

① 整车上 ON 挡电。

② 连接诊断仪，进入"高压电池管理器"，见图 8-44。

③ 选取"9"进入"维修模式设置"，见图 8-45。

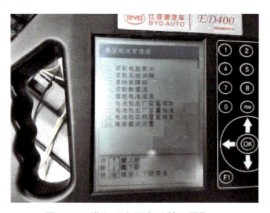

图 8-44　进入"高压电池管理器"

图 8-45　进入"维修模式设置"

④ 退出重新进入当前工作模式查询，若显示已在维修模式，则现在可以插枪进行车载充电。

图 8-46　退出维修模式

⑤ 车载充电完成后重新进入诊断仪，选择"退出维修模式"，见图 8-46。注意：满充之后一定要记得退出维修模式。

(2) 拆卸电池包注意事项

① 拆卸时一定要保证整车退至 OFF 挡且维修开关处于断开状态。维修开关拔出和恢复时一定要佩戴绝缘手套。

② 拆卸高压电池包前后部串联线及取出模组时一定要佩戴绝缘手套。

③ 拆卸高压电池包前后串联线时一定不要两人同时操作，只能由一人单独完成，恢复过程也只能由一人单独完成。

④ 必须先将故障模组拆除，显示连接好之后才能用诊断仪请求进入维修模式。在 ON 挡电请求完进入维修模式后直接插枪充电，若退电了则管理器复位，还要重新请求。

⑤ 维修模式下只能进行车载充电，若进行其他操作可能会有风险。

⑥ 拆除模组的采集器必须串联在线束上（即连接通信接插件）。

8.7　电池包检测

本小节内容以比亚迪汉 EV 车型为例。

8.7.1 电池包低压连接器端子定义

比亚迪汉 EV 高压电池包低压接插件端子分布如图 8-47 所示，功能定义见表 8-4。

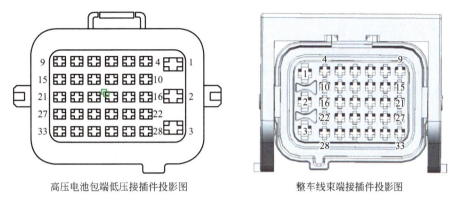

图 8-47　低压接插件端子分布图

表 8-4　低压接插件端子定义

序号	接口定义	序号	接口定义	序号	接口定义	序号	接口定义	序号	接口定义
1	NC	8	直流充电CANL	15	直流充电CANH	22	碰撞信号	29	IG3 电
2	NC	9	直流充电CAN屏蔽	16	IG3 电GND	23	12V 常电GND	30	OBC-BMC信号
3	NC	10	动力网CANL	17	动力网CANH	24	直流充电负极接触器	31	直流充电负极接触器
4	12V 常电	11	动力网CAN屏蔽地	18	高压互锁输出 1	25	CC 信号	32	CC2 信号
5	IG3 电	12	IG3 输出	19	（VTOV）接触器控制	26	直流充电辅助电源唤醒A+	33	NC
6	电池子网CANH	13	高压互锁输入 1	20	直流充电口温度 2+	27	NC	—	
7	电池子网CANL	14	直流充电口温度 1+	21	直流充电口温度 1-/2-	28	NC	—	

8.7.2　电池包漏电检测方法

① 准备所需工具：

　a. 万用表，内阻 10MΩ、精度三位半（含）以上；

b. 100kΩ 以上电阻（推荐 1MΩ）；

c. 比亚迪 E80060 放电设备。

② 将车辆断电：

a. 车辆电源退电至 OFF 挡静置 5min；

b. 断开低压蓄电池负极；

c. 断开高压电池正负极母线。

③ 使用比亚迪 E80060 放电设备给电池包低压供电。

④ 测量高压电池输出母线正极端子对托盘电压 $V_正$，如图 8-48 所示。

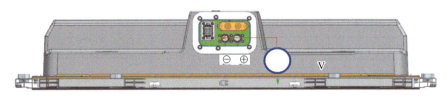

图 8-48　测量 V 正电压

⑤ 测量高压电池输出母线负极端子对托盘电压 $V_负$，如图 8-49 所示。

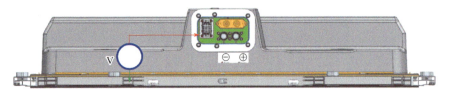

图 8-49　测量 V 负电压

⑥ 比较 $V_正$ 和 $V_负$，选择电压绝对值大的进行下一步；电压高的极柱对地电压记录为 V_1，电压低的极柱对地电压记录为 V_0。（例如 $V_正 > V_负$）

⑦ 在万用表正负表笔之间连接电阻 R（100kΩ 以上电阻，推荐 1MΩ）重测 V_1，测得结果记录为 V_2，如图 8-50 所示。

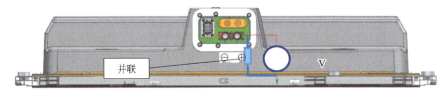

图 8-50　并联电阻后测量

⑧ 按照以下公式计算绝缘阻值：

$$\frac{\frac{V_1-V_2}{V_2} \times R \times \left(1+\frac{V_0}{V_1}\right)}{\text{电池包最大工作电压}} > 500\Omega/V \quad 不漏电$$

$$\frac{\frac{V_1-V_2}{V_2} \times R \times \left(1+\frac{V_0}{V_1}\right)}{\text{电池包最大工作电压}} \leqslant 500\Omega/V \quad 漏电$$

注：电池包最大工作电压 = 车辆铭牌上高压电池系统额定电压 ×1.15

⑨ 测试示例如下：

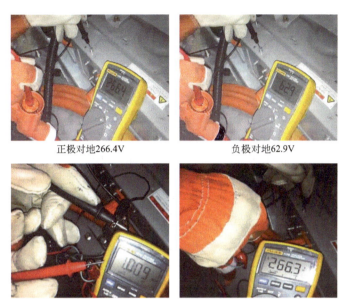

正极对地266.4V　　　　负极对地62.9V

并联电阻1.009MΩ　　　并联电阻后正极对地266.3V

（266.4-266.3）÷266.3×1009000×（1+62.9÷266.4）÷（330×1.15）=1.234（Ω/V）< 500Ω/V（漏电）

8.7.3 电池包低压端检测参数

汉 EV 车型 BIC 通信、BMS 通信、充电异常、互锁异常等故障，低压接插件端子测量参数如表 8-5 所示。

表 8-5 低压接插件端子检测参数

端子	端子名称	测量工况	正常值
4	12V 常电	任何挡位	9～16V
5	IG3 电源	ON 挡	9～16V
8	直流充电 CAN_L	直流充电	1.5～2.5V
9	直流充电 CAN 屏蔽地	始终	小于 1V
10	动力网 CAN_L	ON 挡	1.5～2.5V
11	动力网 CAN 屏蔽地	始终	小于 1V
12	直流充电正 / 负极接触器电源（IG3）	ON 挡	9～16V
13	高压互锁输入 1	ON 挡	PWM 脉冲信号
14	直流充电口温度 1+	ON 挡	0.5～200kΩ
15	直流充电 CAN_H	直流充电	2.5～3.5V

续表

端子	端子名称	测量工况	正常值
16	IG3 电 GND	始终	小于 1V
17	动力网 CAN_H	ON 挡	2.5～3.5V
18	高压互锁输出 1	ON 挡	PWM 脉冲信号
19	（VTOV）接触器控制	直流 VTOV 放电	断开状态：9～16V；吸合状态：小于 1V
20	直流充电口温度 2+	ON 挡	0.5～200kΩ
21	直流充电口温度 1-/2-	配合端子 14、20 测试	
22	碰撞信号	ON 挡	PWM 脉冲信号
23	12V 常电 GND	始终	小于 1V
24	直流充电正极接触器控制	直流充电	断开状态：9～16V；吸合状态：小于 1V
25	CC 信号	交流充电	小于 2.9V
26	直流充电辅助电源唤醒 A+	直流充电	9～16V
29	IG3 电源	ON 挡	9～16V
31	直流充电负极接触器控制	直流充电	断开状态：9～16V；吸合状态：小于 1V
32	CC2 信号	直流充电	2.1～3.0V

8.8 电池包故障排除

8.8.1 电池包总成故障案例

故障现象：比亚迪唐车辆无 EV 模式，组合仪表提示请检查动力系统，如图 8-51 所示。

图 8-51　仪表提示

故障诊断：

① 用 VDS1000 读取发现 BMS 电池管理系统内有故障码"P1A2000：BIC1 温度采样异常故障""P1A5000：电池管理系统自检故障""P1A9500：因采样系统故障导致充放电功率为 0"。初步怀疑是高压电池内部故障，见图 8-52。

图 8-52　系统故障码信息

② VDS1000 读取的 BMS 系统数据流如图 8-53 ～图 8-55 所示。

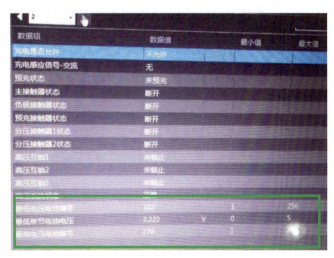

图 8-53　数据流信息 1

图 8-54　数据流信息 2

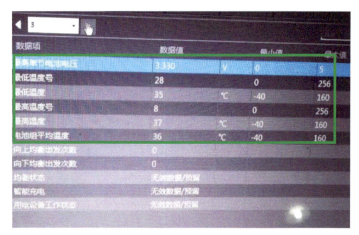

图 8-55　数据流信息 3

③ VDS1000 读取的 BMS 系统模组信息数据流如图 8-56～图 8-60 所示。

图 8-56　模组数据流信息 1

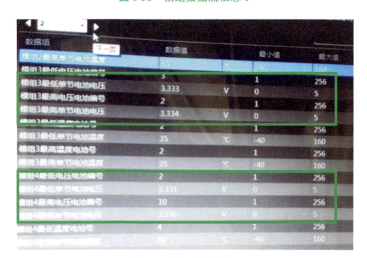

图 8-57　模组数据流 2

图 8-58　模组数据流信息 3

图 8-59　模组数据流信息 4

图 8-60　模组数据流信息 5

查看 VDS1000 读出的 BMS 系统和电池包各模组的数据流信息并没发现数据异常。

④ 用上位机检查发现第 138 节电池单节电压约为 2.1V，第 139 节电池单节电压约为 4.5V，相差很大。由此确认为高压电池包内部故障。

故障排除：更换高压电池包总成。

8.8.2　电池包采样线故障案例

故障现场：车辆 SOC 78%，无 EV 模式，仪表报"请检查动力系统"，BMS 故障码

"P1A3D00：负极接触器回检故障，"见图 8-61、图 8-62。

图 8-61　仪表提示

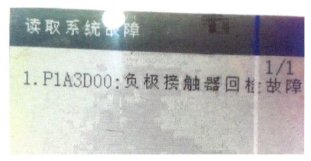

图 8-62　故障码信息读取

故障诊断：

① 因车辆动力系统故障，且 BMS 故障码为"P1A3D00：负极接触器回检故障"。首先对 BMS 负极接触器电源、控制电路进行检查。

② 检查 BMS 负极接触器 F 脚电源供给，正常（k161 母端）。

③ 进一步排查发现高压电池采样线端子（k161 公端）F 脚出现退针现象，见图 8-63。

图 8-63　连接端子故障

故障处理：更换高压电池包。

第 9 章 高压配电系统

9.1 高压电缆与接插件

高压系统上所有的高压线都是橙色的，从颜色上一眼即可识别出来。由于电压高且电流大，所以高压线的横截面积较大且使用专用的插头触点。高压线的内部结构与 12V 车载电网的线也是不同的。

另外，高压线也可能带有防护用的塑料管。在高压系统中，使用的高压线有两种：单芯高压线和双芯高压线（有或者没有安全线）。高压电缆结构如图 9-1 所示。

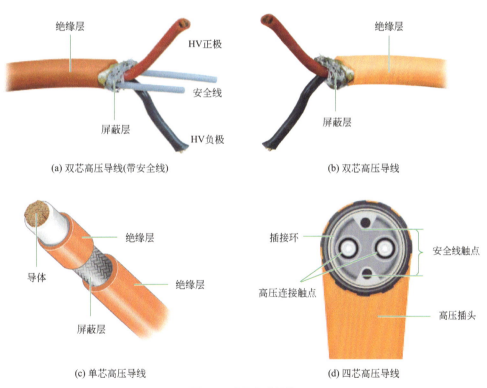

图 9-1　高压电缆结构

所有高压接口都需机械式设码，以防错误安装。以奥迪 Q7 e-tron 车型为例，其高压电缆连接器类型如图 9-2 所示。

(a) 三相电流驱动VX54　　　(b) 电驱动系统功率和电子控制装置JX1

(c) 高压电池充电装置1AX4　　　(d) 高压电池充电装置1AX41

图 9-2　高压连接器类型

图 9-3　高压连接器

如图 9-3 所示连接器，应用于以下高压部件的连接：用于电驱动 JX11 的电动电源和控制装置、高压电池充电装置 1AX4、高电压加热器（PTC）Z115、电动空调压缩机 V470、高压电池开关盒 SX6。其中用于高压电池充电装置 1AX4、高电压加热器（PTC）Z115 和电动空调压缩机 V470 的连接器内有保险电路电桥。

大众 e-Golf 高压组件的高压电缆走向如图 9-4 所示。

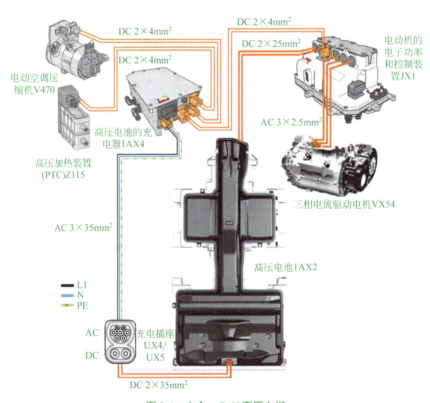

图 9-4　大众 e-Golf 高压电缆

9.2 高压配电箱结构

高压配电箱总成的主要功能是通过对接触器的控制将高压电池的高压直流电供给整车高压电器，以及接收车载充电机或非车载充电机的直流电给高压电池充电，同时还有其他辅助检测功能，如电流检测、漏电监测等。以比亚迪新能源车型为例，唐 DM 的配电箱总成如图 9-5 所示。宋 DM 配电箱安装位置如图 9-6 所示。

图 9-5　比亚迪唐 DM 高压配电箱总成

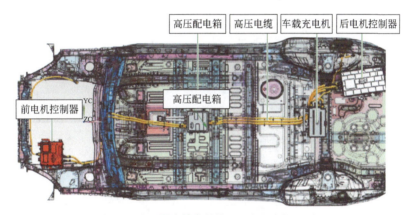

图 9-6　高压配电箱安装位置（比亚迪宋 DM）

高压配电箱功能见表 9-1。

表 9-1　高压配电箱功能

序号	功能	描述
1	高压直流输出	通过电池管理器控制预充接触器、主接触器等的吸合，使放电回路导通，为前后电机控制器、空调负载供电
2	车载充电机单相充电输入	通过电池管理器控制车载充电接触器吸合，使车载充电机充电回路导通，为高压电池充电
3	电流采样	通过霍尔电流传感器采集高压电池正极母线中的电流，为电池管理器提供电流信号
4	高压互锁	通过低压信号确认整个高压系统盖子及高压接插件是否已经完全连接，唐 DM 车型设计为 3 个相互独立的高压互锁系统：驱动系统（串接开盖检测）、空调系统、充电系统

以比亚迪唐 DM 车型为例，高压配电箱外部接口如图 9-7 所示，内部结构如图 9-8 所示。

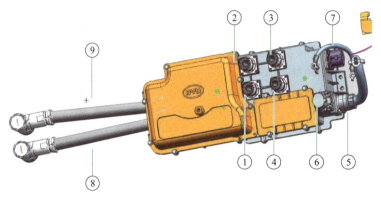

图 9-7　高压配电箱外部接口（比亚迪唐 DM）

1—前电机控制器正极输出；2—前电机控制器负极输出；3—后电机控制器负极输出；4—后电机控制器正极输出；5—低压插件；6—空调输出；7—车载充电机输入；8—电池包正极输入；9—电池包负极输入

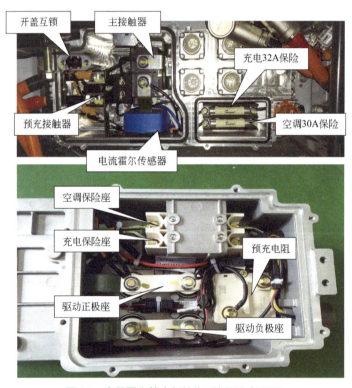

图 9-8　高压配电箱内部结构（比亚迪唐 DM）

9.3　高压配电箱拆装

以众泰芝麻 E30 车型为例，配电箱的拆卸步骤如下。

① 断开高压配电箱上的 2 个插接头线束，位置见图 9-9。

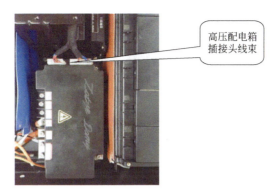

图 9-9　拔出高压配电箱的 2 个插头

② 松开连接在高压配电箱上的总成动力线束、总负铜排及连接电机控制器接口的主正、主负铜排等，见图 9-10。

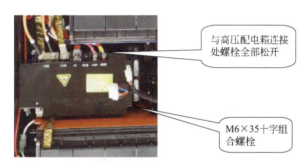

图 9-10　拆除高压配电箱上所有连接件

③ 松开固定于箱体上的 4 颗固定螺栓，取出高压配电箱总成，见图 9-11。

图 9-11　拆下固定螺栓

按照拆卸步骤的相反顺序进行安装。

9.4　高压配电箱电路检测

下面以比亚迪唐车型为例，讲解高压配电箱的检修流程与方法。
（1）检测与判别
① 检查配电箱空调保险：

a. 整车置于 OFF 挡；

b. 拆开配电箱侧边小盖；

c. 测量上方空调保险（32A）是否导通，导通则配电箱保险正常，不导通则更换空调保险。

② 检查接触器电源端子：

a. 整车上 ON 挡，连接好铁电池；

b. 用万用表测量低压接插件端子对地电压，K160-B—车身地正常值约 12V，如不正常则检查低压线束供电。

③ 检查预充接触器控制端子：

在上 OK 挡过程中；用万用表测量低压接插件端子，K160-G 对地电压变化是否为 12V—0V—12V，K160-G—车身地正常值＜1V，如不正常则检查电池管理器或线束。

④ 检查正极接触器控制端子：

a. 整车上电于 ON/OK 挡；

b. 用万用表测量低压接插件端子对地电压，K160-H—车身地正常值＜1V（ON 挡），约 12V（OK 挡），测量为正常值则接触器控制正常，测量值不正常检查电池管理器或线束。

（2）常见故障分析

① 无 EV 模式，仪表报"请检查动力系统"，故障码报"主接触器烧结"。

a. 先查询高压 BMS 的程序版本（确认是最新版），确认故障码是否能清除，然后再尝试多次上 OK 挡电，看故障是否会重现；

b. 在 OFF 挡用万用表检测配电箱的电机控制器正极端口和电池包正极端口是否导通或开箱检查主接触器是否导通。若导通则更换主接触器。

② 无 EV 模式，高压电池管理器报"预充失败故障"，在上电过程中测量 K160-G 对地电压是否会有 12V—0V—12V 这样的一个变化过程。

a. 有，且驱动电机控制器直流母线无瞬间高压输入，则重点排查预充接触器；

b. 无，检查电池管理器、采样线束。

③ 高压电池管理器报"电流霍尔传感器故障"。

a. 整车上 OK 电。

b. 用万用表测量低压接插件 K160-D 和 K160-E 对地电压：若 K160-D 对地电压在 +15V 左右且 K160-E 对地电压在 -15V 左右，则更换高压配电箱（电流霍尔传感器）；若两端子对地电压不在上述范围内，检查高压电池管理器及线路。

④ 电流异常检测，测试霍尔信号（"1V"对应 100A）并与电源管理器的当前电流进行对比，来判断电流霍尔传感器是否正常。

9.5 高压配电箱故障排除

一辆新款比亚迪 e6 车辆启动后 OK 灯不能正常点亮，无法行驶，随后仪表报：请检查动力系统故障；车辆无法正常充电。

用诊断器读取电池管理器故障码为"P1A5400：一般漏电故障""P1AA100：主预充失败""P1AA200：DC 预充失败"，如图 9-12 所示。

检修过程：

① 根据电池管理器故障码并按照高压上 OK 挡电流程分析，由 MICU 发送启动命令，

然后通过网关控制器将命令传送到电池管理器和VTOG。电池管理器收到命令后控制负极接触器吸合，同时电池管理器将进行自检，自检完毕无异常后，吸合预充接触器。电池管理器根据VTOG反馈的信号，判断预充是否完成，完成后吸合主接触器，OK灯点亮。分析导致该车OK灯不点亮的原因为预充失败导致主接触器未吸合。

② 打开高压配电箱准备测量其预充电压，测量发现150A充电保险已熔断。更换150A充电保险后，启动车辆后OK灯点亮，重新关闭再次启动车辆OK灯又无法点亮了，测量充电保险再次熔断。

③ 根据充电保险二次熔断，怀疑为VTOG内部短路，更换充电保险和VTOG后启动车辆，第一次OK灯点亮，2s后又熄灭。仪表报"请检查动力系统"，再次启动车辆，OK灯正常点亮，车辆恢复正常。

④ 测试交流充电也是插枪后第一次充电不成功，二次拔枪后再充电正常。

⑤ 掌握了故障发生规律，OK灯不能点亮时读取电池管理器故障码为"P1AA100：主预充失败"，读取VTOG故障码为"P1B0400：驱动过压保护故障"，见图9-13。

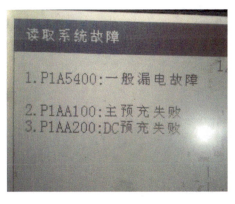

图9-12　电池管理器系统故障码

图9-13　读取VTOG故障码内容

⑥ 读取数据流发现，启动车辆时动力电机母线电压瞬间达到420V，见图9-14。读取电池管理器数据流，发现电池包总电压为306V。电池包总电压才为306V，动力电机母线电压却能达到420V，可能原因有VTOG自检错误，因刚更换新VTOG，所以排除VTOG故障。

⑦ 为进一步判定是否为VTOG自检错误，打开高压配电箱，测量从电池包正极端到主接触器输入端电压，为308V。测量从主接触器到VTOG正极输出端电压，为433V，见图9-15，排除VTOG故障。因为主接触器输入端电压正常，主接触器输出端电压高异常，仔细分析高压配电箱高压上电流程和充电流程，根据故障现象第一次启动车辆时主接触器不能正常吸合和交流充电不成功，怀疑为主接触器或交流充电接触器故障。

⑧ 测量发现主接触器吸合正常，交流充电接触器与VTOG交流充电正极母线处于导通状态，从而导致预充异常。高压配电箱内部结构如图9-16所示。

故障排除：更换高压配电箱后故障排除。

图 9-14 数据流读取内容

图 9-15 测量的 VTOG 正极输出端电压

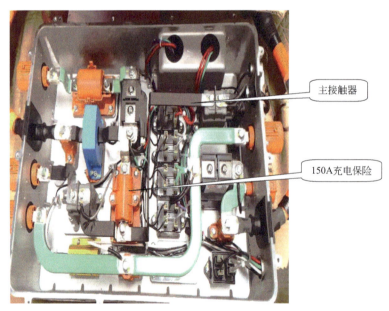

图 9-16 高压配电箱内部结构（比亚迪 e6）

第 10 章　高压充电系统

10.1　高压充电方式与充电接口功能

以传祺 GA5 车型为例，该车可使用标准充电桩或者普通民用 220V 电源进行充电，充电枪会自动根据允许电流值选择充电功率曲线进行充电，约 6h 可充满电量，电量通过充电指示灯观察。

车辆充电方式有快充与慢充之分，但由于增程纯电传祺车辆无里程担忧特点，故车辆只配备慢充功能，而理想 ONE 车型则同时具备慢充和快充功能。理想 ONE 左侧的充电口包含了慢充和快充两种方式，慢充充满需 6h 左右，而快充从 30% 电量充满只需要 30min。燃油加注口与充电口位置如图 10-1 所示。

图 10-1　理想 ONE 的加油与充电接口

慢充分为预充电、恒流充电与涓流（恒压）充电三个阶段，如图 10-2 所示。

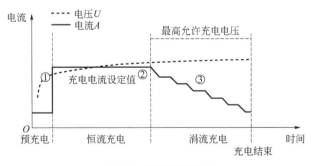

图 10-2　慢充充电阶段

预充电不是每次充电都经历，当电池电压较低（< 2.7V）时，如果直接进入恒流充电会损害电池寿命，所以先预充电，当电压升高至一定值时，再开始恒流充电。

以恒定电流充电至 70%～80% 电池电量时，电压达到最高限制电压，开始恒压充电。涓流（恒压）充电以 30% 的时间充 10% 的电量。

同时使用交直流充电的充电系统电路如图 10-3 所示。

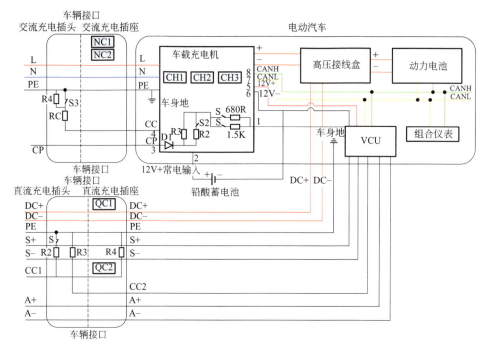

图 10-3　交流与直流充电连接电路

我国使用的交流与直流充电接口样式如图 10-4、图 10-5 所示，端子定义见表 10-1。

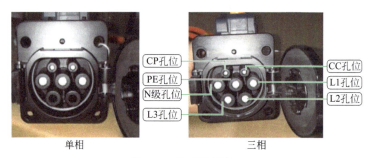

图 10-4　交流充电接口

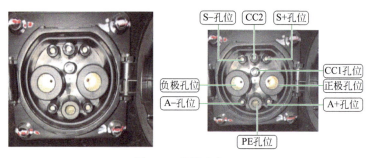

图 10-5　直流充电口

表 10-1 充电接口端子定义

接口端子分布	端子名称	功能定义
(交流充电接口图:CP、CC、N、L、NC2、NC1、PE)	CC	充电连接确认信号线（充电器检测）
	CP	占空比确认充电器功率输出（充电器检测）
	L	交流 220V 电源
	N	中线
	PE	设备地
	NC1	备用
	NC2	备用
(直流充电接口图:CC2、S-、S+、CC1、DC-、DC+、A-、A+、PE)	DC+	直流电源正，连接直流电源正极与电池正极
	DC-	直流电源负，连接直流电源负极与电池负极
	PE	保护接地，连接供电设备地线和车辆车身地线
	CC1	充电连接确认（快充桩检测）
	CC2	充电连接确认（车辆检测）
	S+	充电通信 CAN_H，连接快充桩和车辆的通信线
	S-	充电通信 CAN_L，连接快充桩和车辆的通信线
	A+	低压辅助电源正，为车辆提供低压辅助电源
	A-	低压辅助电源负，为车辆提供低压辅助电源

10.2 交流充电（慢充）工作流程

当 VCU（整车控制器）判断整车处于充电模式时，吸合 M/C 继电器，根据高压电池的可充电功率及车载充电机的状态，向车载充电机发送充电电流指令。同时，车载充电机吸合交流充电继电器，VCU 吸合系统高压正极继电器和高压负极继电器，高压电池开始充电。控制原理框图如图 10-6 所示，输入输出信号见表 10-2。

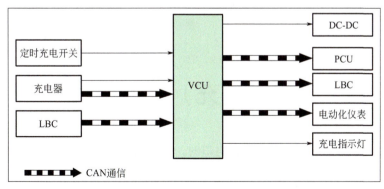

图 10-6 控制原理框图

表 10-2 输入输出信号

输出信号 / 控制器	信号名	输入部件	信号类型
定时充电开关	定时充电开关信号	VCU	电压
LBC	高压电池总压	VCU	CAN
	高压电池单体最高压		CAN
	高压电池单体最低电压		CAN
	高压电池单体最高温度		CAN
	高压电池单体最低温度		CAN
车载充电机	交流充电唤醒信号	VCU	电压
	充电机状态		CAN
VCU	充电电流指令	车载充电机	CAN
	充电电压指令		CAN
	充电指示灯指令	充电指示灯	电压

车辆处于交流充电状态时，冷却水泵工作状态如表 10-3 所示。

表 10-3 冷却水泵工作状态

冷却液温度	车载充电机温度		
	≤55℃	>55～80℃	>80℃
>60℃	PWM=98	PWM=98	PWM=98
≤60℃	PWM=10（停）	PWM=30	PWM=98

交流（慢充）充电工作流程如图 10-7 所示。

充电桩 ⇨ 充电线 ⇨ 车辆接口 ⇨ 充电机 ⇨ 高压接线盒 ⇨ 动力电池

图 10-7 交流充电流程图

10.3 直流充电（快充）工作流程

当直流充电设备连接到整车直流充电口时，直流充电设备发送充电唤醒信号给 VCU，VCU 吸合 M/C 继电器，根据高压电池的可充电功率及车载充电机的状态，向直流充电设备发送充电电流指令。同时，VCU 吸合直流充电继电器、系统高压正极继电器和高压负极继电器，高压电池开始充电。控制原理框图如图 10-8 所示，输入输出信号见表 10-4。

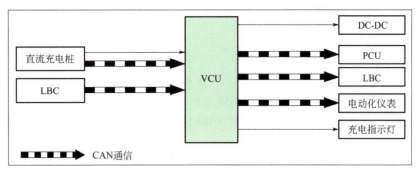

图 10-8　直流充电原理框图

表 10-4　输入输出信号

输出信号/控制器	信号名	输入部件	信号类型
直流充电桩	直流充电唤醒信号	VCU	电压
	直流充电设备状态		CAN
LBC	高压电池总压	VCU	CAN
	高压电池单体最高压		CAN
	高压电池单体最低电压		CAN
	高压电池单体最高温度		CAN
	高压电池单体最低温度		CAN
VCU	充电电流指令	直流充电设备	CAN
	充电电压指令		CAN
	充电指示灯指令	充电指示灯	电压

车辆处于直流充电状态时，冷却水泵工作状态如表 10-5 所示。

表 10-5　冷却水泵工作状态

冷却液温度	占空比
> 60℃	98
≤ 60℃	20

直流充电不经过车载充电机，其流程如图 10-9 所示。

快充桩 ➡ 车辆接口 ➡ 高压接线盒 ➡ 动力电池

图 10-9　直流（快充）充电工作流程

10.4 充电接口保养

充电接口会存在磨损老化问题，需要加入保养范围，具体保养项目如下，车辆熄火（退电至 OFF 挡），整车解锁，打开充电口舱盖及充电口盖：

① 检查充电接口塑料绝缘壳体外观有无热熔变形，严重热熔变形影响正常使用的需要更换处理。

② 检查充电接口内部以及端子内部有无异物，有异物使用镊子等工具将其取出，无法取出且影响正常使用的需更换处理。

③ 检查充电接口端子簧片及底部有无变黑，变黑的需要更换处理。

④ 检查充电接口端子簧片及底部有无变黄，如变黄请拆开车身护板检查充电接口尾部电缆是否烧黑及变形（需辅助照明仔细观察），如变黄且伴随尾部电缆外层变黑则需更换处理。

⑤ 检查端子簧片有无断裂，断裂的需要更换处理。

充电接口保养状态与更换标准如表 10-6 所示。

表 10-6 充电接口外观及端子状态需更换判定标准

状态	图例
正常状态	
端子长簧片附着异物需清理	
端子变黑需更换	
端子簧片及底部变黄且尾部电缆外层变黑需更换	

续表

状态	图例
端子簧片前端断裂需更换	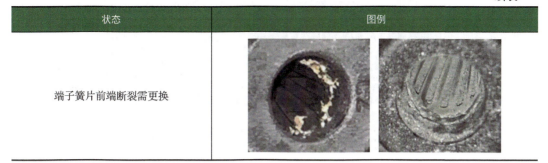

10.5 充电接口检测

测量交流充电插座（图 10-10）L、N 分别对 PE 的绝缘阻值，要求绝缘阻值大于 20MΩ。

测量直流充电插座（图 10-11）DC-、DC+ 分别对 PE 的绝缘阻值，要求绝缘阻值大于 20MΩ。

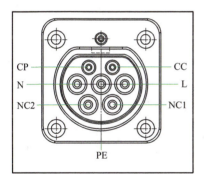

图 10-10　交流充电插座端子分布

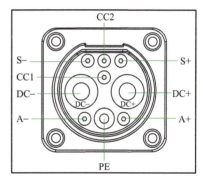

图 10-11　直流充电插座端子分布

注意：测量绝缘阻值，请选用 500V 及以上量程兆欧表测量。

第 11 章 DC-DC 转换器与车载充电机

11.1 DC-DC 转换器工作原理

DC-DC 转换器的作用是将 80V 电源降为 12V，其功用有两个：一是电池电压在使用过程中不断下降，用电器得到的电压是一个变化值，而通过 DC-DC 转换器后用电器可以得到稳定的电压；二是给辅助蓄电池补充电能。其在新能源汽车中的角色就相当于传统汽车中的发电机，电路原理如图 11-1 所示。

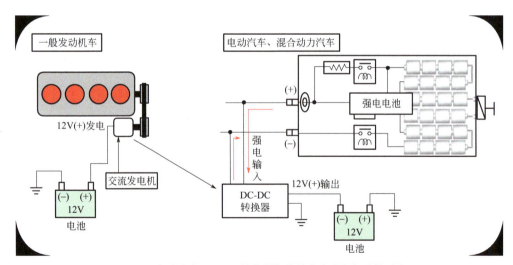

图 11-1 电动汽车 DC-DC 转换器与传统汽车发电机功能对比

车辆静置时间超过 60h，VCU 控制 DC-DC 转换器给 12V 蓄电池充电 15min。

满足以下任意一个条件时，车辆将退出 12V 自动充电功能，且远程智能终端计时清零：

① 钥匙置于 ON 挡或旋至 START 挡；
② 开始直流或交流充电；
③ 开始远程空调或远程充电。

提示：当12V蓄电池正在自动充电时，上电开关开启或关闭，12V蓄电池自动充电将停止。

11.2 DC-DC转换器电路检测

DC-DC转换器常规故障检测方法：

① 把万用表调至检测DC直流挡位，测试整车铅酸电池电压。

若测试铅酸电池有13.8V直流电压，但仪表盘上红色铅酸电池灯亮，则拆控制器上盖（整车下电无高压，请注意安全）；用万用表导通挡检测黄色FB信号线到控制器23端子插接件第二排第3端子是否导通，端子位置见图11-2，查看FB信号线是否有退针现象。

a. FB信号线有退针现象，如果是控制器端信号线退针则更换控制器或把退出的端子插进去；如果是DC-DC转换器端信号线退针，则更换单体DC-DC转换器或把退出的端子插进去。

b. FB信号线连接正常，但铅酸电池有13.8V直流电压且仪表盘上红色铅酸电池灯亮，此故障为DC-DC转换器的FB信号故障，更换DC-DC转换器即可。

在测试铅酸电池无13.8V直流电压时，则进行下一步。

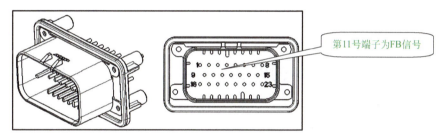

图 11-2　FB信号线与控制器端子

② 把万用表调至检测导通挡位，测试控制器保险丝是否良好（导通）（整车下电无高压，请注意安全）。

a. 保险丝熔断（不导通），则测试DC-DC转换器输入正负极是否短路（导通为短路）。DC-DC转换器输入正负极短路（即DC-DC转换器故障），则更换DC-DC转换器；DC-DC转换器输入正负极未短路，更换保险丝后查看故障是否还会发生。

b. 保险丝良好，查看信号线束在控制器内部是否连接正常，见图11-3。连接正常的话，进入下一步。

③ 把万用表调至检测导通挡位，测试整车有无提供VCC、使能、FB信号等的电压。

a. 如果整车未提供VCC、使能、FB信号等任意一项电压，但显示DC-DC转换器故障现象的，那么DC-DC转换器良好，请检测整车是否有不良。

b. 反之，整车提供了VCC、使能、FB信号等的电压，但显示DC-DC转换器故障现象，那么请更换DC-DC转换器。

图 11-3　检查控制器信号线束

④ 更换 DC-DC 转换器备件来检测是否 DC-DC 转换器故障。

在以上测试均正常的情况下，还是未能解决故障，则更换 DC-DC 转换器备件，查看故障现象是否还在。故障现象消失，则更换下的 DC-DC 转换器有故障；故障现象还在，则属于车辆故障，更换下的 DC-DC 转换器良好。

⑤ DC-DC 转换器偶发性故障。DC-DC 转换器在整车上一会有输出、一会无输出（即仪表盘红色铅酸电池灯一会亮一会不亮），除常规检测外请按以下测试方法进行电路检查。

a. 检测整车和控制器 23 端子接插件是否松动，接插件内部是否有退针或针歪现象。有松动或退针，则修复。

b. 检测 DC-DC 转换器输出接插件是否连接牢固，有无松动。有松动，则重新固定。

c. 检测整车铅酸电池正极是否连接牢固，有无松动。有松动，则重新固定。

d. 检测控制器外部和控制器内部高压输入是否连接正常，有无连接异常、螺栓松动等现象。有异常或螺栓松动，重整修复。

e. 完成以上检修后，故障还存在，试摇晃检测 DC-DC 转换器输出端螺栓，看是否松动。有松动，更换 DC-DC 转换器单体。

f. 在以上检测都正常的情况下，把整车上 Ready，且开启车辆上所有的低压系统（即车灯、收音机、雨刮器等），并开车尝试多次转弯，查看在这些情况下故障现象是否消失（一直存在）。若直到全部停止或关闭（整车低压用电系统）的情况下故障现象才消失，那么此问题为 DC-DC 转换器故障——DC-DC 转换器负载能力故障，可更换 DC-DC 转换器单体。反之，DC-DC 转换器正常。

11.3 DC-DC 转换器故障排除

比亚迪秦 PHEV 车辆无 EV 模式，仪表提示低压电池电量低，请检查充电系统，如图 11-4 所示。

图 11-4 仪表检修提示

故障分析：可能存在故障的部件及电路有 DC-DC 转换器故障、DC-DC 转换器低压输出断路。

检修过程：

① 用诊断仪 ED400 读取 DC-DC 故障码 "P1EC700DC：降压时硬件故障"。

② 在 OK 挡上电瞬间，读取 DC-DC 数据发现：

a. 高压侧电压 4V；

b. 低压输出只有 13.1V，低压测电流 0 A；

c. 读取驱动电机控制控制器母线电压为 505V，即高压侧电压正常。

以上数据如图 11-5 所示。

③ 判断 DC-DC 转换器总成无高压电输入，更换 DC-DC 转换器总成后故障排除。

维修小结：

① 纯电模式下，DC-DC 转换器总成的功能替代了传统燃油车挂接在发动机上的 12V 发电机，和蓄电池并联给各用电器提供低压电源。DC-DC 转换器总成在高压（500V）输入端接触器吸合后便开始工作，输出电压标称 13.8V 以上，并且一般输出电流为 10～50A，见图 11-6。

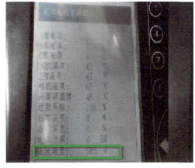

图 11-5　DC-DC 转换器总成数据分析

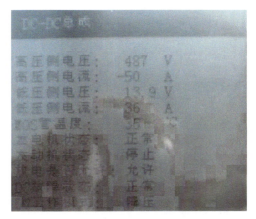

图 11-6　DC-DC 转换器总成输出数据

② 发动机原地启动时，发电机送出 13.5V 直流电，经过 DC-DC 转换器总成升压转换为 500V 直流电给电池包充电，见图 11-7。

图 11-7　DC-DC 转换器总成充电流程

③ DC-DC 转换器总成检查分析：

a. 驱动电机控制器和 DC-DC 转换器输入高压为同一路高压电，如果 DC-DC 转换器没有高压输入，驱动电机控制器母线有高压，电压在 400V 以上，则 DC-DC 转换器故障；如果驱动电机控制器高压母线也没有高压电，则需要检查母线电压。

b. 当 DC-DC 转换器有高压输入，且电压在 400V 以上，读取的低压输出在 13.8V 以下，低压电流有电流输出在 0V 左右，则 DC-DC 转换器内部故障；如果 DC-DC 转换器低压输出在 13.8V 以上，低压电流有电流输出在 0V 左右，低压输出可能是虚电压，无需理会，更换 DC-DC 转换器即可。

c. 在发动机未启动的情况下 DC-DC 转换器输出电压，也可使用万用表测量配电箱或启动电池输出极柱电压，其工作电压应在 13.8V 以上。

d. 确认 DC-DC 转换器通信是否正常，如果不能正常通信，则 DC-DC 转换器存在故障，更换即可。

11.4 车载充电机结构

吉利几何 C 的车载充电机由 OBC、DC-DC、PDU 三部分组成，简称 ODP，其接口分布如图 11-8 所示。

OBC 既能将交流能量转化为高压电池所需的直流能量，又能将高压电池直流能量转化为交流能量提供给外部用电器或其他车辆；DC-DC 转换器将车辆高压电池能量转化为车辆铅酸电池能量，以保证车辆 12V 低压电器的能量供给；PDU 将能量分流给各用电模块。

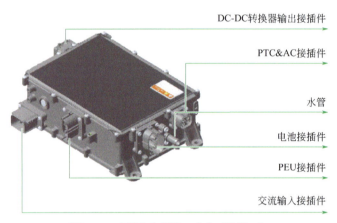

图 11-8　车载充电机接口分布（几何 C）

星越 PHEV 车型采用 6.6kW 功率的车载充电机，其主要功能是将电网中的交流电转化为直流电为高压电池供电。车载充电机内部构造如图 11-9 所示。

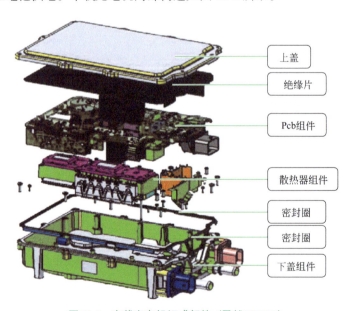

图 11-9　车载充电机组成部件（星越 PHEV）

车载充电机是整车充电机的核心零部件，其主要功能有充电功能、电子锁控制、预约充电功能。其电路原理框图如图 11-10 所示。

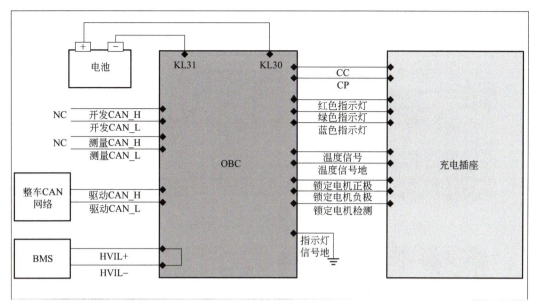

图 11-10 车载充电机工作原理

11.5 车载充电机检测与故障排查

对于充配电总成而言，其失效多表现为不能充电、上电或功率受限等。导致失效的原因不外乎为控制信号输入异常或元器件本身故障。这类问题一般都会有相关的故障码报出来，我们可以通过分析相关故障码以及数据流较快地锁定故障。

以比亚迪 e1、e2 车型为例，车辆无法进行交流充电，故障码为 P157016 交流侧电压低。

可能原因：充电桩无电流输入；交流充电保险烧蚀；OBC 内部故障。

可按以下步骤排查：

① 先读取插枪后的充配电数据流。

② 发现交流侧电压 5V（异常），正常应为电网电压（220V 左右）。

③ 测量交流侧输入电压实际值是 229V，确认充电桩有正常输入电流，排除电网及充电桩原因，确认为充配电三合一 OBC 故障，更换充配电三合一故障解决。

交流侧电压测量方法一：

① 断开蓄电池负极。

② 拔掉充配电交流充电接插件，短接互锁。

③ 安装好蓄电池负极，插枪充电。

④ 如图 11-11 所示用万用表测量交流侧输入电压值。注意，检测高压系统时必须佩戴绝缘手套。

交流侧电压测量方法二：

① 拆卸充配电上盖（允许拆盖维修的前提下）。

② 如图 11-12 所示用万用表测量交流侧输入电压值（插枪充电状态）。注意，检测高压

系统时必须佩戴绝缘手套。

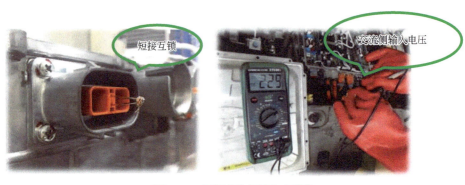

图 11-11　测量交流侧输入电压值

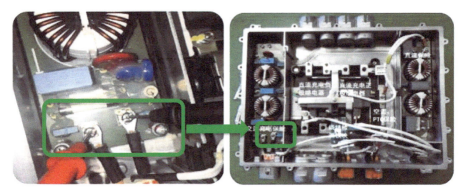

图 11-12　测量交流侧输入电压值

OBC 常见故障有插枪充电跳枪、无法交流充电，故障码为 Pl57C00 硬件保护。

故障触发条件：进行交流充电时，交流侧电压过高或过低，交流侧电流过高。

排查步骤：

① 先读取插枪后的充配电数据流。发现交流侧电压 320V，高于正常电网电压，如图 11-13 所示。

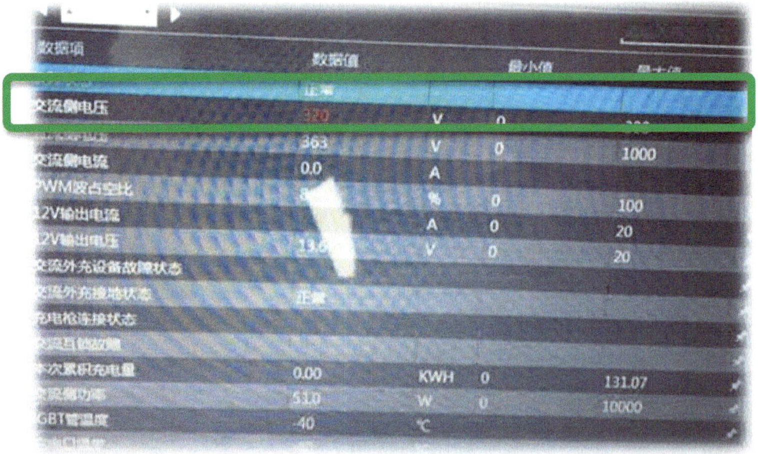

图 11-13　充配电数据流

② 若测量交流侧电压为 233V 如图 11-14 所示，则可以确定为充配电交流侧电压采样异常，更换充配电。

图 11-14　测量交流侧电压

③ 若实测交流侧电压和数据流人致一样，应检查电网电压。注意，检测高压系统时必须佩戴绝缘手套。

第12章 充配电与集成电控总成

12.1 充配电三合一组成

车辆的充电系统包括直流充电系统和交流充电系统。直流充电是利用车辆以外的直流充电桩给车辆充电,直流充电桩输出高压直流电给高压电池包充电。车辆的直流充电系统主要组成部分:直流充电口、充配电三合一、高压电池总成。交流充电是通过交流充电桩给车辆充电,电网交流电(民用220V)通过交流充电桩输出并在OBC中(OBC集成在充配电三合一中)转化为高压直流电给高压电池包充电。车辆的交流充电系统主要组成部分:交流充电口、充配电三合一、高压电池总成。

比亚迪e5充配电总成实物接口分布如图12-1~图12-4所示。

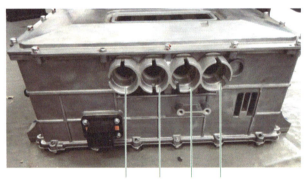

电池+ 电池- 电控- 电控+

图12-1 后部接口分布

交流充电输入 直流充电- 直流充电+ 连接压缩机 连接PTC水加热器

图12-2 前部接口分布

图 12-3　右侧接口分布

图 12-4　左侧接口分布

充配电总成内部接触器与保险安装位置如图 12-5 所示。

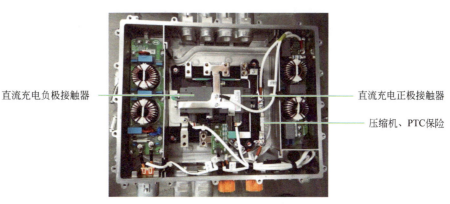

图 12-5　内部接触器与保险位置

比亚迪汉 EV 充配电总成内部结构如图 12-6 所示。
充配电三合一低压接插件端子分布如图 12-7 所示，e5 车型端子定义见表 12-1。

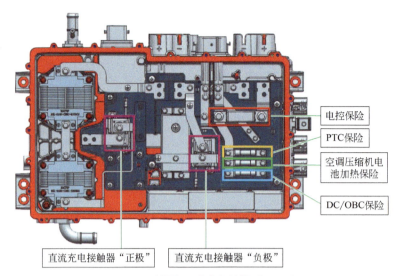

图 12-6 充配电总成内部结构（汉 EV）

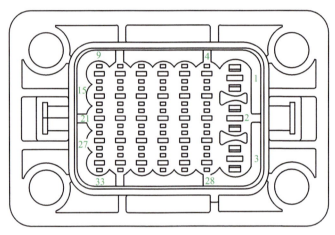

图 12-7 充配电三合一低压接插件端子分布

表 12-1 充配电三合一低压接插件端子定义（e5 车型）

端子	名称	定义	连接电路
1	OFF—12V—1	常电 1	接 12V 常电
2	OFF—12V—1	常电 2	接 12V 常电
3	GND	常电电源地 1	
4	cc	充电连接确认	接交流充电口 -2
5	CP	充电控制导引	接交流充电口 -1
6	CC-BM C	充电连接信号	接 BMC02-20
7	T-CDK	充电口温度检测	接交流充电口 -7
8	SOURSE-JCQ	直流充电正极 / 直流充电负极接触器电源	接 BMC01-15
9	CONTROL-JCQ+	直流充电正极接触器控制信号	接 BMC01-33

续表

端子	名称	定义	连接电路
10	CONTROL-JCQ-	直流充电负极接触器控制信号	接 BMC01-24
11	SJJC	直流充电接触器烧结检测信号	接 BMC02-7
12	DCHS-IN	直流高压互锁输入	接高压电池包 -29
13	DCHS-OUT	直流高压互锁输出	接 BMC02-5
14	ACHS-IN	交流高压互锁输入	接 BMC02-10
15	ACHS-OUT	交流高压互锁输出	接 BMC02-11
16	CAN_H	动力网 CAN 线	
17	CAN_L	动力网 CAN 线	
18	GND	直流充电接触器烧结检测信号地	
19	GND	常电电源地 2	

12.2 多合一电控总成

多合一电控总成是比亚迪全新开发的一款纯电动动力总成，总成集成了电机、变速箱、电机控制器、PDU、DC-DC 转换器、Bi-OBC、VCU、BMS。总成安装位置如图 12-8 所示。

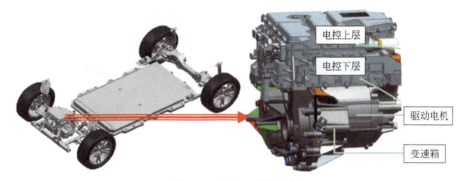

图 12-8　多合一电控总成

多合一电控总成集成部件及功能如表 12-2 所示。

表 12-2　多合一电控总成功能

部件	功能
驱动电机控制器（MCU）	控制动力电池与驱动电机之间能量传输，将驱动电机控制器提供的电能转化为机械能输出至变速箱，以及将变速箱输入的机械能转换为电能输出至驱动电机控制器
双向车载充电机（OBC）	把车辆外部充电设备输入的交流电转换成直流电并经调压以满足动力电池包充电的需求，将电池包的高压直流电转换成交流电供负载设备使用

续表

部件		功能
DC-DC 转换器		将高压直流电转换成低压直流电，给整车低压负载及蓄电池供电
高压配电模块（PDU）		通过铜排、接触器、保险等器件将电网、电器负载连接成高压回路，将动力电池的高压直流电供给整车高压电器，以及接受车载充电机或非车载充电机的直流电给动力电池充电
单挡变速箱		对动力电机进行减速增扭
VBM（动力域控制器）	整车控制器	具备实时动力计算和动力分配、实时信息交互与集中处理、传感器信号采集及处理功能，同时包括 CAN 通信、故障处理、在线 CAN 烧写、VDS 烧写、与其他模块配合完成整车的工作要求以及自检等功能
	电池管理器（部分功能）	具备高压互锁检测、硬线碰撞检测及直流充电连接确认及通过直流充电子网与充电桩进行信息交互功能，同时有与 BASU 通信功能

多合一电控总成接口分布如图 12-9 所示。

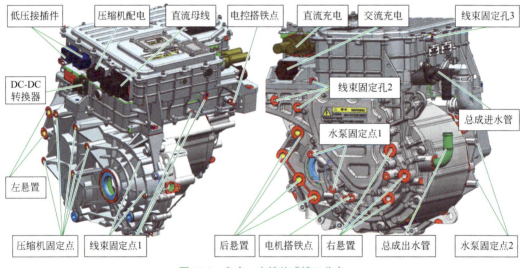

图 12-9　多合一电控总成接口分布

12.3　交流充电故障排除

以广汽增程型电动车为例，该车充电电路如图 12-10 所示。充电机 12V 电压只是唤醒电机控制器、HCU、BMS，这三个唤醒后开始工作，检测整车状态（检测高压互锁、CAN 通信），如检测整车异常，则报故障，如检测正常，进入下一步工作。此时 BMS 就开始唤醒电池包 5 个控制高压的继电器工作（靠蓄电池 12V 供电）。

图 12-10 中橙色代表 220V 交流电器件或 350V 高压电器件，青绿色代表 12V 低压电器件。

根据充电流程和故障现象进行的故障分析如图 12-11 所示。

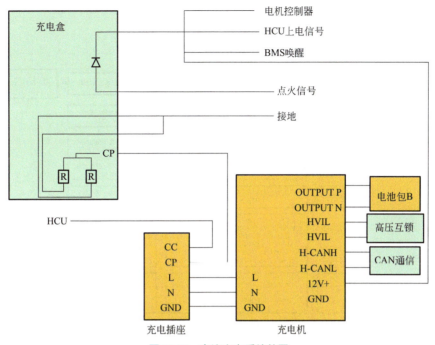

图 12-10　交流充电系统简图

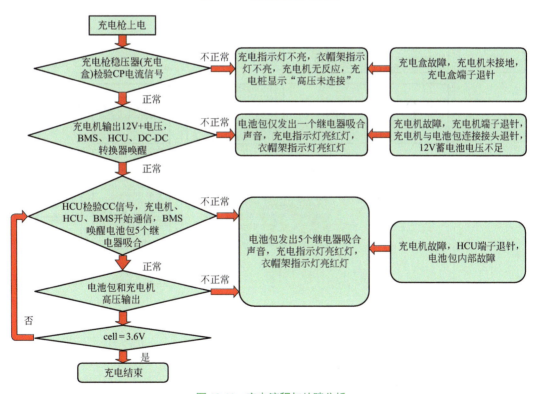

图 12-11　充电流程与故障分析

车辆无法充电的故障排查流程如图 12-12 所示。

充电指示灯亮红色的故障排查流程图如图 12-13 所示。

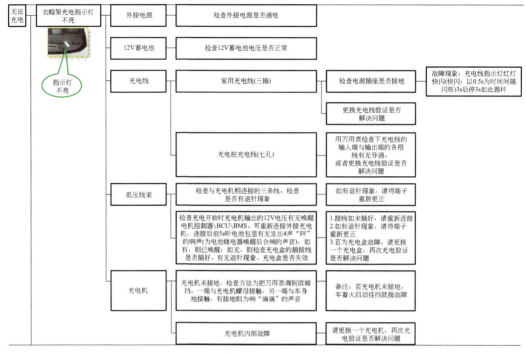

图 12-12　车辆无法充电的故障排查流程图

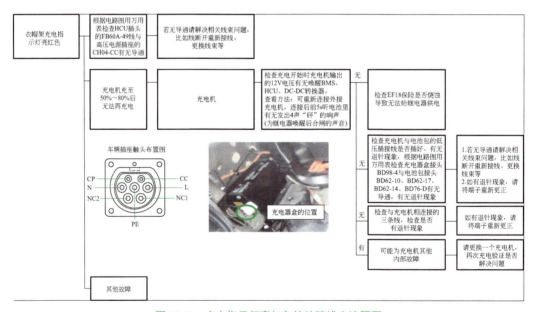

图 12-13　充电指示灯亮红色的故障排查流程图

12.4　直流充电故障排除

比亚迪元 Pro 车型的充电系统方框图如图 12-14 所示。

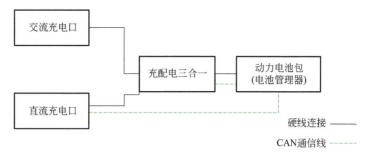

图 12-14　充电系统方框图

充电故障排查需要根据故障现象查找到故障部位，如图 12-15 所示。

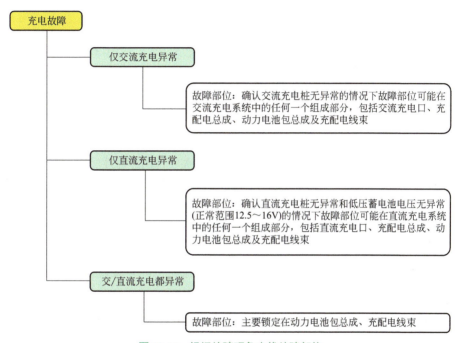

图 12-15　根据故障现象查找故障部位

若可能的故障部位较多，要利用 VDS 诊断故障码去定位故障部位。诊断故障码的步骤如下：

步骤 1：在 OK 挡电下用 VDS 读取故障码并记录；

步骤 2：VDS 执行清除故障命令，退电到 OFF 挡再上 OK 挡电，读取故障码并记录；

步骤 3：找充电桩充电测试让故障重现，读取故障码并记录。

故障码与故障的相关程度分三个等级，如表 12-3 所示。

表 12-3　故障分类等级表

相关等级	说明
相关等级 3	故障重现方能读取的故障码
相关等级 2	VDS 执行清除故障命令清除不了的故障码或清除后退电再重新上 OK 挡电又出现的故障码
相关等级 1	未执行 VDS 清除命令时在 OK 挡电下读取的故障码

根据 VDS 诊断情况，按图 12-16 所示思路排查。

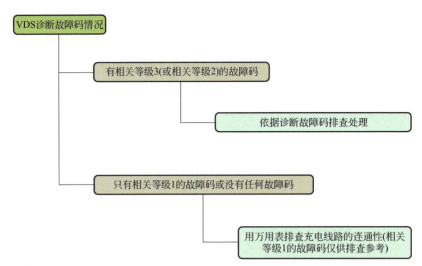

图 12-16　根据 VDS 诊断情况的故障排除流程

用 VDS 诊断的过程中若出现只有相关等级 1 的故障码或未读取任何故障码的情况，需要排查充电线路的连通性。用 VDS 先检查是否有高压零部件有软件版本更新，若有更新需更新到最新版本，若仍存在故障，则用万用表排查相关硬件的连通性。

首先整车退电至 OFF 挡，等待 5min，断开低压蓄电池负极，拔开电池包引出的高压母线，确保拔开的高压母线电压在安全电压范围（小于 60VDC）。

若是直流充电故障，根据表 12-4 检查直流充电口各触头与 BMC 相应接口的连通性，端子分布如图 12-17 所示。

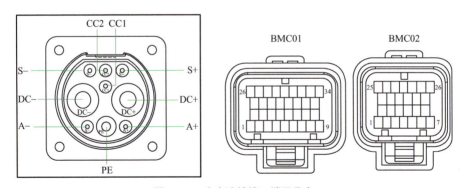

图 12-17　充电连接接口端子分布

表 12-4　直流充电口触头功能定义及连通性确认方法

触口标识	功能定义	连通性确认正常范围
DC+	直流电源正，连接直流电源正与电池正极	—
DC-	直流电源负，连接直流电源负与电池负极	—
PE	保护接地（PE），连接供电设备地线和车身地	PE 与供电设备地线或车身地间的电阻约 0Ω，用万用表确认应小于 1Ω

续表

触口标识	功能定义	连通性确认正常范围
S+	充电通信 CAN_H，连接直流充电桩与电动汽车的通信线	S+ 与 BMC02-24 之间电阻约 0Ω，用万用表确认应小于 1Ω
S-	充电通信 CAN_L，连接直流充电桩与电动汽车的通信线	S- 与 BMC02-25 之间电阻约 0Ω，用万用表确认应小于 1Ω
CC1	充电连接确认	CC1 与车身地电阻约 1kΩ，用万用表确认应在 0.9～1.1kΩ 之间
CC2	充电连接确认	CC2 与 BMC02-15 间电阻约 0Ω，用万用表确认应小于 1Ω
A+	低压辅助电源正，连接直流充电桩为电动汽车提供低压辅助电源	A+ 与 BMC01-6 之间电阻约 0Ω，用万用表确认应小于 1Ω
A-	低压辅助电源正，连接直流充电桩为电动汽车提供低压辅助电源	A- 与车身地间的电阻约 0Ω，用万用表确认应小于 1Ω

第 13 章　电池管理系统

13.1　系统工作原理

　　电池管理系统英文全称为 battery management system，简称 BMS。BMS 实体模块如图 13-1 所示。

　　BMS 作用：BMS 是电池保护和管理的核心部件，在高压电池系统中，它的作用就相当于人的大脑。它不仅要保证电池安全可靠地使用，而且要充分发挥电池的能力和延长使用寿命。作为电池和整车控制器以及与驾驶者沟通的桥梁，通过控制接触器控制高压电池组的充放电，并向 VCU 上报高压电池系统的基本参数及故障信息。

　　BMS 功能：通过电压、电流及温度检测等功能实现对高压电池系统的过压、欠压、过流、过高温和过低温保护，具有继电器控制、SOC 估算、充放电管理、均衡控制、故障报警及处理、与其他控制器通信等功能。此外电池管理系统还具有高压回路绝缘检测功能，以及为高压电池系统加热功能。

　　BMS 组成：按性质可分为硬件和软件，按功能分为数据采集单元和控制单元。

　　BMS 硬件：主板、从板及高压盒，还包括采集电压、电流、温度等数据的电子器件。

　　BMS 软件：监测电池的电压、电流、SOC 值、绝缘电阻值、温度值，通过与 VCU、充电机的通信，来控制高压电池系统的充放电。

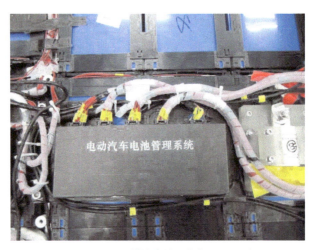

图 13-1　BMS 模块实体（北汽 E150EV）

　　众泰芝麻 E30 电动汽车将电池管理系统控制单元与高压电池统一集成安装在高压电池

包中。

如图13-2所示，EV-BMS由1个电池控制单元BCU和1个电池管理从控单元BMU构成，BCU检测24节串联电池电压以及6个温度点的温度，BMU检测24节串联电池电压以及8个温度点的温度。

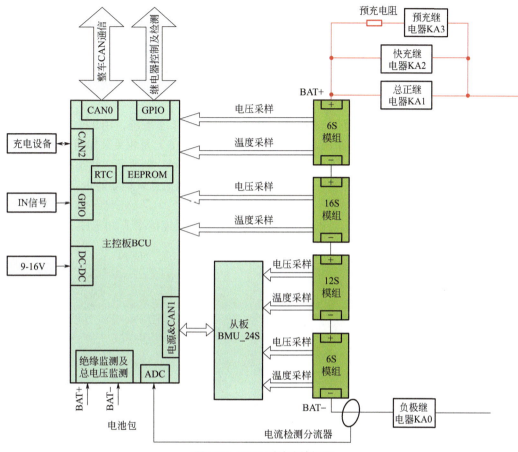

图 13-2　BMS 系统连接框图

BMS 电池管理系统主要功能如下：

① 电池单体电压及电池组总电压检测（40 个单体电压及总电压）；

② 电池组温度检测及热管理（10 个外部温度点检测及 2 路内部温度检测，加热控制电路）；

③ 电池组充放电电流的检测（分流器）；

④ 3 路 CAN 通信（整车 CAN、内部 CAN、预留快充 CAN）；

⑤ 管理系统供电电源检测，系统上电控制（ACC&ON & 慢充），延时掉电等功能；

⑥ 电池组高压模块的管理（总正 & 慢充、总负、预充、加热）；

⑦ 电池组故障诊断（包含但不限于过压、欠压、过流、过温、绝缘、SOC 过低、CAN 通信、预充电失败、继电器故障等）；

⑧ 电池组 SOC 估算；

⑨ 在线软件升级功能；

⑩ 外部控制信号的检测（高压接插件状态、唤醒信号等）；

⑪ 电池组漏电检测；
⑫ 慢充及快充检测接口（国标）；
⑬ BMS 数据存储功能；
⑭ 单体电芯均衡功能；
⑮ 充电管理（交流充电和直流充电）；
⑯ 实时最大允许充放电功率或电流估算。

13.2 系统电路检测

以 2018 款唐 PHEV 车型为例。该车采用分布式电池管理系统，由 1 个电池管理器（BMC）、1 个通信转换模块、5 个级联的电池信息采集器（BIC）及相关采样通信线束组成。电池管理器的主要功能为充放电管理、接触器控制、功率控制、电池异常状态报警和保护、SOC/SOH 计算、自检以及通信功能等；通信转换模块和电池信息采集器的主要功能为电池电压采样、电池温度采样、电池均衡、采样线异常检测等。

电池管理器安装于副仪表台配电箱下方的底板上。控制器连接端子如图 13-3 所示。

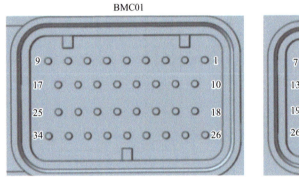
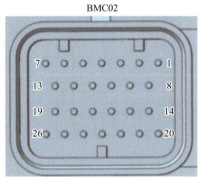

图 13-3　2018 款唐 PHEV 电池管理器端子

BMS 端子数值检测步骤如下：
① 断开高压电池管理器连接器。
② 测量线束端输入电压。
③ 接回电池管理器连接器。
④ 测量各端子值。
端子正常值如表 13-1 所示。

表 13-1　2018 款比亚迪唐 DM 电池管理器端子检测值

连接端子	端子描述	条件	正常值
K156-01	电池子网 CANH	ON 挡 /OK 挡 / 充电	2.5～3.5V
K156-02	电池子网 CAN 屏蔽地	始终	小于 1V
K156-03	通信转换模块供电 +12V	ON 挡 /OK 挡 / 充电	9～16V

续表

连接端子	端子描述	条件	正常值
K156-07	负极接触器供电	ON 挡/OK 挡/充电	9～16V
K156-08	充电仪表指示灯	车载充电时	小于 1V
K156-09	分压接触器 1 拉低控制	分压接触器 1 吸合时	小于 1V
K156-10	电池子网 CAN_L	ON 挡/OK 挡/充电	1.5～2.5V
K156-11	通信转换模块供电 GND	始终	小于 1V
K156-12	9～16 采集器供电 GND（铁电池）	始终	小于 1V
K156-15	分压接触器 1 供电	ON 挡/OK 挡/充电	9～16V
K156-16	主接触器、预充接触器供电	ON 挡/OK 挡/充电	9～16V
K156-18	电流霍尔 -15V	ON 挡/OK 挡/充电	-16～-9V
K156-19	霍尔传感器屏蔽地	始终	小于 1V
K156-21	预充接触器拉低控制	预充过程中	小于 1V
K156-22	主接触器拉低控制	主接触器吸合时	小于 1V
K156-26	电流霍尔信号	ON 挡	0～4.2V
K156-27	电流霍尔 +15V	ON 挡/OK 挡/充电	9～16V
K156-28	12V 常电	ON 挡/OK 挡/充电	9～16V
K156-29	负极接触器拉低控制	负极接触器吸合时	小于 1V
K157-01	BMC 供电 12V	ON 挡/OK 挡/充电	9～16V
K157-02	车身地	始终	小于 1V
K157-03	碰撞信号	启动	约 -15V
K157-04	PWM 输出 1	ON 挡/OK 挡/充电	PWM 脉冲信号
K157-05	PWM 输入 1	ON 挡/OK 挡/充电	PWM 脉冲信号
K157-08	BMC 供电 12V	电源 ON 挡/充电	11～14V
K157-09	动力网 CAN 终端电阻并入 1	ON 挡/OK 挡/充电	1.5～3.5V
K157-11	PWM 输入 2	始终	低电平信号
K157-14	动力网 CAN 终端电阻并入 2	ON 挡/OK 挡/充电	1.5～3.5V
K157-16	动力网 CAN_H	ON 挡/OK 挡/充电	2.5～3.5V
K157-17	动力网 CAN_L	ON 挡/OK 挡/充电	1.5～2.5V
K157-20	车载充电感应信号	车载充电时	小于 1V
K157-21	车身地	始终	小于 1V
K157-22	充电连接信号	充电	小于 1V
K157-23	动力网屏蔽地	始终	小于 1V

13.3 系统故障诊断

高压电池管理系统（BMS）常见故障类型包括：CAN系统通信故障、BMS未正常工作、电压采集异常、温度采集异常、绝缘故障、内外总电压测量故障、预充电故障、无法充电、电流显示异常故障、高压互锁故障等。

(1) CAN 通信故障

CAN线或电源线脱落、端子退针都会导致通信故障。在保证BMS供电正常的状态下，将万用表调至直流电压挡，红表笔触碰内部CAN_H，黑表笔触碰内部CAN_L，测量通信线路的输出电压，即通信线路内部CAN_H与CAN_L之间的电压，正常电压值为1.5V左右，若电压值异常，则可判定为BMS硬件故障，需更换。

(2) BMS 未正常工作

当出现此现象时，可重点考虑以下几个方面：

① BMS 的供电电压：首先测量整车接插件处，查看整车给BMS的供电电压是否有稳定的输出。

② CAN线或低压电源线连接不可靠：CAN线或电源输出线连接不可靠会导致通信故障。应对主板到从板或高压板的通信线、电源线进行检查，发现脱落断开的线束，应进行更换或重新连接。

③ 接插件退针或损坏：低压通信航空插头退针会导致从板无电源或从板数据无法传输到主板，应检查插头和接插件，发现退针或损坏得进行更换。

④ 控制主板：换板进行监控，更换后故障解除则确定为主板有问题。

(3) 电压采集异常

当出现电压采集异常现象时，重点考虑下列几种情况：

① 电池本身欠压：将监控电压值与万用表实际测量的电压值对比，确认有故障后更换电池。

② 采集线端子紧固螺栓松动或采集线与端子接触不良：螺栓松动或端子接触不良会导致单体电压采集不准，此时轻摇采集端子，确认接触不良后，紧固或更换采集线。

③ 采集线保险丝损坏：测量保险丝阻值，若在1Ω以上，需进行更换。

④ 从板检测问题：确认采集电压与实际电压不一致，其他从板若采集电压与电池电压一致，则需要更换从板并收集现场数据，读取历史故障数据，进行分析。

(4) 温度采集异常

出现温度采集异常现象时，重点考虑下列几种情况：

① 温度传感器失效：若单个温度数据缺失时，检查中间对接插头，若无连接异常，可确定为传感器损坏，更换即可。

② 温度传感器线束连接不可靠：检查中间对接插头或者控制口温度传感器线束，发现松动或者脱落，应更换线束。

③ BMS存在硬件故障：监测发现BMS无法采集整口温度，并确认从控制线束到转接头到温度传感器探头的线束导通正常，则可判定为BMS硬件问题，更换对应的从板。

④ 更换从板后重新加载电源：在更换故障从板后要重新加载电源，否则监控值会显示异常。

(5) 绝缘故障

高压电池管理系统中工作线束的接插件内芯与外壳短接、高压线破损与车体短接会导致绝缘故障，同时电压采集线破损与电池箱体短接，也会导致绝缘故障。针对此类情况，按下列方法分别分析诊断维修：

① 高压负载漏电：依次断开 DC-DC 转换器、PCU、充电机、空调等，直到故障解除，然后对故障件进行更换。

② 高压线或连接器破损：使用兆欧表进行测量，检查确认后进行更换。

③ 电池箱进水或电池漏液：对电池箱内部进行处理或更换电池。

④ 电压采集线破损：确定电池箱内部漏电后检查采集线，若发现破损则进行更换。

⑤ 高压板检测误报：对高压板进行更换，更换后故障解除则确定为高压板检测故障。

（6）外部总电压检测故障

导致总电压检测故障的原因有采集线与端子间松动或脱落，导致总电压采集故障；螺母松动导致打火和总电压采集故障；高压连接器松动导致打火和总电压检测故障；维修开关按下导致总电压采集故障；等等。实际检测过程中，可分别按下列方法进行维修处理：

① 总电压采集线两端端子连接不可靠：用万用表测量检测点总电压并与监控总电压对比，然后检查线路，发现连接不可靠，进行紧固或更换。

② 高压回路连接异常：用万用表测量检测点总电压并与监控总电压对比，然后从检测点依次检查维修开关、螺栓、连接器、保险等，发现异常，进行更换。

③ 高压板检测故障：对比实际总电压和监控总电压，更换高压板后，若总电压恢复正常，则可确定为高压板故障，予以更换。

（7）预充电故障

导致出现预充电故障的原因有外部总电压采集端子松动脱落导致预充电故障；主板控制线无 12V 电压导致预充电继电器不闭合；预充电电阻损坏导致预充电失败；等等。结合实车，可按以下几类情况分别进行检查。

① 外部高压部件故障：当 BMS 报预充电故障时，断开总正、总负后，若预充电成功，则故障由外部高压部件引起，分段排查高压接线盒和 PCU。

② 主板问题不能闭合预充电继电器：检测预充电继电器是否有 12V 电压，如果没有则更换主板，若更换后预充电成功，则确定主板故障。

③ 主保险或预充电阻损坏：测量预充电保险导通情况和电阻阻值，若异常则更换。

④ 高压板外部总电压检测故障：换高压板后预充电成功，则可确定高压板故障，更换即可。

（8）无法充电

无法充电现象大致可总结为下列两种情况：一是接插件两端 CAN 线端子退针或脱落，导致主板与充电机无法通信，从而导致无法充电；二是充电保险损坏导致充电回路无法形成，充电无法完成。实际车辆检测中若遇到无法充电的情况，可从以下几个方面入手，进行故障的维修处理：

① 充电机与主板未正常通信：使用仪器读取整车 CAN 系统工作数据，若发现无充电机或者 BMS 工作数据时，立即检查 CAN 通信线束，有接插件接触不良或线路中断，立即进行修复。

② 充电机或主板故障不能正常启动：对充电机或主板进行更换，然后重新加载电压，若更换后可以充电，则可确定为充电机或主板故障。

③ BMS 检查到故障，不允许充电：通过监控判断故障类型，然后解决故障直至充电成功。

④ 充电保险丝损坏，无法形成充电回路：使用万用表检测充电保险丝导通情况，若无法导通，则立即更换。

（9）电流显示异常

高压电池管理系统控制线束的端子脱落或螺栓松动、端子或螺栓表面氧化均会导致电流误差。出现电流显示异常时，应完整详细地检查电流采集线的安装情况。

① 电流采集线未正确连接：此时会导致电流正负颠倒，更换即可。

② 电流采集线连接不可靠：首先确定高压回路有稳定电流，而当监控电流波动较大时，检查分流器两端电流采集线，发现螺栓松动应立即进行紧固。

③ 检测端子表面氧化情况：首先确定高压回路有稳定电流，而当监控电流远低于实际电流时，检查端子或螺栓表面是否有氧化层，有则对其表面进行处理。

④ 高压板电流检测异常：断开维修开关后，若监控电流值在 0.2A 以上，则高压板电流检测异常，应对高压板进行更换。

（10）高压互锁故障

打开 ON 挡时，测量此处是否有高压输入，检查 4 个端子是否插接牢靠，并测量驱动端是否有 12V 电压（细线为电压驱动线）。按照具体情况，可分为以下三类：

① DC-DC 转换器故障：测量 DC-DC 转换器高压输入航插，在打开 ON 挡时是否有短时高压，有则确定为 DC-DC 转换器故障，予以更换。

② DC-DC 继电器端子未插接牢靠：检查继电器高、低压端子，不可靠的重新插接牢靠。

③ 主板或转接板故障，导致 DC-DC 继电器不闭合：测量 DC-DC 继电器电压驱动端，打开 ON 挡短时间无 12V 电压，则更换主板或转接板。

第 14 章 电池温度管理

14.1 电池包冷却

电动汽车的高压电池包在快速充、放电的过程中，会产生大量的热量，如果不能及时有效地散热，不仅会影响电池的效能，同时会对车辆的使用安全形成威胁。于是，高压电池包都设计有专门的冷却电路，早期的油电混动汽车有的是利用风冷的形式通过空气流动散热，现在的电动汽车一般通过液冷的方式利用冷却液流通带走电池包的热量。以比亚迪秦 EV 和 e5 车型为例，其电池包内部结构如图 14-1 所示。

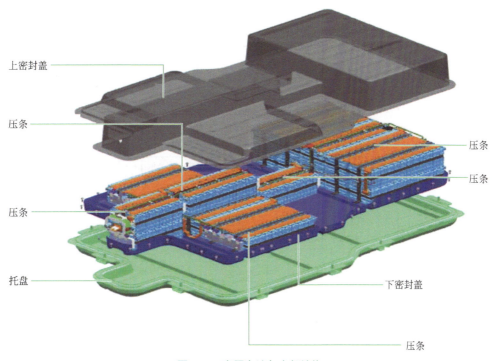

图 14-1　高压电池包内部结构

电池包内部冷却水管结构与安装形式如图 14-2 所示。

水冷系统工作原理图如图 14-3 所示，不同控制模式下各执行部件工作状态如表 14-1 所示。

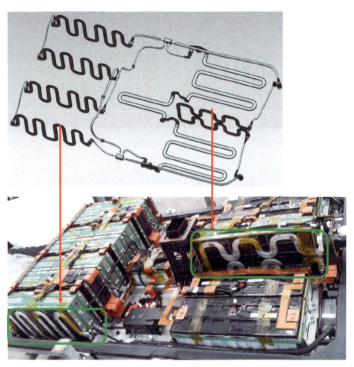

图 14-2 高压电池包内部冷却管路

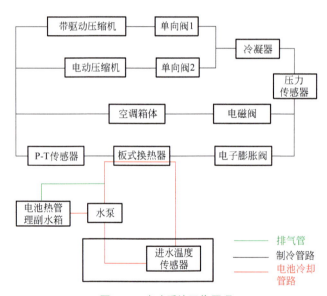

图 14-3 水冷系统工作原理

表 14-1 不同控制模式执行器状态

不同模式控制	电磁阀	电子膨胀阀 1	电子膨胀阀 2	电子水泵
制冷工作模式	打开	打开	关闭	关闭
电池冷却模式	关闭	关闭	打开	工作
制冷电池冷却模式	打开	打开	打开	工作

14.2 电池包加热

在寒冷地区，低温的气候会影响电池的活性，从而影响其充放电性能，在这个时候需要给电池包加热，使其保持在适宜的温度区间。于是，有的电动汽车专门设计了电池加热系统，如图14-4所示为比亚迪的电池加热器。电池加热器以串联的方式布置在冷却加热系统回路中。由电池管理系统（BMS）根据电池需求，发送请求启动加热指令，加热器根据指令启动加热功能。

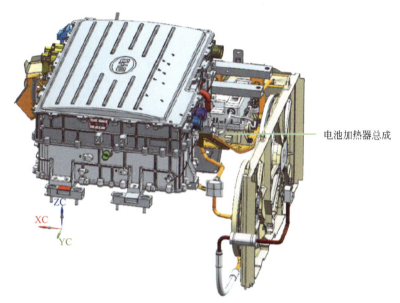

图 14-4　电池加热器安装位置

加热器配置有专门的保险丝，其位置如图 14-5 所示。

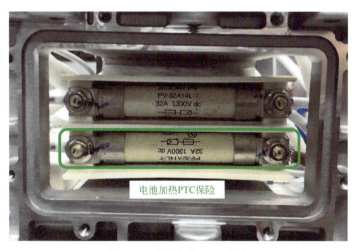

图 14-5　电池加热 PTC 保险

电池加热 PTC 冷却液循环如图 14-6 所示。

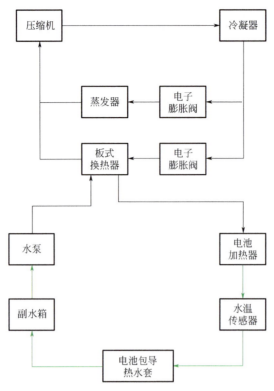

图 14-6 电池加热 PTC 冷却液循环回路

14.3 系统故障排除

14.3.1 电池冷却系统排气操作

以比亚迪 e5 车型为例，在拆装电池冷却系统回路中的高压电池包、电池热管理电动水泵、板式换热器和电池冷却管路等零部件后，需对电池热管理系统加注适量的、规定的冷却介质，可按照以下步骤进行系统排气操作。

① 整车上 OK 挡电，连接 VDS，进入 BCC（电池热管理控制器）主动测试界面，将电池热管理电动水泵设置为"开启"。

② 打开前舱盖，观察电池热管理副水箱总成（位置见图 14-7）排气口中是否有连续的水流喷出：若喷出的水流为间断的，则继续排气，直至喷出水流为连续状态，且在排气口水流喷射连续状态下持续排气 3～5min 后结束系统排气；若无水流喷出，查看水箱里面是否有冷却液。

若没有，适量加注一些规定的冷却液待观察；若有，将电池热管理电动水泵按"工作 3min"—"停止工作 1min"周期来进行排气，直至有水流喷出。

③ 在排气过程中或排气完成后，检查电池冷却系统是否漏液。

④ 排气完成后，观察水箱内的液位，若液位低于 max 线，则需要进行补液，让电池冷却介质液位接近 max 线。

图 14-7　电池冷却副水箱安装位置

14.3.2　电池加热器故障排除

一辆比亚迪唐 DM 车辆充满电后无法使用 EV 模式，组合仪表提示"EV功能受限"，如图 14-8 所示。

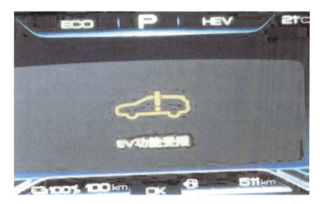

图 14-8　仪表提示故障信息

① 使用 VDS 读取电池管理器系统，报"预充失败"故障，如图 14-9 所示。

图 14-9　故障码提示内容

② 读取电池管理器数据流 SOC 为 100%、电池组当前总电压 740V，在车辆上电过程中分压接触器 1、负极接触器、预充接触器均为吸合状态，2s 后预充状态为"预充失败"，在预充过程中读取前、后驱动电机控制器的母线电压均为 293V 左右（预充电压明显异常），如图 14-10 所示。

图 14-10　数据流显示状态信息

③ 读取车辆其他高压系统发现，在电池加热器系统中报 "B194604 1#IGBT 驱动芯片功能失败" "B195512 IGBT 短路故障" "B194807 驱动组件故障"，并且为当前故障。断开高压系统后测量电池加热器管压降时发现，正测 0.473V、反测 0.473V（异常），如图 14-11 所示。

正向测量　　　　　　　　　反向测量

图 14-11　测量加热器管压降（故障车辆）

④ 与正常车辆对比，正测 OL、反测 1.291V，如图 14-12 所示。故障车的电池加热器管压降不正常，重新更换电池加热器总成后试车故障排除。

图 14-12　测量加热器管压降（正常车辆）

第 3 篇
电驱系统

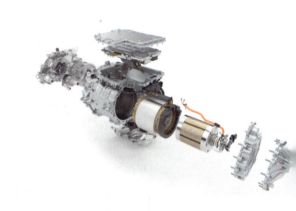

第 15 章 电机概述

15.1 电机基本结构与原理

电机装有一个定子绕组,绕组如同电动机一样,可产生一个旋转磁场。电机组成部件和电路连接如图 15-1 所示。

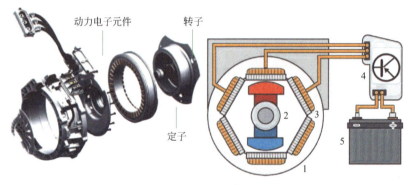

图 15-1　电机组成部件

1—电动机/发电机;2—转子;3—定子;4—动力电子元件;5—高压电池

当电机作为电动机工作时,定子绕组会产生一个旋转磁场。转子是一个可以产生磁场的永磁体。同步电动机的转速可通过感应交流电的频率精确控制。系统中装有一个变频器,对同步电动机转速进行无级调整。转子位置传感器可持续检测转子的位置,控制电子器件以此测定电动机实际转速。电机工作原理如图 15-2 所示。

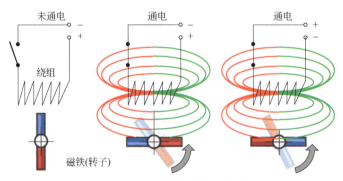

图 15-2　电机工作原理

如果电机作为发电机工作，转子通过变速箱从外部驱动。当转子的磁场通过定子绕组时，每一相的线圈上都会产生感应电动势。转子磁场会依次通过绕组。电力电子装置将获得的电能转化为高压直流电，对高压电池进行充电。

三相交流同步电机是靠永久磁铁转子（轴）与电磁铁定子（筒状）的磁性吸引力而旋转的电机，如图 15-3 所示。定子的磁场（N 极、S 极）的切换速度，等同于转子的旋转速度（同步电机）。

图 15-3　三相交流电与同步电机

三相交流电被送到定子，使之产生旋转磁场。与定子的旋转磁场相一致，转子将因为磁场的变化而产生旋转。定子内（转子周围），磁场将以"N 极""无极性""S 极"的顺序不断变换，如图 15-4 所示。

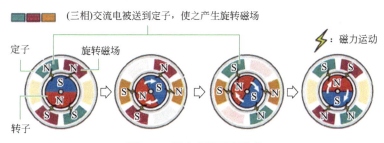

图 15-4　同步电机工作原理

15.2　电机类型与特性

对于空间布置尺寸要求比较高的中小型电动汽车来说，功率和转矩密度更高的永磁同步电机就是优先的选择，并且同步电机更适合频繁启停的工况，适合城市上下班通勤的应用场景，这也是特斯拉 Model 3 改用同步电机的原因之一。以通用汽车为例，同步电机结构如图 15-5 所示。

相比永磁同步电机，交流感应电机体积较大，但是价格适中，感应电机可以做得功率很大并且不存在退磁问题，所以一些大型车或者追求性能的电动汽车，比如特斯拉 Model S 和蔚来 ES8，都采用感应电机，如图 15-6 所示。

开关磁阻电机结构简单、坚固、维护方便甚至免维护，启动及低速时转矩大、电流小。高速恒功率区范围宽、性能好，在较宽转速和功率范围内都具有高输出和高效率而且有很好的容错能力。

开关磁阻电机转子上产生的转矩是由一系列脉冲转矩叠加而成的，由于双凸极结构和磁路饱和非线性的影响，合成转矩不是恒定转矩，而是有一定的谐波分量，影响了电机低速运行性能，所以传动系统的噪声与振动比一般电机大。开关磁阻电机类型结构如图 15-7 所示。

图 15-5　通用永磁同步电机结构

图 15-6　蔚来 ES8/ES6 所使用的感应电机

图 15-7　开关磁阻电机

开关磁阻电机的优点和缺点都非常明显，对于家用车领域，像脉动引起的噪声与振动确实是难以控制和非常影响用户体验的，因此并没有大规模应用。但是在商用车领域，它就可以大显身手了，国内很多电动公交车、大巴车和货车上面，都能够看到它的身影。

所以，基本可以这么说：中小型车以永磁同步电机为主，大型及高性能乘用车趋向感应电机，开关磁阻电机则适用于大型商用车。

第16章 永磁同步电机

16.1 电机构造

驱动电机是一个紧凑、重量轻、高功率输出、高效率的永磁同步电机（PMSM），永磁铁被镶入转子中，旋转磁场和定子线圈共同作用产生转矩。电机旋变器同轴安装在电机上，用来检测转子旋转的角度，此旋转角度被发送到电机控制模块。电机温度传感器检测电机定子内部的温度，此温度信息被发送给电机控制模块。驱动电机组成部件见图16-1。

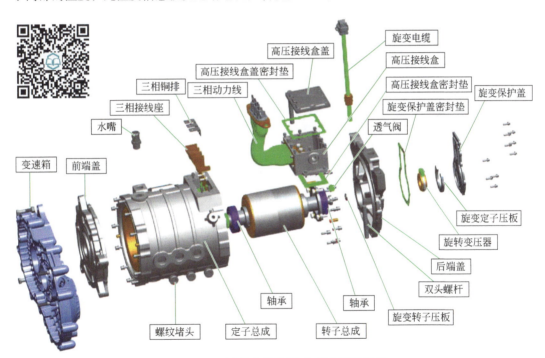

图16-1 驱动电机部件分解（江淮新能源车型）

永磁同步电机及其驱动系统与外部的电气接口共包括高压部分、低压部分和通信接口三部分。高压部分与整车连接的高压直流部分如下：

① P——电机控制器直流正端；

② N——电机控制器直流负端。

电机驱动器与永磁同步电机连接的三相交流电部分如下：

①A（U）——电机 A 相（U）；
②B（V）——电机 B 相（V）；
③C（W）——电机 C 相（W）。

电机控制器前侧配置 2 个低压接插件，分别为 23 针接插件和 14 针接插件。23 针接插件主要完成 PCU、DC-DC 与整车之间的通信及控制。14 针接插件中有 6 针主要完成 PCU 与电机之间的通信，PCU 可以根据此接线端与电机的旋变连接，实现电机位置及转速的测量和计算，从而实现对电机的精确控制；2 针用于检测电机实时温度，防止电机在过温下工作，造成电机毁坏；4 针与 PCU 主控芯片连接，用于软件的改写、烧录，操作方便。

16.2 电机拆装

以奇瑞 EQ1 小蚂蚁电动汽车的驱动电机拆装为例，操作步骤如下：

① 切断高压，拔掉维修开关（MSD 保险端）插件（在副座椅下面，见图 16-2，将座椅后推后拆下盖板即可拔下）。

② 拆下后检修盖板总成，如图 16-3 所示。

图 16-2　MSD 部件位置

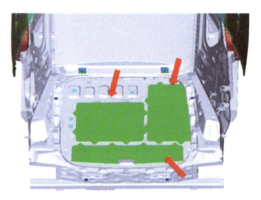

图 16-3　车辆后部检修盖板

③ 如图 16-4 所示拆除电机进出水管。

④ 拆下电机接地线，拔掉电机信号插件，见图 16-5。

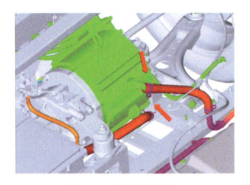

图 16-4　电机冷却水管

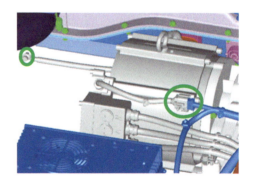

图 16-5　拆下电机接地线

⑤ 用举升机举起车辆，在副车架下方放置一平板车，支撑副车架。

⑥ 拔去控制器信号接插件，拆除其他在副车架上的高、低压线束，见图 16-6。

⑦ 拆除副车架，放置在平板车上。

⑧ 如图 16-7 所示将电机和电机控制器连接的三相线从控制器端拆下。方法：首先使用开口扳手卸下螺母 1，再拆卸固定在控制器上的螺母 2，拆掉 U、V、W 和防水端子后，打开控制器小盖板，拆掉压线端子（3 个 M6 螺栓）。三相插件与控制器连接螺栓力矩（20±3）Nm，端子固定螺栓力矩（4±1）Nm。

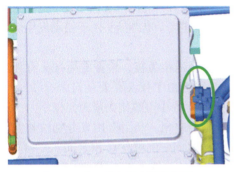

图 16-6　取下电机控制器接插件

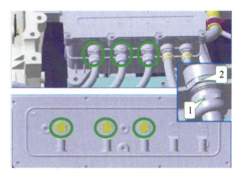

图 16-7　取上电机三相线

⑨ 如图 16-8 所示拆卸电机和减速器左悬置、前悬置、后悬置，将电机和减速器总成放置在工作台上。

⑩ 拆卸电机和减速器之间的连接螺栓，见图 16-9，安装力矩：（60±6）Nm。

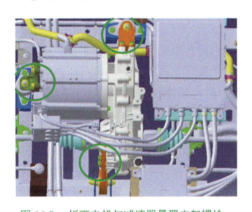

图 16-8　拆下电机与减速器悬置支架螺栓

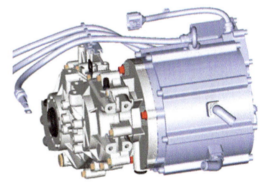

图 16-9　拆卸电机与减速器连接螺栓

⑪ 晃动电机，并向电机相反方向拉动，即可拆下电机。如果配合较紧，则用一字旋具撬动配合面，或者用塑料锤敲击减速器壳体，即可分离电机和减速器。（拆卸和装配时小心减速器油封）

电机的装配参见电机拆卸的逆过程，电缆与信号线连线及水管安装参见控制器安装、线束及水管安装部分。装配完成后，应参照冷却液加注方法加注冷却液。

驱动电机安装注意：

① 驱动电机安装前用高压绝缘表 500V 挡，检测电机三相线对壳体的绝缘阻值，大于 20MΩ，即为合格，安装时按拆解步骤反向操作即可。

② 电机安装完成后，检查三相线缆的相序。

16.3 电机检测

下面以奇瑞 EQ1 电动汽车为例,讲解电机相关故障的检修方法。

(1)电机缺相的检测

电机缺相是由于电机内部某一相或两相由于某种原因产生不通电或者电阻值较大的现象,其主要产生的原因可能为:电机内某相烧毁,电缆与电机内部绕线断开连接,电缆接头由于松动发生烧蚀现象。

① 打开控制器小盖板,检查电缆接头有无烧蚀现象(此故障多由于接头在安装时未拧紧),维修后一定把图 16-10 中电缆接头紧固到位。

② 检查是否缺相。利用万用表分别检测电机的 A 相与 B 相之间、B 相与 C 相之间、A 相与 C 相之间电阻来判断是否发生缺相,AB、BC、AC 相互之间的差值大于 0.5Ω 即判定为电机缺相请更换电机。

图 16-10 检查电缆接头有无烧蚀

注意事项:将维修开关拔掉,打开电机控制器小盖板,将 U、V、W 三相线松开,将万用表打至最小单位刻度挡,测量相间的阻值。

(2)电机系统绝缘故障的检测

电机绝缘故障常因为电机内部进水,或者是电机的绝缘层受热失效,或绕组某处烧蚀对地短接而产生。

电机控制器绝缘故障常因为控制器内部进水,或者是爬电距离变小而产生。当电机系统发生绝缘故障时,常会引起控制器报模块故障,或者是整车绝缘故障。检查电机系统绝缘故障时应将电机系统从整车上脱离(打开控制器的小盖板,将连接到 MCU 的母线螺栓拆掉,将线与安装底座脱开),分别对电机系统的正负对地电阻用绝缘表进行测试,绝缘表测试电压 500V,要求测试时电机温度接近常温,测试阻值应大于 20MΩ。若低于此值,则需进一步判定是电机的问题还是控制器的问题。将三相线螺栓拆掉,将线与安装底座脱开,单独对电机进行绝缘测试,如果测试阻值低于 20MΩ,判定为电机损坏,请更换电机。否则,请更换控制器。测试工具采用高压绝缘表。

注意:测量时应注意高压绝缘表一端与端子连接,一端与外壳连接,测试电压应选择 500V 挡位。

(3)电机位置传感器信号与温度传感器信号静态测试方法

电机位置传感器负责监控电机转子位置,为电机控制提供位置信号。电机位置传感器采用旋转变压器结构。可能出现的故障模式为内部发生短路或者断路。

电机尾端信号线插件端子定义如图 16-11 所示。P1~P6 端子为旋变信号,P7~P8 端子为温度信号,测量电阻值时应 P1~P2 为一组,P3~P4 为一组,P5~P6 为一组,P7~P8 一组。各端子功能见表 16-1,各端子测试参数见表 16-2。

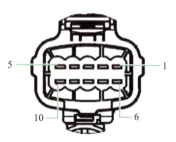

图 16-11 电机信号接插件

表 16-1 各端子功能

端子	功能
1	旋变 EXTP_R1
2	旋变 EXTP_R2
3	旋变 EXTP_S1
4	旋变 EXTP_S3
5	旋变 EXTP_S2
6	旋变 EXTP_S4
7	电机温度传感器 TEMP_1
8	电机温度传感器 TEMP_1

表 16-2 各端子测试参数

测量回路	端子	标准
R1～R2 激励回路	P1～P2	(20±2)Ω
S1～S3 正弦回路	P3～P4	(46±4.6)Ω
S2～S4 余弦回路	P5～P6	(50±5)Ω
电机温度传感器	P7～P8	阻值随温度变化

16.4 电机故障排除

(1) 驱动电机工作失效故障

故障现象：江淮新能源电动车辆抖动、无法行驶。

检修方法：

① 进入整车诊断软件驱动电机信息栏里查看电机状态，见图 16-12。观察母线电压值（350V 左右）、转向指令和电机当前转向、目标转矩和电机转矩是否相同。如驱动电机信息与 VCU 发出的指令全部一致，但车辆无法行驶，可检查电机三相线固定螺栓。

② 检查电机旋变线，有无退针、断开现象，拔下电机旋变线插头，用万用表测量 1、3、5、7、13、14 等端子看是否导通。

(2) 驱动电机过速故障

故障现象：

① 组合仪表报"系统故障 联系维修""EHPS 失效"，见图 16-13。

② 车辆掉高压电，Ready 灯不亮，（此时控制器已关闭 IPU，无法再上高压电）。

图 16-12 驱动电机信息数据

③ 断开 12V 负极或者清除故障码后，车辆可以 Ready，但一挂挡，车辆就无法行驶，明显听到前驱动电机空转的声音。

④ 检查差减轴与驱动电机结合位置有油迹渗出。

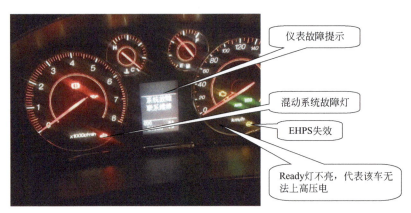

图 16-13　仪表故障提示

故障分析：用诊断仪查询，系统存在的故障码如图 16-14 所示。

序号	控制器	硬件号	软件号	零件号	故障码	故障类型	定义	状态
1	制动控制系统	8030009BAC020H.0	8030009BAC020S.0	8030009BAC0200	无故障码			
2	助力转向系统	3410006BAC010H.?	3410006BAC010S.?	3410006BAC0100	无故障码			
3	发动机管理系统	1120003BAC1100H.0	1120003BAC1100S.0	1120003BAC1100	P057129	历史的	刹车信号不同步	60
4	辅助安全系统	8040003BAC000H???	8040003BAC000S???	8040003BAC0000	无故障码			
5	电池管理系统					通信异常		
6	前驱电机	1520007BAC0000H.0	1520007BAC0000S.4	1520007BAC0000	P180619	历史的	功率模组过电流	A8
7	前驱电机	1520007BAC0000H.0	1520007BAC0000S.4	1520007BAC0000	P183470	当前的	电机过速-关闭IPU	AF
8	前驱电机	1520007BAC0000H.0	1520007BAC0000S.4	1520007BAC0000	P183470	当前的	电机过速-2级报警	2F
9	前驱电机	1520007BAC0000H.0	1520007BAC0000S.4	1520007BAC0000	P180317	历史的	发电时高压电压高于udc_max时降功率	68
10	前驱电机	1520007BAC0000H.0	1520007BAC0000S.4	1520007BAC0000	P181216	历史的	发电机高压直流电压低于阈值-降功率	28
11	混动控制系统	1110003BAC0300H.E	1110003BAC0300S.E	1110003BAC0300	P16FF00	历史的	BMS电池包2风扇故障	08
12	混动控制系统	1110003BAC0300H.E	1110003BAC0300S.E	1110003BAC0300	P166F00	历史的	BMS风扇故障	08
13	混动控制系统	1110003BAC0300H.E	1110003BAC0300S.E	1110003BAC0300	P06A111	历史的	电动空调转速控制线短路到地	08
14	混动控制系统	1110003BAC0300H.E	1110003BAC0300S.E	1110003BAC0300	P109296	历史的	发动机故障级别1	08
15	混动控制系统	1110003BAC0300H.E	1110003BAC0300S.E	1110003BAC0300	P068D00	历史的	选挡信号不匹配	08
16	混动控制系统	1110003BAC0300H.E	1110003BAC0300S.E	1110003BAC0300	U10C287	历史的	丢失与充电机的通信超过1s	08
17	混动控制系统	1110003BAC0300H.E	1110003BAC0300S.E	1110003BAC0300	P189496	当前的	驱动电机故障级别3	8B
18	混动控制系统	1110003BAC0300H.E	1110003BAC0300S.E	1110003BAC0300	P166496	当前的	高压电池初始化错误	0B
19	混动控制系统	1110003BAC0300H.E	1110003BAC0300S.E	1110003BAC0300	U10C181	当前的	HVIL线断开	0B
20	混动控制系统	1110003BAC0300H.E	1110003BAC0300S.E	1110003BAC0300	P0CC113	历史的	水泵控制继电器开路	08
21	混动控制系统	1110003BAC0300H.E	1110003BAC0300S.E	1110003BAC0300	P189396	当前的	驱动电机故障级别2	8B
22	集成启动发电机	1520007BAC0000H.0	1520007BAC0000S.4	1520007BAC0000	P171216	历史的	发电机高压直流电压低出阈值-降功率	28
23	娱乐系统					通信异常		
24	空调系统	8130004BAC000H??	8130004BAC020S.B	8130004BAC0200	无故障码			

图 16-14　整车故障报告

从图 16-4 中能看到很多的当前故障。如电机过速 -2 级故障，驱动电机 3 级故障，HVIL 线断开，等等。当看到有 HVIL 线断开（即高压互锁线断开）的故障码时，很容易联想到高压互锁问题。但是高压互锁问题会不会报驱动电机 3 级故障呢，还是因为驱动电机 3 级故障引发了高压互锁问题呢？因此，这时候首先往驱动电机的方向去排查问题。上述故障还有过速故障,所谓的过速就是不带负载时的超过了额定转速。

检修过程:

① 首先检查驱动电机(旋变/温度)的接插件是否接插良好,见图 16-15。

② 检查驱动电机与差减轴的结合面,检查是否有油渗出。如有油渗出且能听见明显的空转声音,则需要重点检查差减轴的状态。

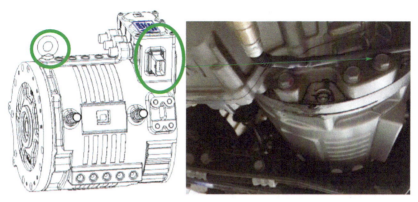

图 16-15　检查驱动电机接插件

③ 如上述两个地方状态良好,测量驱动电机(旋变/温度)插头的旋变值:

1#、12# 端子的旋变值:15Ω。

2#、11# 端子的旋变值:36Ω。

3#、10# 端子的旋变值:36Ω。

如某点的旋变值不符,则可判定该驱动电机内部存在故障。

(3)发电机旋变故障

故障现象:广汽 GA3S PHEV、GS4 PHEV 车辆在行驶过程中掉高压电,无法 Ready。组合仪表报"系统故障　联系维修"。关闭钥匙休眠后,仍无法 Ready。

故障诊断:用诊断仪连接车辆,读取系统故障信息如图 16-16。

序号	控制器	硬件号	软件号	零件号	故障码	故障类型	定义	状态
1	制动控制系统	8030009BAC020H.0	8030009BAC020S.0	8030009BAC0200	无故障码			
2	助力转向系统	3410006BAC010H.?	3410006BAC010S.?	3410006BAC0100	无故障码			
3	发动机管理系统	1120003BAC1100H.0	1120003BAC1100S.0	1120003BAC1100	无故障码			
4	辅助安全系统	8040003BAC000H???	8040003BAC000S???	8040003BAC0000	U041881	历史的	从BCS收到的车速值无效 或者 BCS_VehSpdVD的值是无效的	28
5	电池管理系统					通信异常		
6	前驱电机	1520007BAC0000H.0	1520007BAC0000S.5	1520007BAC0000	无故障码			
7	混动控制系统	1110003BAC0300H.E	1110003BAC0300S.E	1110003BAC0300	P179296	当前的	发电机故障级别3	AB
8	集成启动发电机	1520007BAC0000H.0	1520007BAC0000S.5	1520007BAC0000	P17A077	当前的	ISG电机反转故障 关闭IPU	AF
9	娱乐系统			8505007BAC0200	无故障码			
10	空调系统	8130004BAC0600H.	8130004BAC0600S.	8130004BAC0600	U042281	历史的	从BCM接收到无效信号	2C
11	组合仪表	8270003BAC0701H.0	8270003BAC0701S.0	8270003BAC0701	无故障码			
12	车身控制模块	8045006BAC010H.?	8045006BAC010S.0	8045006BAC0100	U012987	历史的	BCS1通信报文丢失	28
13	车身控制模块	8045006BAC010H.?	8045006BAC010S.0	8045006BAC0100	U121087	历史的	BCS2通信报文丢失	28
14	车身控制模块	8045006BAC010H.?	8045006BAC010S.0	8045006BAC0100	U121187	历史的	BCS5通信报文丢失	28
15	TBOX	8550003BAC99F0H.	8550003BAC99F0S.	8550003BAC99F0	无故障码			

图 16-16　用诊断仪读取的故障信息

故障分析:根据故障码"发电机故障级别 3""ISG 电机反转故障—关闭 IPU",结合维修手册对应的故障码诊断提示进行检测,见表 16-3。

表 16-3　故障码诊断提示

DTC	DTC 定义	可能故障原因	维修处理方法
P17A077	ISG 电机反转故障，关闭 IPU	• 转矩控制异常 • 电机旋变异常	• 检查 HCU 控制转矩命令 • 检查电机旋变信号电路

提示：涉及转速类的故障，应首先检查电机的旋变信号是否正常，可通过测量电机的旋变阻值来判断，阻值与正常值之差不可超过 5Ω。旋变信号端子定义如图 16-17 所示。

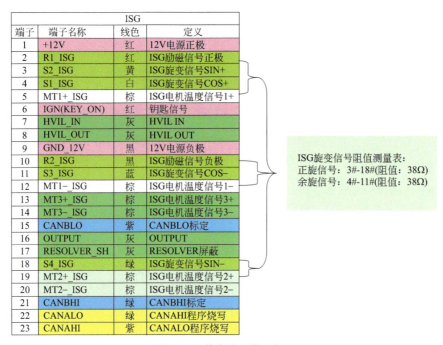

图 16-17　旋变信号端子定义

检修步骤：

① 检查电机旋变接插件是否接插良好，见图 16-18。注意检查该接插件的线束是否断裂或者端子是否退针。

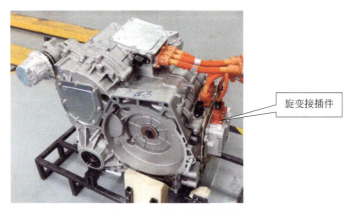

图 16-18　检查旋变接插件

② 检查电机控制器 ISG 通信插头（白色）的接插是否正常，见图 16-19。注意检查该接插件的线束是否断裂或者端子是否退针。

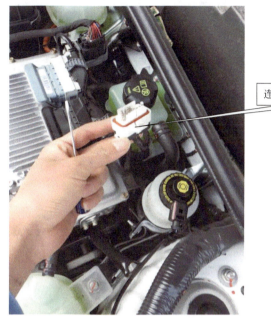

图 16-19　检查 ISG 通信插头

③ 如上述接插件、线束表面无异常。则用万用表测量发电机旋变的信号值［ISG 通信插头（白色）］，端子定义见图 16-17。如测量阻值不符合定义阻值，说明该接插件到发电机这个区间存在故障，可排查电机控制器。往下继续查找。

④ 拔掉发电机旋变接插件，测量 ISG 通信插头到发电机旋变插头之间的线束是否导通，便于排除中间线束部分的问题。往下继续查找。

⑤ 如以上步骤排查均无异常，则可判断发电机内部旋变故障，需更换发电机。

维修小结：

① 对于这类反转故障、旋变故障（有关转速类的故障），首先应该检查电机的旋变信号是否正常，即测量它的阻值范围。

② 反转故障也会涉及电机三相线的接插情况。如果三相线接反，也会报这类故障。可确认该故障车是否拆卸过三相线返修后安装的，或者是否是刚下线的新车，如果正常行驶着的车辆，一般可排除这类故障。

③ 出现发电机反转故障，关闭 IPU 的，一般较常见的是"发电机旋变的插头松动""发电机旋变的插头与曲轴的插头相互接反""电机控制器 ISG 低压通信插头（白色）内端子退针"。

第 17 章 异步感应电机

17.1 电机构造

奥迪 e-tron 车上使用的驱动电机是异步电机。每个电机的主要部件有：带有 3 个呈 120°布置铜绕组（U，V，W）的定子、转子（铝制笼型转子）。转子把转动传入齿轮箱。前桥上采用平行轴式电机（APA250）来驱动车轮，后桥则采用同轴式电机（AKA320）来驱动车轮。前桥和后桥上每个交流驱动装置都有一根等电位线连着车身。

前驱电机总成部件分解如图 17-1 所示。

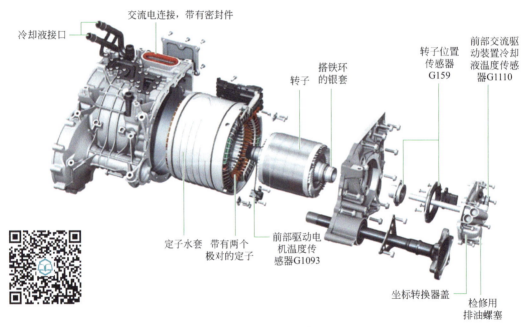

图 17-1 前驱电机总成分解

17.2 电机原理

定子是通过功率电子装置来获得交流电供给的。铜绕组内的电流会在定子内产生旋转的磁通量（旋转的磁场），这个旋转磁场会穿过定子。异步电机转子的转动速度要稍慢于定子的转动磁场速度（这就是异步的意思）。这个差值我们称之为转差率（也叫滑差率），它表示的是转子和定子内磁场之间的转速差。于是就在转子的铝制笼内感应出一个电流，转子内产生的磁场会形成一个切向力，使转子转动，叠加的磁场就产生了转矩。电机工作原理如图 17-2 所示。

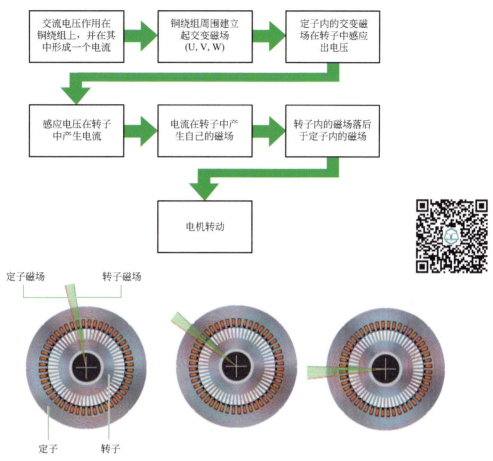

图 17-2　电机工作原理

在电驱动模式时，功率电子装置将高压电池的直流电转换成三相交流电（交流）。这个转换是通过脉冲宽度调制进行的，如图 17-3 所示。转速是通过改变频率来进行调节的，电驱动装置电机 V662 和 V663 的转矩是通过改变单个脉冲宽度的接通时间来进行调节的。

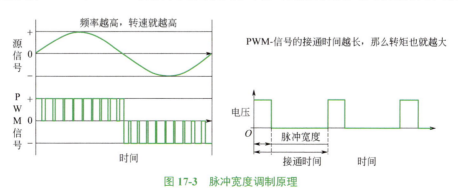

图 17-3　脉冲宽度调制原理

第 17 章　异步感应电机

以示例加以说明：在一台有 2 个极对的异步电机上要想达到 1000r/min 这个旋转磁场转速，需要使用 3334 Hz 的交流电。因受到异步电机转差率的限制，所以转子转得要慢些。

17.3　电机拆装

以蔚来 ES6 车型为例，该车后驱电机即为 240kW 的异步感应电机，安装位置及结构特征见图 17-4。

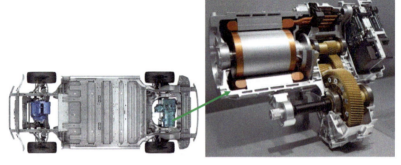

图 17-4　蔚来 ES6 后电驱总成安装位置

后电驱装置总成的拆装步骤及注意事项如下：
① 拆下后悬架及电机元件。
② 拆下左后驱动轴。
③ 拆下右后驱动轴。
④ 松开卡箍，断开水管的连接（共四处），如图 17-5 所示。

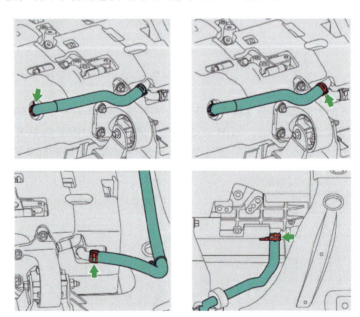

图 17-5　松开水管卡箍并断开连接

⑤ 拆下 1 个螺栓（拧紧力矩 8Nm）并移开后电驱搭铁线，如图 17-6 所示。
⑥ 将吊耳和铁链安装到指定位置上，并配合吊机支撑，如图 17-7 所示。

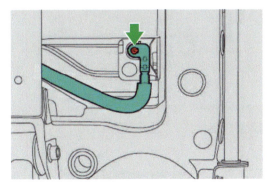
图 17-6　拆开后电驱搭铁线

图 17-7　安装吊耳

⑦ 先拆下 1 个螺母、1 个螺栓（拧紧力矩为左后悬置 55Nm+90°，前悬置和右后悬置 100Nm）。再拆下 3 个螺栓（拧紧力矩为左后悬置 65Nm，前悬置 100Nm，右后悬置 55Nm+90°），拆下右后悬置总成，如图 17-8 所示。

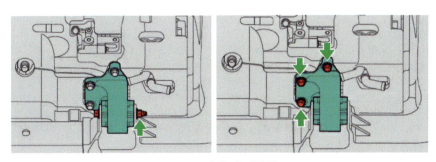
图 17-8　拆卸右后悬置

⑧ 用同样方法拆下前悬置总成，如图 17-9 所示。

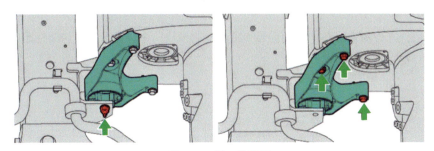
图 17-9　拆下前悬置

⑨ 拆下左后悬置的 1 个螺母和螺栓，接着移动吊机，从后悬架上拆下后电驱系统和左后悬置总成，如图 17-10 所示。
⑩ 拆下后电机下隔音罩，如图 17-11 所示。
⑪ 移动吊机，将后 EDS 总成放置指定位置。
⑫ 从后电驱系统上拆下吊耳和铁链，移开吊机。

⑬ 拆下后电机上隔音罩，如图 17-12 所示。

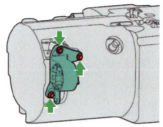

图 17-10　拆卸左后悬置

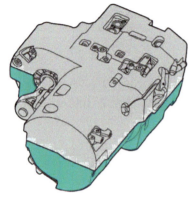

图 17-11　拆卸下隔音罩

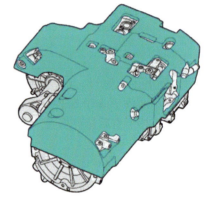

图 17-12　拆卸上隔音罩

⑭ 按与拆卸相反的顺序进行安装。
⑮ 整车已下高压电并进行绝缘检测。如果整车绝缘未通过，则进行后 EDS 绝缘检测。
⑯ 进行后电驱动系统等电势检测。
⑰ 若更换了新的后电驱系统总成，使用汽车诊断系统在"后逆变器"中进行写 VIN 码、版本检查和刷写操作。
⑱ 若更换新的后电驱动系统总成，使用安全模块诊断工具在"后逆变器"中进行防盗学习。
⑲ 使用汽车诊断系统在"空气悬架和阻尼控制模块"中，进行空气悬架标定。
⑳ 进行四轮定位并路试。

第 18 章 电机控制单元

18.1 系统原理

以传祺 GA3S 车型的电机控制总成为例，该装置是集成了 ISG、TM 及 DC-DC 转换器的控制器，其工作电压范围为 220～460V，瞬时最高电流为 445A。电机控制器安装位置如图 18-1 所示。

集成电机控制器包括控制电路、功率驱动单元、DC-DC 转换器、高低压接插件、内部线束和所有相关的软硬件等。集成电机控制器作为发电机和驱动电机的控制器，并集成了 DC-DC 转换器，是一款双电机控制器。

图 18-1 电机控制系统位置

电机控制器的作用：接收整车命令；将直流电转化为交流电，控制电机在不同转速下的转矩输出；将电机控制器系统的状态返回给整车。电机控制器系统连接如图 18-2 所示。

如图 18-3 所示为控制器组成部件，薄膜电容的主要功能是储能，特别是在电机高速制动工况下能快速地储存电机反馈的电能，同时另一个功能就是在电机启动的瞬间能给 IGBT 提供较大启动电流保证电机的顺利启动。电机控制器的核心零部件为 IGBT，控制器通过 IGBT 变频开关来控制电机的运行。DC-DC 转换器主要的功能是将高压电池的电转化成低压为蓄电池补充电量以及给整车低压用电器提供电能。

电机控制单元是一个将电池的直流电转换为交流电，并驱动电机的设备，英文简称为 MCU（motor control unit）。由于在交流转换成直流的过程中，交流频率和电压可以改变，控制参数可以有很高的自由度。如图 18-4 所示为江淮新能源车型的电机控制单元结构。

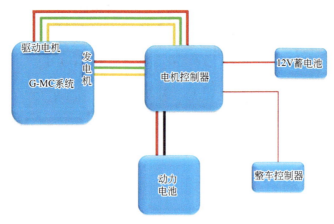

图 18-2　电机控制器系统连接

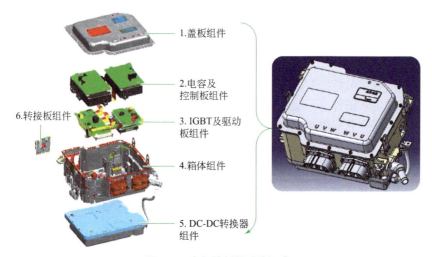

图 18-3　电机控制器系统组成

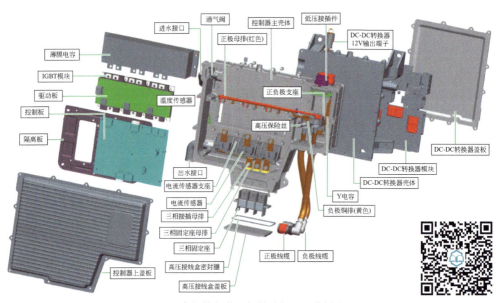

图 18-4　电机控制单元部件分解（江淮新能源）

MCU 将高压电池的直流电转换成电机可用的交流电，电机完成转矩输出。

VCU 基于加速踏板位置信号、挡位信号和车速信号计算车辆的目标转矩，并通过 CAN 通信发送转矩需求指令给 MCU。其控制流程如图 18-5 所示。

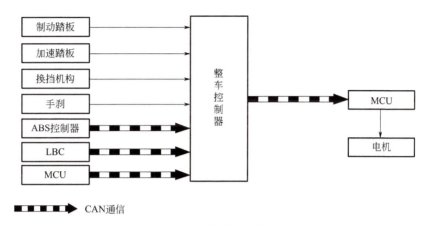

图 18-5　电机控制流程

在电机转矩请求信号由 VCU 通过整车 CAN 总线发送过来的基础上，电机控制器控制电机。电机控制器将电池的直流电转换为交流电，并同时采集电机位置信号和三相电流检测信号，精确地驱动电机，见图 18-6。

在减速阶段，电机作为发电机应用。它可以将车轮旋转的动能转换为电能，给电池充电。

如果有故障发生，系统将进入到安全失效模式（fail-safe）。

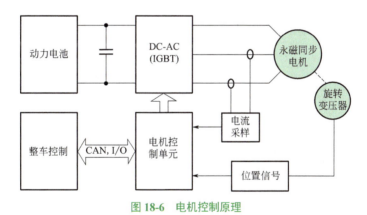

图 18-6　电机控制原理

18.2　部件拆装

本节以比亚迪 e6 车型为例，讲解电机控制器（即文中所称 VTOG——双向逆变充放式电机控制器）的拆卸与安装。

（1）拆装工具与注意事项

① 拆装所需工具：诊断仪、十字旋具、大棘轮、加长杆、10mm 套筒、小棘轮、8mm

套筒、冷却液盆。

②安装注意事项：

a. 安装三相线之前，需先查看三相线线束端插头内是否有冷却液，如果有需要先将冷却液擦拭干净，再安装；

b. VTOG 安装完成，并确认各线束均安装完毕后，将维修开关插好；

c. VTOG 在拆装过程中会损失掉部分冷却液，安装完成后，需将冷却液添加到应有的水平；

d. VTOG 安装完成后，由于仪表需要与 VTOG 匹配，所以需要断开蓄电池，然后再接上，重新上 OK 挡电，观察 OK 灯是否可以点亮，整车是否可以正常运行；

e. 需要对整车进行充电尝试，观察车辆是否可以正常充电，仪表是否有正常显示；

f. VTOG 安装完成后，需清除 has-hev 和 ESC 的故障码，然后退电，6min 后再上电确认整车状态。

（2）电机控制器拆卸步骤

① 拆卸 VTOG 之前，需通过诊断仪清除原车 VTOG 上的电机防盗。

a. 连接诊断仪；

b. 选择 G6 车型，进入；

c. 进入 G6 车型后，选择防盗匹配进入，见图 18-7；

d. 然后选择 ECM 密码清除，根据诊断仪的提示进行相应的操作；

e. 清除密码后，需等待 10s 后再断电，保证电机防盗密码清除成功。

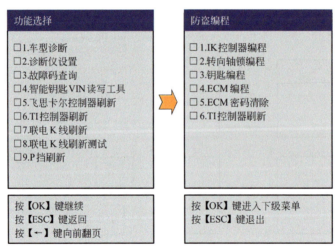

图 18-7　清除电机防盗

② 断开维修开关，流程如图 18-8 所示。

a. 打开车辆内室储物盒，并取出内部物品；

b. 取出储物盒底部隔板；

c. 使用十字旋具将安装盖板螺钉（4个）拧下，并掀开盖板；

d. 取出维修开关上盖板；

e. 拉动维修开关手柄呈竖直状态，向上提拉，取出维修开关；

f. 使用电工绝缘胶布封住维修开关接插件母端。

③ 将 VTOG 后面的 5 个高压接插件拔下来，流程如图 18-9 所示。

a. 将二次锁死机构（绿色塑料卡扣）向外推，取下；

b. 摁住接插件上的卡扣，将接插件用力向外拔出，注意，接插件不能硬拔，空间较小注意防护手部。

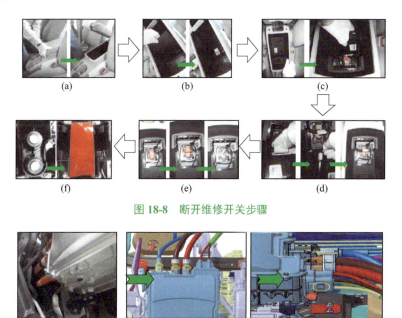

图 18-8　断开维修开关步骤

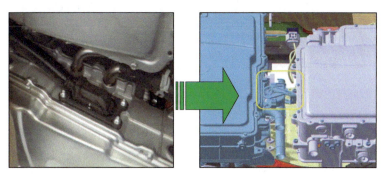

图 18-9　拔出高压接插件流程

④ 将 VTOG 侧面的低压接插件拔下来，如图 18-10 所示。

a. 将前舱盖板固定好；

b. 拔出低压接插件（先解除二次锁死机构），注意，拔低压接插件时需要先松开锁紧保险，注意力度不要损坏锁紧装置。

图 18-10　取下低压接插件

⑤ 拆卸 VTOG 固定螺栓（见图 18-11）。

a. 拧开 VTOG 固定螺栓（共 5 个固定螺栓），需要用到的工具包括大棘轮、加长杆、10mm 套筒；

b. 后面两个螺栓比较难拆，需要将手伸到 VTOG 后面配合使用大棘轮和 10mm 套筒，无需加长杆。

⑥ 如图 18-12 所示拆卸搭铁线螺栓，搭铁在 VTOG 的右侧，需要使用棘轮 +10mm 套筒。

注意，力矩不用太大，防止拧坏搭铁线。

图 18-11　取下 VTOG 固定螺栓

图 18-12　拆卸搭铁线螺栓

⑦ 如图 18-13 所示拆卸水管固定螺栓，水管的两个固定螺栓在 VTOG 前侧，见图 18-13，都需要使用小棘轮和 8mm 套筒。注意，力矩不用太大，防止拧断螺栓。

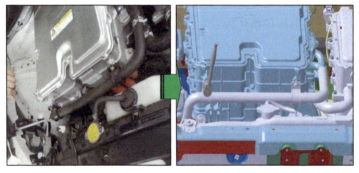

图 18-13　拆卸水管固定螺栓

⑧ 拆卸水管软管。

a. VTOG 有两个水管软管，上为进水管，下为出水管，需用卡箍钳将卡箍钳下；

b. 将水管拔出，先拆上面的卡箍，拔出水管，后拆下面的卡箍，拔出水管，见图 18-14，注意，需要用冷却液盆接住冷却液，防止飞溅流失，防止高压件进水。

 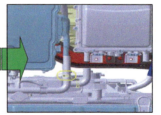

图 18-14　拆卸水管软管

⑨拆卸三相线固定螺栓。

a. 搭 VTOG 三相线需最后拆卸，用大棘轮 + 加长杆 +10mm 套筒，将三相线的固定螺栓拆下，见图 18-15；

b. 用力向下将三相线接插件拔下，注意，拔下三相线时要防止冷却液进入三相线的接插件中。

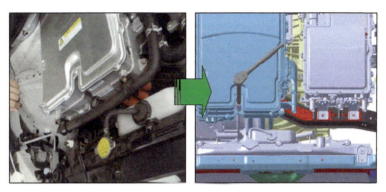

图 18-15　拆卸三相线固定螺栓

⑩取出 VTOG。以上步骤完成后，即可将 VTOG 搬出前舱。

（3）VTOG 安装步骤

①VTOG 安装，操作步骤如图 18-16 所示。

a. 安装 VTOG 固定螺栓；

b. 安装 VTOG 后侧的 5 个高压接插件；

c. 安装三相线，将三相线对准 VTOG 的三相线对接口，向上将三相线顶入接插件，随后用固定螺栓将三相线拧紧；

d. 安装低压接插件，将低压接插件线束端与板端对接好，然后把卡扣掰回原来卡死的位置，听到"咔嗒"声后，将接插件轻轻向外拉一下，检查是否接好；

e. 安装 VTOG 搭铁；

f. 安装 VTOG 固定水管。

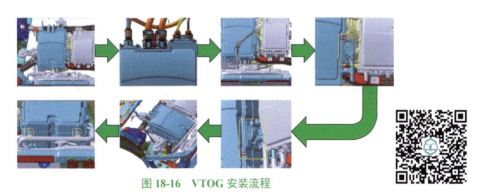

图 18-16　VTOG 安装流程

②VTOG 安装匹配，流程如下：

a. 连接诊断仪；

b. 进入 G6 车型；

c. 找到防盗匹配选项进入，见图 18-17；

d. 进入 ECM 防盗匹配；

e. 按照匹配步骤将钥匙放在点火开关处；

f. 匹配完成后，待 10s 之后再退电，保证匹配完成。

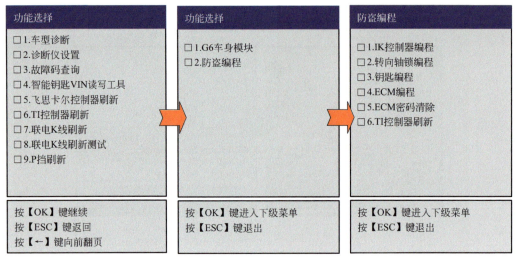

图 18-17　防盗匹配

18.3　电路检测

将 MCU 总正、总负断开，如图 18-18 所示利用万用表电阻挡测量二者之间的阻值，若阻值无穷大，则正常；若为 0，则 MCU 内部短路，需更换内部元器件。

图 18-18　测量 MCU 总正、总负电阻值

（1）电机控制器检测方法之一

如何判断电机控制器是否正常，下面以江铃 E200/E200S 车型为例讲解检测与判别方法。

① 电机控制器检测方法。

电机控制器连接端子排列如图 18-19 所示。J2 护套顺序从右往左为 1 → 10，11 → 20，如图 18-20 所示。

图 18-19　电机控制器连接端子排列

图 18-20　电机控制器接插件

a. 1 号端子是 12V-（地线），万用表拧到导通挡，用万用表的黑表笔搭车身上的螺栓，红表笔放在 1 号端子上，此时 1 号端子与车身地是导通的。

b. 11 号端子是 12V+，万用表拧到直流电压挡，钥匙拧到 ON 挡，万用表的黑表笔搭车身上的螺栓，红表笔放在 11 号端子上，此时电压为 13.5V。

c. 2 号端子是加速辅信号输入，万用表拧到直流电压挡，钥匙拧到 ON 挡，万用表的黑表笔搭车身上的螺栓，红表笔放在 2 号端子上，此时电压为 0.35V。

d. 18 号端子是加速主信号输入，万用表拧到直流电压挡，钥匙拧到 ON 挡，万用表的黑表笔搭车身上的螺栓，红表笔放在 18 号端子上，此时电压为 0.7V。

e. 10 号端子是 146V+，万用表拧到直流电压挡，钥匙拧到 START 挡，万用表的黑表笔搭 146V-（见图 18-21），红表笔放在 10 号端子上，此时电压为 146V。

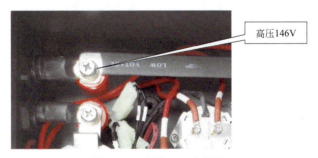

图 18-21　高压 146V 测试点

f. 13 号端子是倒挡信号输入，万用表拧到直流电压挡，钥匙拧到 ON 挡，挂上倒挡，万用表的黑表笔搭车身上的螺栓，红表笔放在 13 号端子上，此时电压为 13.5V。

g. 14 号端子是前进挡信号输入，万用表拧到直流电压挡，钥匙拧到 ON 挡，挂上前进挡，万用表的黑表笔搭车身上的螺栓，红表笔放在 14 号端子上，此时电压为 13.5V

② 判断电机控制器是否正常。

a. 若 1 号、2 号、10 号、11 号、18 号端子电压都正常，当把钥匙拧到 START 挡，仪表上"READY"符号不显示，则应是电机控制器的故障。

b. 当把钥匙拧到 START 挡后，仪表"READY"符号显示，同时动力切断符号熄灭，听到放电继电器"嘀嗒"的声音，把钥匙松掉，回到 ON 挡，这时"READY"符号熄灭，动力切断符号亮起，放电继电器断开。此故障为：电机控制器故障；放电继电器的故障/高压保险熔断。

c. 把钥匙拧到 START 挡后，仪表上"READY"符号显示，挂前进挡，踩加速踏板，车辆不行驶，应检查 2 号、18 号端子的电压是否会随着踩加速踏板的行程变化而发生变化，检查 14 号/13 号端子的电压是否为 13.5V。

注：当已挂上前进挡或倒挡，把加速踏板踩到底时，2 号端子的电压值应为 1.9V，18 号端子的电压值为 3.8V，若这两个端子的电压不变化，车辆是不能行驶的。此故障为整车控制器故障（前提是线路正常）。

当挂倒挡，13 号端子的电压为 0V；挂前进挡，14 号端子的电压为 0V，车辆也是不能行驶的。应检查保险盒里的挡位器保险（10A）是否烧坏及换挡器到电机控制器 13、14 号端子的线有没有导通。

（2）电机控制器检测方法之二

以江铃新能源 E200 车型为例。

① 电机控制器检测方法。

把电机控制器上面盖板的螺栓拆掉，再把正负极动力线及相线拆掉，即可更换电机控制器，见图 18-22。

把电机控制器上面
盖板的螺栓拆掉

图 18-22 电机控制器更换方法

接插件拔下的方法：如图 18-23 所示把卡扣往外推，即可把接插件拔出。

电机控制器接插件端子排列如图 18-24 所示。

1 号端子为高压 144V，万用表正表笔放在该端子上，负表笔放在高压箱内负极端，把钥匙拧到 START 挡，测量电压为 144V。

6 号端子为加速踏板输出辅信号，为 0.35V（钥匙拧到 ON 挡状态下测量）。

7号端子为加速踏板输出主信号，为0.7V（钥匙拧到ON挡状态下测量）。

图18-23 接插件拆取方法

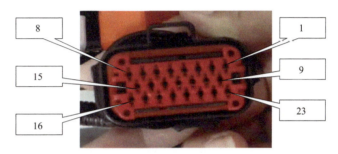

图18-24 电机控制器接插件端子排列

16号端子为12V-信号，万用表拧到导通挡，与车身搭铁测量，导通。

23号端子为12V+信号，万用表拧到电压挡，正表笔放在该端子上，负表笔放在车身地，钥匙拧到ON挡，此时测量的电压为12V。

21号端子为放电继电器12V-，控制放电继电器线圈端。

8号端子为刹车信号，踩下制动踏板，此端子电压为12V。

12号端子为CAN_H信号线。

14号端子为加速踏板5V-信号。

3号端子为EPS输出信号。

4号端子为START挡信号，把钥匙拧到START挡，该端子电压为12V+。

5号端子为CAN_L信号线。

② 判断电机控制器是否正常。

a. 若1号、6号、7号、16号、23号端子电压都正常，当把钥匙拧到START挡，仪表上"READY"符号不显示，则应是电机控制器的故障。

b. 当把钥匙拧到START挡后，仪表"READY"符号显示，同时动力切断符号熄灭，听到放电继电器"嘀嗒"的声音，把钥匙松掉，回到ON挡，这时"READY"符号熄灭，动力切断符号亮起，放电继电器断开。此故障为：电机控制器故障；放电继电器的故障/高压保险熔断；12V+电源没接到放电继电器。

c. 把钥匙拧到START挡后，仪表上"READY"符号显示，挂前进挡，踩加速踏板，车辆不行驶，应检查6号、7号端子的电压是否会随着踩加速踏板的行程发生变化，检查11号/10号端子的电压是否为 13.5V。

特别提示：当挡位已挂上前进挡或倒挡，把加速踏板踩到底时，6 号端子的电压值应为 1.9V，7 号端子的电压值为 3.8V，若这两个端子的电压不变化，车辆是不能行驶的。此故障为整车控制器故障（确定故障前先检查整车控制器的工作电源是否正常）。

当挂倒挡，10 号端子的电压为 0V；挂前进挡，11 号端子的电压为 0V，车辆也是不能行驶的。应检查保险盒里的挡位器保险（10A）是否烧坏及换挡器到电机控制器 10、11 号端子的线有没有导通。

③ 整车控制器安装位置（图 18-25）。

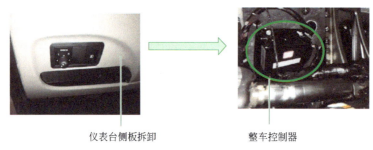

图 18-25　整车控制器安装位置（江铃 E200）

18.4　故障排除

18.4.1　系统数据流

以比亚迪唐为例，电机控制器出现故障时，整车通常表现为无 EV 模式，仪表报"请检查动力系统"。检测故障时，需用诊断仪进入"电机控制器"模块读取数据流，见图 18-26。用诊断仪检测有两种情况：一种为"系统无应答"，需要进行全面诊断；另一种能读取相应故障码，则根据相应故障码进行诊断。

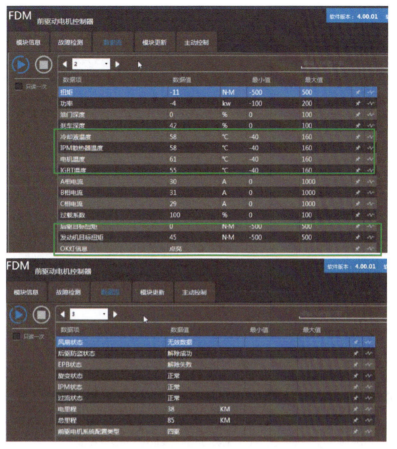

图 18-26 前驱动电机控制器数据流（比亚迪唐）

18.4.2 系统诊断流程

（1）读取"系统无应答"时的诊断流程

检查低压接插件相关的端子（表 18-1），若有异常，可检查相应的低压回路，包括电源、接地、CAN 通信等。

表 18-1 低压接插件相关端子检测

端子	信号	检测条件	正常值
B51-60/62～B51-61	VCC 外部 12V 电源	ON 挡	10～14V
B51-36～B51-37	CAN_L CAN 信号低	OFF 挡（断蓄电池）	54～69Ω

（2）可读取故障码的诊断流程

① 故障码报"P1B0100：IPM 故障"：先查询驱动电机控制器的程序版本信息，看故障码是否能清除，然后再尝试多次上 OK 挡电试车，看故障是否会重现。

检测直流母线到三相线的管压降是否正常，若不正常，更换驱动电机控制器及 DC 总成。若管压降正常，确认是否还报其他故障码，根据其他故障码进行排查依旧无效，更换驱动电机控制器及 DC 总成。直流母线到三相线的管压降测量方法如表 18-2 所示。

表 18-2　管压降测量方法

端子	万用表连接	正常值
三相线 A/B/C—直流母线正极	正极—负极	0.32V 左右
直流母线负极—三相线 A/B/C	正极—负极	0.32V 左右
三相线 A/B/C—与车身地阻抗	正极—负极	10MΩ

② 故障码报"P1B0500：高压欠压"：先查询驱动电机控制器的程序版本信息，看故障码是否能清除，然后再尝试多次上 OK 挡电试车，看故障是否会重现。

a. 读取高压电池电压，若小于 400V，则对高压电池、高压配电箱和高压线路进行检查；

b. 用诊断仪读取电机控制器直流母线电压（正常值约 400～820V），同时对比 DC 母线电压，若都不正常，则检查高压电池、高压配电箱和高压线路；

c. 若驱动电机控制器母线电压和 DC 高压侧电压，一个正常，一个不正常，则更换驱动电机控制器及 DC 总成。

③ 旋变信号异常检查。旋变信号异常故障码及故障码含义如表 18-3 所示。

表 18-3　旋变信号异常故障码及故障码含义

故障码	故障码含义
P1BBF00	前驱动电机旋变故障 - 信号丢失
P1BC000	前驱动电机旋变故障 - 角度异常
P1BC100	前驱动电机旋变故障 - 信号幅值减弱

检查低压接插件：

a. 退电 OFF 挡，拔掉电机控制器低压接插件。

b. 测 B51-44 和 B51-29 之间的电阻，(8.3±2) Ω；测 B51-45 和 B51-30 之间的电阻，(16±4) Ω；测 B51-46 和 B51-31 之间的电阻，(16±4) Ω。所测阻值如图 18-27 所示。

(a) B51-44与B51-29之间阻值　　(b) B51-45与B51-30之间阻值　　(c) B51-46与B51-31之间阻值

图 18-27　测量低压接插件阻值

c. 如果所测电阻正常，则检查电机旋变接插件是否松动，如果没有，则为动力总成故障。

④ 过温故障检测。过温故障码及故障内容如表 18-4 所示。

过温故障：

a. 电机冷却系统防冻液不足或有空气；

b. 电机电动水泵不工作；
c. 电机散热器堵塞；
d. 前驱动电机控制器及 DC 总成故障。

表 18-4　过温故障码及故障内容

故障码	故障内容
P1BB300	前驱动电机控制器 IGBT 过温告警
P1BB400	前驱动电机控制器水温过高报警
P1BC700	前驱动电机控制器 IPM 散热器过温故障
P1BC800	前驱动电机控制器 IGBT 三相温度校验故障报警

⑤ 故障码报"P1B0900：开盖保护"：先查询驱动电机控制器的程序版本信息，看故障码是否能清除，然后再尝试上 OK 挡电试车，看故障是否会重现。检修方法：检测控制器盖子是否打开；更换驱动电机控制器及 DC 总成。

⑥ 电机缺相、电机过流故障检测。电机缺相、电机过流故障码及故障内容如表 18-5 所示。

表 18-5　电机缺相、电机过流故障码及故障内容

故障码	故障内容
P1BC200	前驱动电机缺 A 相
P1BC300	前驱动电机缺 B 相
P1BC400	前驱动电机缺 C 相
P1B0000	前驱动电机过流

⑦ 检查电机三相线：
a. 退电 OFF 挡，取下维修开关，拔掉电机三相线高压接插件。
b. 电机 A、B、C 三相高压线之间阻值 $0.36\Omega \pm 0.02\Omega$，如图 18-28 所示。

图 18-28　测量三相高压线之间阻值

c. 如果所测电阻异常，则检查高压接插件是否松动，如果没有，则为动力总成故障。

18.4.3　电机控制器高温故障

故障现象：比亚迪唐车辆在满电状态下 EV 模式行驶几分钟后，突然自动切换到 HEV

模式，人为也无法再切回 EV 模式，仪表没有故障提示。使用 ED400 或 VDS1000 检测，在车辆切换 HEV 瞬间，驱动电机控制器中的 IGBT 温度达到 100℃。

故障分析：在驱动电机控制器及 DC 总成内部，有三组单元在工作时会产生热量，分别为：IPM（控制器内部智能功率控制模块）、IGBT（电机驱动模块）、电感。因此，在驱动电机控制器及 DC 总成内部有相应的水道对这三个部分进行冷却。导致 IGBT 高温报警的原因有：

① 电机冷却系统防冻液不足或有空气；
② 电机电动水泵不工作；
③ 电机散热器堵塞；
④ 驱动电机控制器及 DC 总成本身故障。

检修过程：

① 使用 ED400 或 VDS1000 读取驱动电机数据流，水泵工作不正常；
② 检查散热风扇，正常启动、运行；
③ 检查过程中发现水泵在 OK 挡电下不工作，致使 IGBT 温度迅速上升；
④ 仔细检查发现水泵搭铁出现断路故障，通过排查找到断路点，重新连接好试车，故障排除。

专家指点：工作温度超过一定范围时，驱动电机控制器及 DC 总成就会检测到，同时经过 CAN 网络传递给发动机 EMS，EMS 驱动冷却风扇继电器后，冷却风扇工作以快速冷却防冻液，降低温度。

冷却风扇工作条件如下：

① 电机水温：47～64℃低速请求；＞64℃高速请求。
② IPM：53～64℃低速请求；＞64℃高速请求；＞85℃报警。
③ IGBT：55～75℃低速请求；＞75℃高速请求；＞90℃限制功率输出；＞100℃报警。
④ 电机温度：90～110℃低速请求；＞110℃高速请求。

满足 3 个低速请求，冷却风扇低速转动；满足 1 个高速请求冷却风扇高速转动。

18.4.4 电机控制器及 DC 总成故障

比亚迪唐车辆上电 OK 灯点亮，SOC 为 83%，EV 模式行驶中自动切换到 HEV，发动机启动，无法使用 EV 模式，仪表提示"请检查动力系统"。

检修过程：

① 用诊断仪读取整车各模块软硬件版本号、整车故障码并记录。
② 清除整车故障码后对车辆重新上电。
③ 试车故障再次出现，读取数据流，驱动电机控制器报：P1B1100 旋变故障—信号丢失；P1B1300 旋变故障—信号幅值减弱。
④ 在驱动电机控制器 62Pin 接插件线束端，分别测量电机旋变阻值，正常。参考标准：正弦（16±4）Ω、余弦（16±4）Ω、励磁（8.3±2）Ω。
⑤ 检查驱动电机控制器 62 针接插件端子、旋变小线端子，正常。
⑥ 更换驱动电机控制器及 DC 总成后，车辆恢复正常。

专家指点：更换前驱动电机控制器及 DC 总成需要进行防盗编程及标定，具体如下：

① 更换必须清除旧控制器 ECM 密码，见图 18-29。

② 安装新控制器需 ECM 编程，如图 18-30 所示。

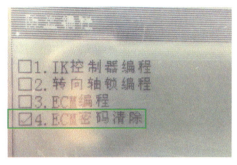
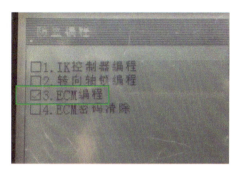

图 18-29　进行 ECM 密码清除　　　　　图 18-30　进行 ECM 编程

③ ECM 编程完成退电 5s，重新上电。对电机系统配置进行设置，见图 18-31。

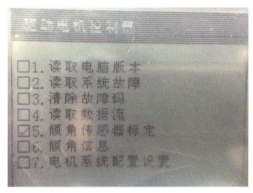
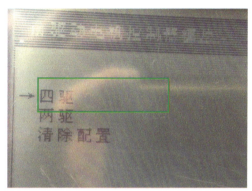

图 18-31　电机系统配置设置

④ 读取倾角信息，如图 18-32 所示。

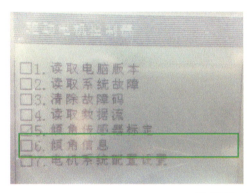
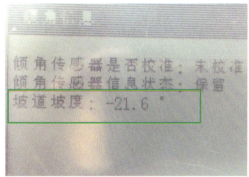

图 18-32　读取倾角信息

提示：a. 在车辆处于水平时读取倾角数值，确认是否正常（坡道坡度正常值：0°）；b. 如有偏差，则进行倾角标定。

⑤ 确认刹车信号是否正常。标定完毕后车辆退电，5s 后重新上电。读取数据流，确认刹车信号是否正常，不踩刹车时信号为 0，见图 18-33。

如果数据异常，则需进行刹车起点标定，标定方法：

a. 整车上 ON 挡电（特别注意不要上 OK 挡电，否则会导致车辆在进行第 2 步时向前冲），不要踩刹车（有制动开关信号就无法标定）；

b. 深踩油门（50%～100%），持续 5s 以上，电控便可自动标定；

c. 正常退电一次延迟 5s 再上电。

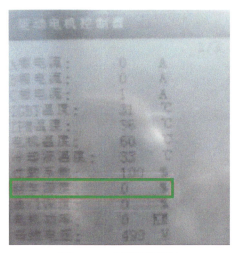

图 18-33　确认刹车信号

第 19 章　电驱冷却系统

19.1　系统组成与工作原理

电驱冷却系统利用热传导的原理，通过冷却液在冷却系统回路中循环，使 PEU_F（前功率控制单元）、PEU_R（后功率控制单元）、驱动电机保持在最佳的工作温度。冷却液要定期更换才能保持其最佳效率和耐蚀性。

以蔚来 ES6 为例，冷却系统主要由以下部件组成：膨胀水壶总成、电子水泵、冷却液水管、电动三通阀/四通阀、电池加热器、低温散热器总成、冷却风扇总成、冷却液温度传感器。

前后驱动冷却系统布置如图 19-1 所示。

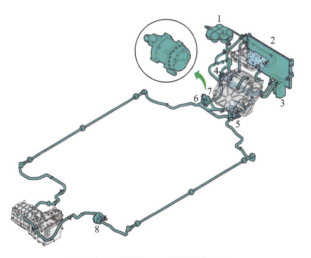

图 19-1　前后驱动冷却系统布置

1—膨胀水壶总成；2—散热器；3—低压热交换器；4—散热器三通阀；5—四通阀；6—高压电池包三通阀；
7—电子水泵 - 前驱动电机；8—电子水泵 - 后驱动电机

电子水泵的作用是对冷却液加压，保证其在冷却系中循环流动。冷却系统中安装有 2 个水泵，型号相同，均为 BLDC（无刷直流电机），额定功率为 50W。前驱动系统冷却循环（电子水泵 - 前）、后驱动系统冷却循环（电子水泵 - 后）根据不同温度需求，各自独立工作。

三通阀/四通阀安装于冷却液水管管路中，通过减振垫固定在支架上，减小振动与噪声；三通阀/四通阀均为步进式 BLDC（无刷直流电机）；根据系统控制需求，打开和关闭各个冷却液通道，实现不同冷却模式的冷却循环。三通阀有 2 个，分别是散热器旁通二通阀、电池回路三通阀，四通阀有 1 个。

冷却风扇总成通过 4 个螺栓固定在冷凝器上，由 PWM（脉冲宽度调节）控制器和冷却风扇组成，PWM（脉冲宽度调节）控制器根据 VCU（车辆控制单元）控制信号和 CCU（环境控制单元）控制信号来控制冷却风扇的不同转速。

冷却系统有 2 个冷却液温度传感器，分别为出口（前电机出口）冷却液温度传感器和进口（四通阀入口）冷却液温度传感器，分别安装在前后电机至旁通三通阀水管总成和四通阀进水管总成上。冷却液温度传感器是 NTC（负温度系数）热敏电阻。

19.2　系统部件拆装

以奇瑞 EQ1 电动汽车为例，冷却系统部件拆装须注意以下事项：
① 拆装作业前应在停机一段时间后进行，以防止冷却液余温烫伤；
② 拆装作业前应佩戴好劳保防护用品，以防被烫伤、划伤；
③ 拆装作业前应断开电源；
④ 拆装作业前应将冷却液放干净，拆冷却水管时应避免将冷却液溅到高压电气设备上。

冷却系统拆卸与安装的步骤如下：
① 拆前保险杠、前保险杠横梁（拆卸步骤参见车身及内外饰部分）。
② 在电机和控制器温度低时拧开膨胀箱盖，见图 19-2，用举升机举起车辆，举升注意安全。
③ 准备冷却液收集桶，用卡箍钳松开水泵进出水管总成卡箍，见图 19-3，并泄放冷却液。力矩：（25±4）Nm。

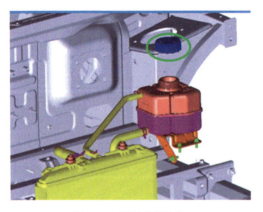

图 19-2　拧开膨胀箱盖

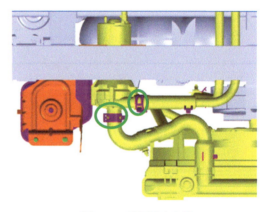

图 19-3　松开进出水管

④ 拔下水泵接插件插头，用 8# 套筒拆电子水泵总成安装螺栓，见图 19-4，取下电子水泵总成。
⑤ 拆卸水管接头，拔下水管固定卡扣，见图 19-5。
⑥ 如图 19-6 所示拆电机出水管连接底板冷却排管总成端卡箍，放电机冷却液。
⑦ 拆电机控制器进水管端连接底板冷却排管总成端卡箍，见图 19-7。
⑧ 如图 19-8 所示拔下后机舱冷却管总成固定卡扣。
⑨ 落车拆下散热器除气管两端卡箍、散热器进水软管卡箍、膨胀箱出水管，见图 19-9。

图 19-4 拆下电子水泵安装螺栓

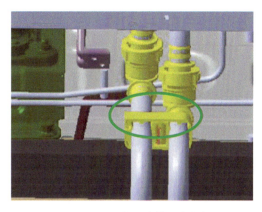

图 19-5 拔下水管固定卡扣

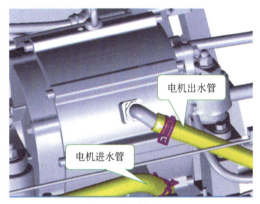

图 19-6 释放电机冷却液

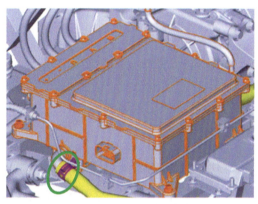

图 19-7 拆冷却排管总成端卡箍

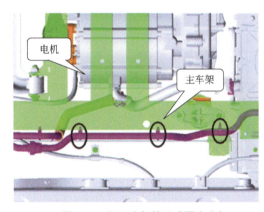

图 19-8 取下冷却管总成固定卡扣

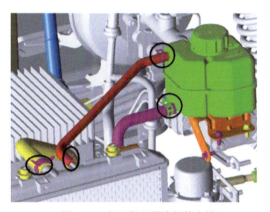

图 19-9 拆下散热器除气管卡箍

⑩ 轻掰膨胀壶卡扣取出膨胀壶，用 6# 套筒拆膨胀壶支架，取出支架，见图 19-10。力矩：(10±1) Nm。

⑪ 用 6# 套筒拆电子风扇上的安全螺栓，见图 19-11，拔掉风扇接插件，取出风扇。

⑫ 拆下前保险杠总成、前保险杠下护板、前保横梁总成（参见车身及内外饰部分）。

⑬ 抽空调系统冷媒后拆下冷凝器进出管路。

⑭ 拆除散热器上支架上的两个安装螺栓，见图 19-12，取出散热器及冷凝器总成。力矩：(10±1) Nm。

⑮ 从散热器下横梁取出两个安装软垫，见图 19-13。

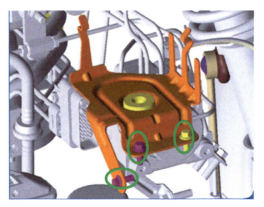

图 19-10 取出膨胀壶支架

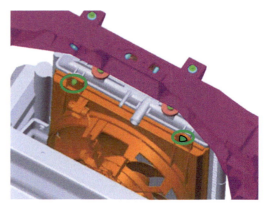

图 19-11 拆下电子风扇上的安全螺栓

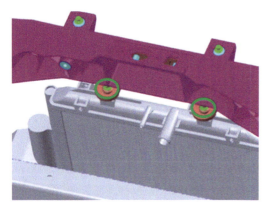

图 19-12 拆卸散热器支架上的安全螺栓

图 19-13 取出散热器横梁上的安装软垫

⑯ 安装步骤与拆卸步骤相反。

19.3　系统故障排除

一辆 e5 行驶 3300 公里，在急加速或行驶一段路后出现严重顿挫、闯车现象，仪表不亮故障指示灯，但功率表会从 25kW 掉到 10kW，且来回摆动。

故障诊断：

① 使用 VDS1000 扫描，没有历史故障码，且在 VTOG、电池管理器数据流中未发现异常；

② 试车至故障出现时查看 VTOG 数据流发现：电机转矩 62Nm 和电机功率 26kW 瞬间掉到 0，且来回跳动；

③ 进一步查看发现出现耸车时，IGBT 温度达到 99℃，分析耸车正是由 IGBT 过温导致的；

④ 检查冷却系统：电子风扇工作正常，电子水泵没有运转，测量电子水泵接插件供电电压 13.41V，正常；

⑤ 更换电子水泵试车故障排除，查看 VTOG 数据流，IGBT 温度为 43℃，恢复正常。

故障排除：更换电子水泵。

第 4 篇
混合动力系统

第20章 丰田 THS 系统

20.1 系统组成

丰田 THS（Toyota hybrid system）系统即为丰田混合动力系统英文全称缩写。THS 的核心是由行星齿轮机构组成的动力合成器（PSD-power split device）（或称为动力分配器）协调发动机、发电机和电动机的运行和动力传递。

THS 系统控制功能如表 20-1 所示。

表 20-1　THS 系统控制功能

项目	概要
怠速停止	自动停止发动机的怠速运转（怠速停止）以减少能量损失
EV 行驶（高效行驶控制）	发动机效率低时，仅使用电动机即可驾驶车辆。此外，发动机效率高时电机可发电。进行此控制的目的是使车辆的总效率达到最高
EV 行驶模式	如果驾驶员操作开关且满足工作条件，车辆即可仅依靠电动机行驶
电机辅助	加速时，电动机补充发动机动力
再生制动（能量再生）	减速期间和踩下制动踏板时，收集以往以热量形式损失的部分能量，生成电能重新使用，如用作电机动力

THS-II 主要由发动机、混合动力车辆传动桥总成、带转换器的逆变器总成和 HV 蓄电池组成，采用混联式混合动力系统，总成部件见图 20-1。

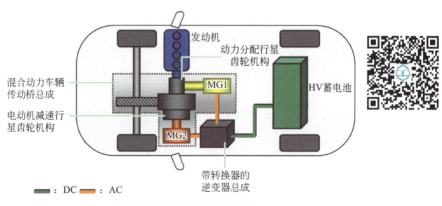

图 20-1　THS 系统部件组成

以雷克萨斯 CT200H 车型为例，该车混合动力系统部件如图 20-2 所示。

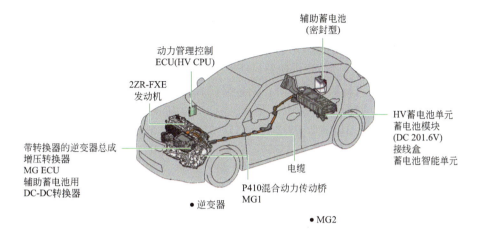

图 20-2　雷克萨斯 CT200H 混合动力系统部件

20.2　系统原理

THS 系统的发动机通过一套单向离合器与行星齿轮架连接，MG1 连接中间的太阳轮，MG2 连接外侧齿圈。这两个电机在被动转动时可作为发电机为电池充电，MG2 直接和输出端连接，其转速与轮上转速直接相关。MG1 同时作为发动机的起动机使用。MG2 主要用于驱动车辆，MG1 主要用于启动发动机、发电以及协调 MG2 与发动机之间的转速关系而输出目标转矩。如图 20-3 所示，PSD（动力分流装置）就是一个行星齿轮组，MG2 主电机（红色部分）连接行星齿轮外圈，负责驱动车辆和能量回收，发动机（蓝色部分）连接行星齿轮架，MG1 次电机（绿色部分）作为发电机。

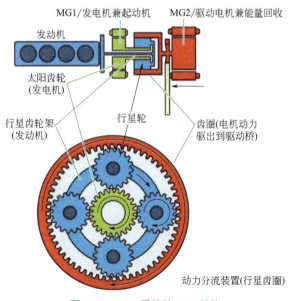

图 20-3　THS 系统的 PSD 结构

当车辆处于停止状态并且电池电量较低时，MG2 通电输出反向转矩固定外齿圈，MG1 转动至发动机的最低工作转速，离合器接合启动发动机，之后发动机驱动 MG1 对电池进行充电。

车辆起步时，MG2 通过电池取电直接驱动车辆，具时行星齿轮架固定，MG1 空转，如需急速起步，MG1 通电，驱动行星齿轮并启动发动机开始工作。

当汽车超过纯电模式的最高限速时，离合器接合并启动发动机运转，此时发动机驱动 MG1 进行发电，输出电能给 MG2，MG2 驱动车辆，剩余电能则给电池充电。

在重负载行驶时，发动机驱动 MG2 和 MG1，MG2 驱动车辆，MG1 则进行充电。

在急加速时 MG1 作为电动机正向旋转至最大转速，而 MG2 从电池取电，以最大功率推动车辆。此时的输出转矩为发动机与两个电机之和。

在车辆制动或者松开油门时，发动机停转，车轮驱动 MG2 进行充电。

新一代丰田混动系统在 MG2 上增加了一组行星减速齿轮，以降低 MG2 和 MG1 的转速差，由此，原来的链条传动也改为了齿轮传动，传动损耗更小。第一代和第二代的混动系统部件对比如图 20-4 所示。

图 20-4　丰田第一代与第二代混动系统对比

20.3　系统部件拆装

以 2018 款凯美瑞 HEV 车型为例，该车混动控制系统模块拆装方法如下。

① 拆卸仪表板下 1 号空气囊总成。

② 拆卸 3 号仪表板至前围支架分总成，见图 20-5。

③ 拆卸混合动力车辆控制 ECU 总成。

a. 断开 4 个混合动力车辆控制 ECU 总成连接器，见图 20-6。

b. 拆下螺栓、螺母和混合动力车辆控制 ECU 总成，见图 20-7。

④ 按与拆卸相反的顺序安装 ECU，各螺栓与螺母拧紧力矩为：螺栓，8.0Nm；螺母，5.5Nm。

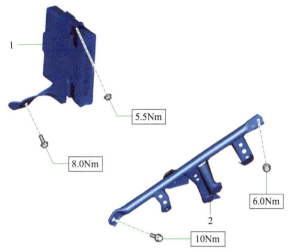

图 20-5 拆卸仪表板支架

1—混动系统 ECU 总成；2—3 号仪表板至前围支架分总成

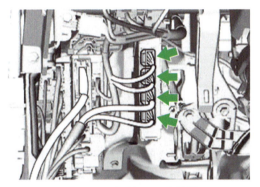

图 20-6 断开 ECU 连接器

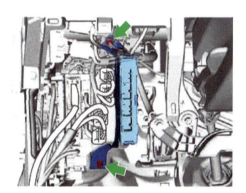

图 20-7 拆下 ECU 总成

20.4 系统故障排除

一辆搭载 8ZR-FE 发动机的 2016 款丰田卡罗拉 HEV 偶尔出现无法行驶的故障，同时组合仪表上的主警告灯、发动机故障灯等多个故障指示灯点亮，且多功能显示屏提示"混合动力系统故障，换至 P 挡"。

故障诊断：

① 首先试车验证故障现象。踩下制动踏板，按下电源开关，组合仪表上的 READY 指示灯正常点亮，观察组合仪表，无任何故障指示灯点亮。将挡位置于 D 挡，车辆能够正常行驶。与车主沟通得知，半年前车辆发生过一次碰撞事故，当时修理厂维修人员更换了前保险杠和左前翼子板，自从做过事故维修后，车辆经常会出现上述故障现象，且故障具有一定的偶发性。

② 连接故障检测仪（GTS）读取故障代码，无任何故障代码存储。

③ 使用多种测试方法让故障现象重现，在使用高压水枪对车辆进行淋雨测试时，组合仪表上的多个故障指示灯点亮，并且车辆出现无法行驶的故障。

④ 用故障检测仪进行检测，读取的故障代码为"P0A3F21 电动机'A'位置传感器信号振幅最小""P1CAD49 电动机'A'位置传感器内部电子故障"。

⑤ 查阅维修手册，得知 2 个故障代码均与电动机解析器有关。卡罗拉混合动力车的混合动力驱动桥内安装了 2 个解析器，见图 20-8，分别监测发电机（MG1）、电动机（MG2）转子磁极位置、速度和旋转方向。

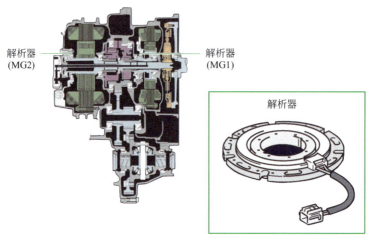

图 20-8　解析器的安装位置与实体形状

解析器的定子包括 3 种线圈：励磁线圈、检测线圈 S 和检测线圈 C。解析器的转子呈椭圆形，与 MG1、MG2 的永磁转子相连接，同步转动，椭圆形转子外圆曲线代表永磁转子磁极位置。带转换器的逆变器总成（MG ECU）将预定频率的交流电流输入励磁线圈，随着椭圆形转子的旋转，转子和定子间的间隙发生变化，就会在检测线圈 S 和检测线圈 C 上感应出相位差为 90°的正弦、余弦感应电流。MG ECU 根据检测线圈 S 和检测线圈 C 感应电流的波形相位、幅值及脉冲次数，计算出 MG1 和 MG2 永磁转子的磁极位置和转速信号，作为 MG ECU 对 MG1、MG2 矢量控制的基础信号。当转子从特定位置正向旋转 180°时，励磁线圈、检测线圈 S 和检测线圈 C 的输出波形如图 20-9 所示。

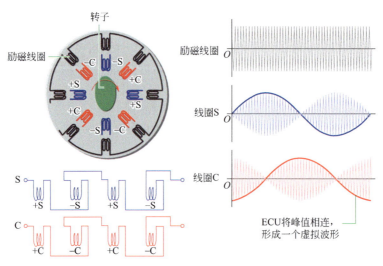

图 20-9　解析器内三种线圈与对应输出波形

⑥ 根据上述解析器的工作原理,结合该车的故障现象分析,当 MG2 解析器输出信号错误时,MG ECU 无法识别 MG2 的具体位置和转速,使得 MG2 无法转动,车辆出现无法行驶的故障。鉴于车辆之前发生过碰撞事故,且为偶发性故障,综合分析,判断故障可能出在 MG2 解析器及其相关的线路上。

⑦ 根据相关电路(图 20-10),拆下维修开关,等待 10min,断开蓄电池负极端子电缆,断开 MG ECU 导线连接器 B27,用万用表测量 MG ECU 导线连接器 B27 端子 5 与端子 6 之间的电阻(即 MG2 解析器励磁线圈的电阻),为 13Ω;测量端子 1 与端子 2(检测线圈 S)之间的电阻,为 20.5Ω;测量端子 4 与端子 3(检测线圈 C)之间的电阻,为 20.5Ω,与维修手册的标准值基本相符。依次测量 MG ECU 导线连接器 B27 端子 1、端子 2、端子 3、端子 4、端子 5、端子 6 与车身搭铁之间的电阻,均大于 1MΩ,正常。将导线连接器 B27 复位,连接蓄电池负极端子电缆,装上维修开关,按下电源开关,组合仪表上的多个故障指示灯熄灭,车辆又能够正常行驶。

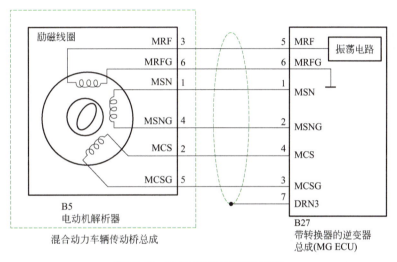

图 20-10 MG2 解析器连接电路图

⑧ 再次使用高压水枪对车辆进行淋雨测试,故障现象再次出现,立即使用气枪对发动机室部件、底盘部件上的水进行局部吹干,划分区域排查。在清理 MG2 解析器导线连接器上的水珠时,发现 MG2 解析器导线连接器内部渗水,仔细检查 MG2 解析器导线连接器,发现 MG2 解析器导线连接器防水胶塞已缺失,怀疑跟上次事故维修有关。推测在下雨天,雨水顺着线束慢慢渗入到 MG2 解析器导线连接器内部,使得解析器信号线出现短路故障,导致车辆无法行驶。仔细检查 MG2 解析器端子,发现端子已经出现轻微的氧化腐蚀。

故障排除:使用除锈剂清理 MG2 解析器端子上的氧化物,并更换 MG2 解析器导线连接器,用故障检测仪清除故障代码,再次使用高压水枪对车辆进行淋雨测试,故障现象不再出现,于是将车辆交还给客户。1 个月后对客户进行电话回访,客户反映车辆一切正常,至此,故障彻底排除。

一辆丰田普锐斯混合动力车型在低速行驶时偶尔会出现发动机一直运转,不能以纯电动方式行驶的故障现象。

故障诊断:
① 接车后反复试车,使故障现象重现,通过观察发现,在各种用电设备均关闭的情况

下,该车发动机怠速运转近 30min 仍不能自动熄火。观察仪表盘右侧的电量指示,当发动机运转时,高压电池(HV)的电量不但没有上升,反而有逐渐下降的趋势。该车发动机停机的条件之一是高压电池(HV)的电量要充足,如果高压电池的电量不足,则发动机不会熄火。当该车的故障症状出现时,高压电池(HV)的电量停止升高,将发动机熄火后再启动,故障现象会自行消失。故障现象消失后,在发动机怠速运转时,高压电池(HV)的电量不断上升,约 10min 后即可充满,此时,发动机自动熄火。

② 该车采用丰田第二代混合动力系统,能够根据车辆行驶状态,自动使用两种动力源。使用故障检测仪进入电池管理 ECU 和混动电子控制系统 ECU,未发现任何故障代码。

③ 为进一步分析故障,根据该车转矩列线图(图 20-11),比较车辆在故障状态与正常状态下的数据。故障状态下,混合动力变速驱动桥中的 MG1 电机的输出转矩为 0Nm,而正常状态应约为 -6Nm,当 MG1 电机的输出转矩为负值时,表示 MG1 电机由发动机驱动,作为发电机使用。故障状态时,MG1 电机的输出转矩为 0Nm,表示 MG1 电机处于空载状态,并未发电。

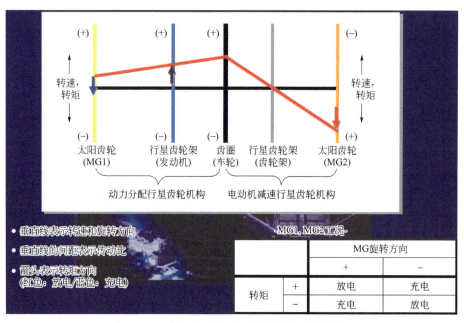

图 20-11 丰田第二代混合动力系统转矩列线图

从 HV 的充电状态分析,车辆故障时,发动机怠速运转 30min,高压电池(HV)的电量长时间维持在 50% 左右;而车辆恢复正常状态时,发动机怠速运转仅 5min 左右,高压电池(HV)的电量已经上升了约 5%。从高压电池的电流输出看,车辆故障时,电流数据为正值,表明高压电池(HV)正在输出电能,说明发动机正消耗高压电池(HV)的电量来维持自身的运转。正常状态下,高压电池(HV)的输出电流为 -10A,表示其正处于充电状态。因为高压电池(HV)的输出电流是由电流传感器(图 20-12)检测的,这说明高压电池(HV)与用电系统是接通的。

以上数据表明故障状态下发动机没有带动 MG1 电机发电。发动机不能正常熄火的原因是高压电池(HV)没有获得充电,故障应该在高压电池(HV)与 MG1 电机的连接上。

④ 根据逆变器总成的示意图(图 20-13),在发动机怠速运转时,MG1 电机作为发电机

为高压电池（HV）充电。MG1电机的输出电流经过整流器变成直流后，必须经过升压转换器中的场效应管才能到达高压电池（HV）。现在的充电电流为0A，有两种可能性：一是电机或整流器有故障；二是场效应管没有导通。由于MG1电机及整流器都是三相结构，同时失效的可能性不大。场效应管是受逆变器总成内部的电机控制单元控制的，混动电子控制系统ECU通过数据总线向电机控制单元传送控制指令，电机控制单元根据指令来控制场效应管的导通量。

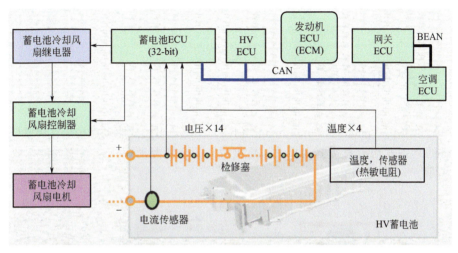

图20-12 电流传感器在系统中的位置

⑤ 根据偶发故障的排除经验，MG1电机线路可能存在接触不良的现象。于是，当故障出现时，在观察数据流的同时，晃动逆变器总成的MG1电机控制线束，发现高压电池（HV）的输出电流由正变负，说明其充电恢复了。而晃动线束的部位正好靠近MG1电机导线连接器，这说明故障点就在MG1电机控制线束的连接器内部。

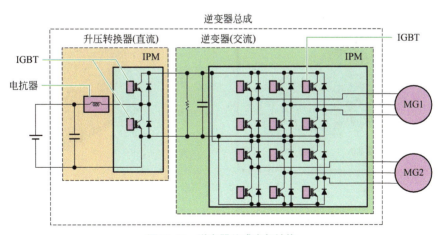

图20-13 逆变器总成内部结构

故障排查：断开高压电池（HV）左后侧的检修塞（橙色），隔绝车辆与高压电池（HV）的高电压连接，断开MG1电机与变频器的导线连接器，清理并锁紧该连接器三相插座和接线柱。恢复断开的导线连接器和检修塞，反复试车，确认故障彻底排除。

第 21 章　本田 i-MMD 系统

21.1　系统组成

本田的 i-MMD（intelligent multi mode drive）智能化多模式驱动系统是在串联驱动式基础上改进的具备发动机直接驱动模式（高速时）的全新混动模式，系统关键构成部件如图 21-1 所示。

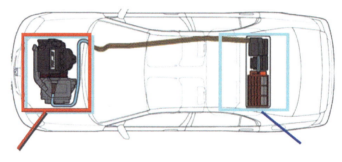

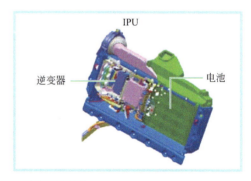

图 21-1　本田 i-MMD 系统关键部件

电动动力系统由高压电机和发动机提供动力。系统根据行驶情况或通过手动操作 EV 开关切换驱动动力。发动机为 LFA12.0LDOHCi-VTEC 顺序多点燃油喷射发动机，与高压电机联合驱动车辆。

除发动机外，电动动力系统主要部件还包括变速箱（e-CVT）内的两个高压电机、发动机室中的动力控制单元（PCU）、行李厢中的高压电池、PCU 和高压电池之间的高压电机电源逆变器单元电缆。系统组成如图 21-2 所示。

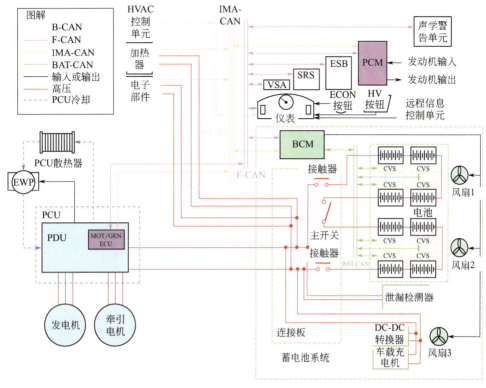

图 21-2 电动动力系统

21.2 系统原理

i-MMD 混动系统主要分为三种工作模式：纯电动模式、混动模式，发动机驱动模式。

在车辆起步时，电动机直接驱动车辆，发动机此时不做功，原理示意如图 21-3 所示。

i-MMD 的混动模式并不是由电动机与发动机通过离合器串联共同驱动车辆行驶，而是由发动机为发电机供电，发电机与电池组共同为电动机提供电能，也就是说，虽然此时发动机确实在工作，但是此时驾驶员依然在驾驶一辆电动车。这样的混动方式，有点类似于增程式混动车型。原理示意图如图 21-4 所示。

在高速巡航状态下，电机的电池能耗会远高于低速，而此时 i-MMD 系统将离合器锁止，由发动机直接驱动车辆，在需要急加速的时候，驱动电机依然会参与车辆行驶，这种并联式的混动让电动机与发动机之间切换时几乎没有顿挫感。工作原理示意图如图 21-5 所示。

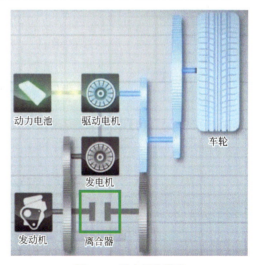

图 21-3 纯电工作模式

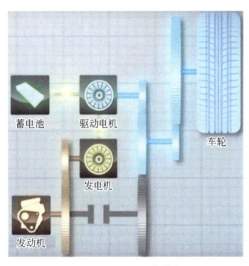
图 21-4 混动工作模式

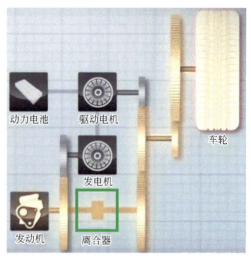
图 21-5 发动机工作模式

21.3 系统检测

(1) 系统检修指引

"间歇性故障"意味着系统曾出现过故障，但现在已正常。如果仪表板上的电源系统指示灯未点亮，检查与故障排除电路有关的所有连接器是否连接不良或端子松动。如果电源系统指示灯点亮后熄灭，原故障可能是间歇性的。

定期为电机控制单元和/或蓄电池状态监视器单元提供新的软件或新的服务程序。务必在线检查与正在排除故障的 DTC 或症状相关的最新软件或维修信息。

"断路"和"短路"是常用的电气术语。断路指线路或连接断开，短路指意外地将导线搭铁或连接到另一根导线上。对于简单的电子元件，这通常意味着根本无法工作。对于复杂的电子元件（如电机控制单元或蓄电池状态监视器单元）意味着有时可以工作，但是不能按照预定方式工作。

图 21-6 电源系统指示灯

如果电源系统指示灯（图 21-6）点亮，则转至如何使用 HDS（本田诊断系统）来检查是否存在 DTC。

注意：视情况而定，高压电池关闭指示灯、高压电池指示灯、电机高温指示灯可能在 MID 中与电源系统指示灯同时点亮。

其他各种故障指示灯符号如表 21-1 所示。

表 21-1 故障指示灯符号

名称	高压电池关闭指示灯	高压电池指示灯	电机高温指示灯	12V 充电系统指示灯
符号				

如果 12V 充电系统指示灯在仪表点亮，则转至如何使用 HDS（本田诊断系统）来检查是否存在 DTC。

（2）使用 HDS（本田诊断系统）进行 DTC 检查的步骤

① 将车辆转至准备驾驶模式，检查仪表控制单元的电源系统指示灯。

② 将 HDS 连接到数据线插接器（DLC）上。

③ 检查故障诊断码（DTC）并予以记录，同时检查定格数据和 / 或车载快照数据，并下载所见数据。然后参考显示的 DTC，并开始相应的故障排除程序。

④ 如果未发现 DTC，转至动力系统指示灯电路故障排除。

如果无法重现 DTC，某些故障排除需要清除 DTC，并尝试重现 DTC。如果是间歇性故障且无法重现 DTC，不要继续执行 DTC 故障排除程序。故障排除程序仅在 DTC 可再现情况下使用。使用该程序只会混淆故障原因，并有可能对零件进行不必要的更换。

（3）DTC 清除方法

① 将车辆转为 ON 模式。

② 使用 HDS 清除 DTC。

③ 将车辆转为 OFF（LOCK）模式，然后将 HDS 从 DLC 上断开。

结束故障排除程序（运用于任何故障排除后）：

① 使用 HDS 清除 DTC。

② 将车辆转为 OFF（LOCK）模式，然后将 HDS 从 DLC 上断开。

注意：PCM 是车辆防盗系统的一部分，如果更换 PCM，则必须注册发动机防盗锁止系统。

（4）排除动力控制单元（PCU）插接器的电路故障

① 将车辆转为 OFF（LOCK）模式。

② 执行 12V 蓄电池端子断开程序。

③ 断开 PCU 连接器，见图 21-7。

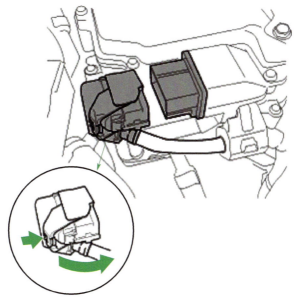

图 21-7　断开 PCU 连接器

④ 将线束端子的一侧（A）连接到市售数字式万用表（B）上，并将线束端子的另一侧（C）连接到市售香蕉插头（pomona 电子工具编号 3563 或同等工具）（D）上，见图 21-8。

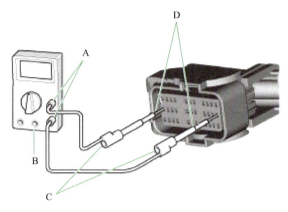

图 21-8　检查线束连接端子

⑤从端子侧，轻轻地在端子测试孔处插入端子探针（阳）。不要将尖端强行插入端子。

注意：为获得准确结果，务必使用端子探针（阳）。为避免损坏插接器端子，不要插入测试设备探针、回形针或其他的替代品，以免损坏端子。损坏的端子会导致连接不良和测量不正确。切勿刺穿导线上的绝缘层。刺穿会导致或最终导致电气连接不良或间歇性故障。

（5）排除蓄电池状态监视器单元插接器的电路故障

①将车辆转为 OFF（LOCK）模式。

②拆下充电用插头和 IPU 盖子。

③从导线侧，轻轻将较尖的测试器探针（A）插入连接器，直至它与导线端子一端接触为止，见图 21-9。

注意：当进行车辆上的 IPU 故障排除时，检查搭铁电缆（A）连接，见图 21-10。如果电缆已拆下，则需要进行安装。

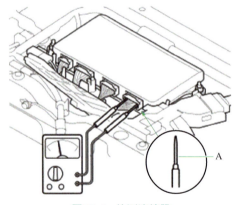

图 21-9　检测连接器

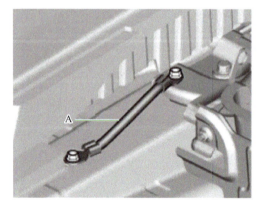

图 21-10　搭铁电缆

OBD 状态显示各 DTC 和所有参数的当前的系统状况。该功能用来查看维修工作是否成功完成。DTC 诊断测试结果显示如下：

通过：车载诊断成功完成。

失败：车内诊断完成但未成功。

未完成：车载诊断正在进行，但是处于 DTC 启用状态之外。

21.4　系统部件拆装

智能动力单元（IPU）拆装步骤如下：
① 关闭维修开关。
② 断开高压电机电源逆变器单元电缆。副连接板的连接位置如图 21-11 所示。

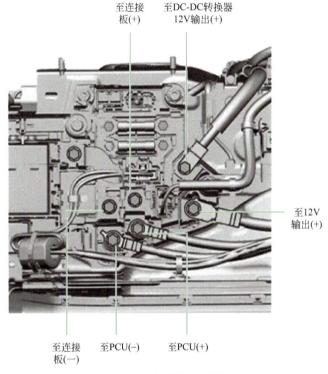

图 21-11　副连接板连接位置

a. 断开 IPU 搭铁电缆（A）。
b. 断开高压电机电源逆变器单元电缆搭铁端子（B）。
c. 断开插接器（C）。
d. 拆下线束夹（D）。
e. 断开高压电机电源逆变器单元电缆端子（E）。
f. 拆下电缆卡扣（F）。
以上部件见图 21-12。
③ 拆卸行李厢后侧装饰板。
④ 拆卸 IPU 出口接头。
⑤ 拆卸进气管。
⑥ 拆卸 IPU 总成。

a. 拆下 IPU 隔板卡扣（A），见图 21-13。
b. 断开插接器（A），见图 21-14。
c. 拆下 IPU 总成（B），见图 21-14。

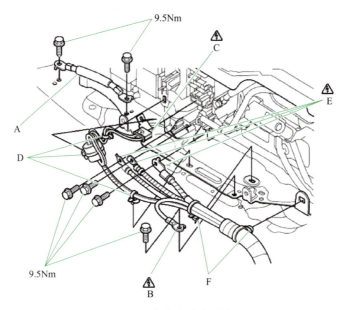

图 21-12 拆卸各线束连接器

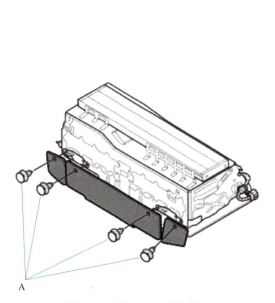

图 21-13 拆下 IPU 隔板卡扣

图 21-14 拆下 IPU 总成

⑦ 拆卸 IPU。
a. 拆下 IPU 出口管（A）。
b. 拆下插接器卡扣（B）。
c. 拆下线束夹（C）。
d. 拆下 IPU 进口连接接头（D）。
e. 拆下 IPU 上盖（E）。
以上部件见图 21-15。

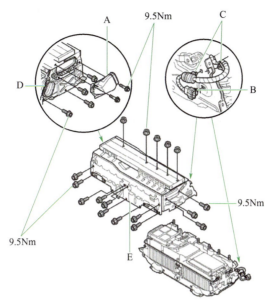

图 21-15 拆卸 IPU 部件

f. 如有必要,拆下 IPU 隔板(A),见图 21-16。

⑧ 安装所有拆下的部件。

按照与拆卸相反的顺序安装部件,并注意以下事项:仔细对齐 IPU 上盖(B)的孔(A)和双头螺栓(C);先紧固标准螺栓(D);将 IPU 隔板(E)插入 IPU 罩(F)和车身车架之间,见图 21-17。

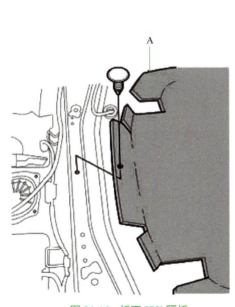

图 21-16 拆下 IPU 隔板

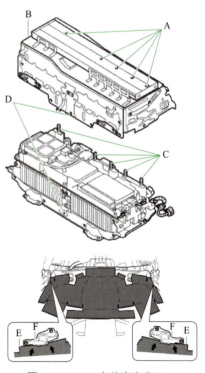

图 21-17 IPU 安装注意事项

第22章 通用 VOLTEC 系统

22.1 系统组成

以雪佛兰迈锐宝 XL 车型为例,EVT 电控无级变速箱采用双电机驱动技术,动力功率逆变器模块(TPIM),永磁同步电机为第二代 VOLTEC 系统电机,最大功率分别为 60kW、54kW,最大转矩分别为 275Nm、140Nm。混合动力控制系统组成部件如图 22-1 所示。

该混动系统结合了电动驱动和发动机驱动两种模式。

当处于电动模式时,车辆仅由存储在高压混合动力/电动汽车蓄电池组中的电能供电。车辆可在该模式下行驶直至加速度/转矩需要内燃机的帮助或高压电池已达到最低电量状态。

处于混合动力模式时,变速箱结合驱动电机和内燃机(ICE)的输出来驱动车轮和推动车辆。

该混动系统不使用 12V 启动电机启动内燃机(ICE)。位于变速箱内的更强劲的 300V 电机(驱动电机 1)用于启动内燃机(ICE)。驱动电机 1 能够在几百毫秒内使内燃机(ICE)以工作速度旋转。这将可以使内燃机(ICE)立即启动。

副电机
负责为电池组充电及辅助驱动车轮
最大功率:
54kW、4000r/min

主电机
负责驱动车轮
最大功率:60kW、4000r/min

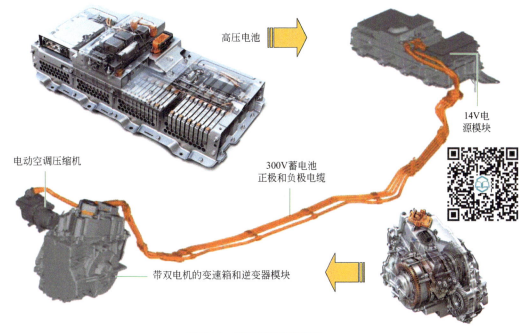

图 22-1 混动控制系统部件

车辆的车载电脑确定需要运行内燃机（ICE）的时间。某些强制运行内燃机（ICE）的正常车辆情况如下：

① 混合动力/电动汽车蓄电池组的充电状态过低；
② 发动机舱盖打开或未完全锁定；
③ 环境温度低。

系统的维修模式可用于维修和诊断、确认故障指示灯（MIL）是否正确运行以及排放检查。车辆熄火且制动踏板未被踩下时，按住电源按钮 5s 以上可将车辆置于维修模式。仪表和音频系统的运行方式与启动时相同，但车辆将无法行驶。驱动系统将不在维修模式中启动。

当车辆滑行或制动时，电源逆变器模块可能以发电模式将驱动电机作为发电机运行。作为发电机运行时，驱动电机施加传动机构负载，帮助降低车辆速度。驱动电机产生的电能被电源逆变器模块转移到混合动力/电动汽车蓄电池组中。

22.2 系统原理

VOLTEC 混动系统的核心由两组行星齿轮构成。行星齿轮 1 和行星齿轮 2 分别使两台电机实现动力分流，如图 22-2 所示。这两台电机在 VOLTEC 系统中被称为 MGA 电机和 MGB 电机。MGA 电机功率较小（小电机），主要用于发电，也可以用于驱动；MGB 电机功率较大（大电机），主要用于驱动车辆行驶，也可以在减速时实现制动能量回收。

发动机的动力输出给外齿环（ring gear），再经行星齿轮把动力分流给行星齿轮托架和太阳齿轮。行星齿轮托架与传动轴相连，动力直接输出给车轮；太阳齿轮与 MGA 相连。

发动机的动力经过行星齿轮 1 的分流，既可以用来驱动车辆行驶同时又可驱动 MGA 电机发电。发动机可以以任意转速介入，发动机转速不需要与车轮转速同步，也就是说发动机可以始终保持在经济转速发电和驱动车辆行驶。

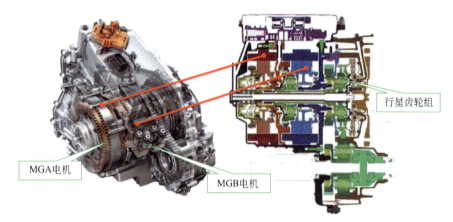

图 22-2 混动装置透视与内部结构图

MGB 电机（大电机）与传动系统的耦合采用转速耦合，通过一个行星齿轮将动力分流到传动系统。

VOLTEC 系统不单单只是增加了一个行星齿轮 2 用于 MGB 电机的介入，还在行星齿轮 2 的外齿环上增加了一个离合器和一个制动器。通过离合器可以控制外齿环的动力与行星齿轮 1 的太阳齿轮接通或者分离；通过制动器可以将行星齿轮 2 的外齿环固定住，这样就实现了单一齿比的转矩耦合。当制动器固定住外齿环后，MGB 电机的动力传输给太阳齿轮，然后带动行星齿轮公转，把动力通过固定齿比传递给行星齿轮托架，最终传递给车轮，实现转矩耦合。混动系统工作原理示意图如图 22-3 所示。

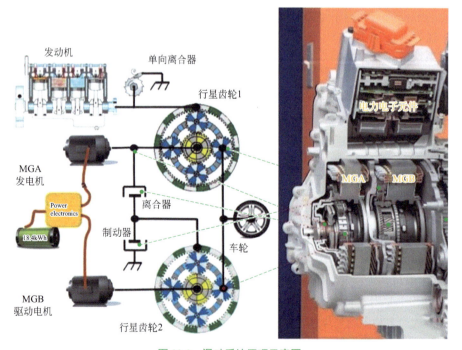

图 22-3 混动系统原理示意图

当行星齿轮 2 的制动器分离，离合器接通后，MGB 电机的部分动力又可以分流给行星齿轮 1 的太阳齿轮，这样就不需要与车轮转速保持同步，实现了转速耦合。所以，VOLTEC 系统最大的优势在于它的主电机 MGB 既可以实现转速耦合又可以实现转矩耦合。当需要大动力低速加速时，MGB 可以在比较高效的转速区间实现转矩耦合，与车轮转速同步运转，实现与发动机动力、MGA 电机动力的动力叠加。当车辆速度处于电机转速的非经济转速区间时，MGB 又可以通过转速耦合来实现动力的分流，从而把电机转速保持在最经济的转速区间，节约电能。

当 MGA 参与驱动时，由于行星齿轮的作用，外齿环会发生反转，而 VOLTEC 系统的齿环直接与发动机相连，为了防止在纯电模式下发动机反转，在发动机和外齿环之间还布置了一个单向离合器，这样发动机既不会反转也不会发生超速运转现象。这就意味着 VOLTEC 系统的电动性能不会受到行星齿轮转速的制约，从而提高了纯电行驶的速度。

22.3 系统部件拆装

这里以别克君越混动汽车为例，介绍混合动力控制模块的更换方法。

① 停用高压系统。按以下步骤实施高压解除：

- 断开并拆下所有 12V 蓄电池充电器。
- 将车辆电源模式转为"OFF"（关闭），将所有无钥匙进入发射器拿出车辆，放在车外某处。
- 尝试使用点火开关模式启动车辆。

如果车辆进入"驱动系统激活"模式或发动机启动，从车辆上找到所有无钥匙进入发射器并将其取出，然后返回到该程序的起始处。如果车辆未进入"驱动系统激活"模式并且发动机未启动，则进入下一步。

- 断开 12V 蓄电池。
- 拆下手动维修开关。将手动维修开关放置到车辆外部的安全位置。使用最小额定电压为 600V 的绝缘胶带封盖暴露的高压开口。
- 等待 5min，以使高压电容器放电。在此等待时间内，允许拆下非高压部件。
- 拆下电源逆变器模块 56 针连接器盖螺母（1）和螺栓（3），拆下盖（2），见图 22-4。
- 断开电源逆变器模块 56 针连接器。
- 拆下电源逆变器模块高压电缆盖剩余的螺栓（1）和高压（HV）电缆盖（2），见图 22-5。
- 断开电源逆变器模块处的高压连接器。检查高压直流连接密封件是否变形或损坏。检查高压直流连接器是否有密封件残留物或碎屑。更换损坏的密封件，并在高压解除后使用防刮伤的工具清除连接器的密封件残留物。
- 确认电源逆变器模块连接器（1）（图 22-6）在以下点上的电压测量值小于 3V：高压直流（-360V）负极端子 B 至车辆底盘搭铁；高压直流（+360V）正极端子 A 至车辆底盘搭铁；高压直流（+360V）正极端子 A 和高压直流（-360V）负极端子 B。

如果等于或大于 3V，保持数字式万用表（DMM）与端子的连接状态，直到电压降至低于 3V，以使高压电容器放电。一旦电压低于 3V，则继续执行下一步。

- 确认电源逆变器模块的高压直流线束连接器（2）在以下点上的电压测量值小于 3V：高压直流（-360V）负极端子 B 至车辆底盘搭铁；高压直流（+360V）正极端子 A 至车辆底

盘搭铁；高压直流（+360V）正极端子 A 和高压直流（-360V）负极端子 B。

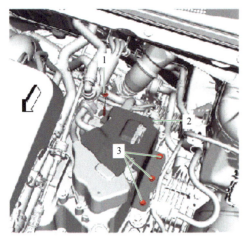

图 22-4　拆下连接器盖螺母与螺栓

图 22-5　拆下高压电缆盖

• 断开位于变速箱上方的空调压缩机高压电气连接器。如果维修空调压缩机，可直接确认空调压缩机处的电压测量值。

• 在下列测试点处，确认空调压缩机线束连接器（3）的电压测量值是否小于 3V：高压直流（-360V）负极端子 B 至车辆底盘搭铁；高压直流（+360V）正极端子 A 至车辆底盘搭铁。高压直流（+360V）正极端子 A 和高压直流（-360V）负极端子 B。

如果等于或大于 3V，保持数字式万用表（DMM）与端子的连接状态，直到电压降至低于 3V，以使高压电容器放电。一旦电压低于 3V，则继续执行下一步。

• 在下列测试点处，确认空调压缩机高压直流蓄电池线束连接器（4）的电压测量值是否小于 3V：高压直流（-360V）负极端子 B 至车辆底盘搭铁；高压直流（+360V）正极端子 A 至车辆底盘搭铁；高压直流（+360V）正极端子 A 和高压直流（-360V）负极端子 B。

• 电源逆变器模块现已放电，可以进行电源逆变器模块、变速箱或常规车辆维修。如果需要其他的高压部件维修则继续。

• 拆下覆盖在模块上的附件直流电源控制模块（14V 电源模块）冷却管道。

• 如图 22-7 所示断开 K114V 电源模块（1、2）处的高压连接器。

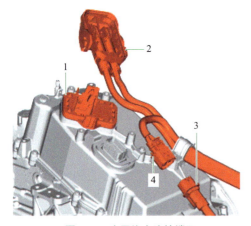

图 22-6　高压线束连接端子

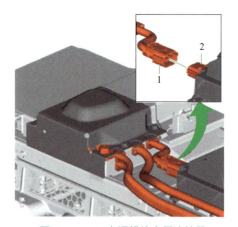

图 22-7　14V 电源模块高压连接器

- 在下列测试点处，确认 14V 电源模块线束连接器的电压测量值是否小于 3V：高压直流（-360V）负极端子 B 至车辆底盘搭铁；高压直流（+360V）正极端子 A 至车辆底盘搭铁；高压直流（+360V）正极端子 A 和高压直流（-360V）负极端子 B。

如果等于或大于 3V，保持数字式万用表（DMM）与端子的连接状态，直到电压降至低于 3V，以使高压电容器放电。一旦电压低于 3V，则继续执行下一步。

- 14V 电源模块现已放电，可以进行 K114V 电源模块维修。如果需要其他的高压部件维修则继续。
- 识别混合动力/电动汽车蓄电池组正极和负极电缆盖处的高压锁定按扣的特征，该特征对准手动维修开关（1、2）上的特征，见图 22-8。S15 手动维修开关将作为拆下高压锁定按扣的钥匙。
- 使用手动维修开关的钥匙功能，从混合动力/电动汽车蓄电池组正极和负极电缆盖总成上拆下高压锁定按扣。
- 拆下蓄电池正极和负极电缆盖总成紧固件（1）和盖（2）。
- 断开混合动力/电动汽车蓄电池组负极和正极连接器（3、4），见图 22-9。

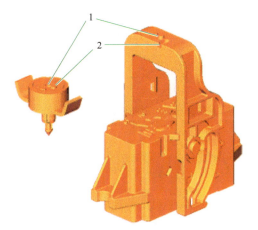

图 22-8　手动维修开关

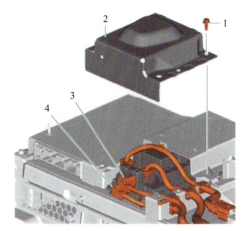

图 22-9　蓄电池正负极连接器

- 在下列测试点处，确认混合动力/电动汽车蓄电池组的电压测量值是否小于 3V：高压直流（-360V）负极端子至车辆底盘搭铁；高压直流（+360V）正极端子至车辆底盘搭铁；高压直流（+360V）正极端子和高压直流（-360V）负极端子。

如果等于或大于 3V，有一个接触器卡滞在闭合位置并且混合动力/电动汽车蓄电池组内发生绝缘损耗。

- 在下列测试点处，确认混合动力/电动汽车蓄电池组线束的电压测量值是否小于 3V：高压直流（-360V）负极端子至车辆底盘搭铁，高压直流（+360V）正极端子至车辆底盘搭铁；高压直流（+360V）正极端子和高压直流（-360V）负极端子。

如果等于或大于 3V，保持数字式万用表（DMM）与端子的连接状态，直到电压降至低于 3V，以使高压电容器放电。一旦电压低于 3V，则继续执行下一步。

- 断开混合动力/电动汽车蓄电池组（1）处的 G1 空调压缩机线束连接器，见图 22-10。
- 确认混合动力/电动汽车蓄电池组连接器在以下点上的电压测量值小于 3V：高压直流（-360V）负极端子 1 至车辆底盘搭铁；高压直流（+360V）正极端子 3 至车辆底盘搭铁；高压直流（+360V）正极端子 3 和高压直流（-360V）负极端子 1。

如果等于或大于3V，有一个接触器卡滞在闭合位置并且混合动力/电动汽车蓄电池组内发生绝缘损耗。

• 断开混合动力/电动汽车蓄电池组（2）处的14V电源模块连接器，见图22-10。

• 确认混合动力/电动汽车蓄电池组连接器在以下点上的电压测量值小于3V：高压直流（-360V）负极端子1至车辆底盘搭铁；高压直流（+360V）正极端子3至车辆底盘搭铁；高压直流（+360V）正极端子3和高压直流（-360V）负极端子1。

如果等于或大于3V，有一个接触器卡滞在闭合位置并且混合动力/电动汽车蓄电池组内发生绝缘损耗。

• 混合动力/电动汽车蓄电池组的高压连接器现已放电。必要时，可以执行混合动力/电动汽车蓄电池组的拆卸或任何高压部件车上维修。高压解除已完成。

② 拆下高压电池正极和负极电缆盖（2）紧固螺栓（1），见图22-11。

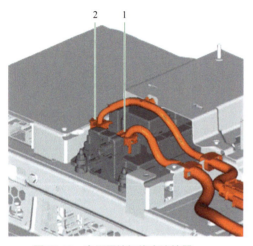

图22-10 空调压缩机线束连接器

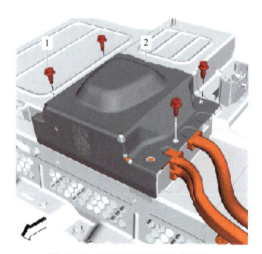

图22-11 高压电池正负极电缆盖

③ 拆下高压电池盖（2）侧面固定螺栓（1），见图22-12。

④ 断开电气连接器（1）（3处），见图22-13。

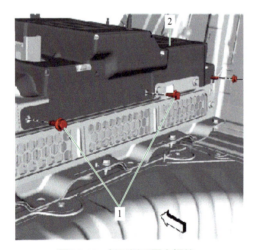

图22-12 拆下侧面固定螺栓

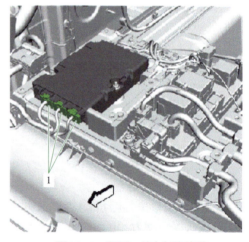

图22-13 断开3处电气连接器

⑤ 断开电气连接器（1）（4处），见图22-14。
⑥ 拆卸混合动力总成控制模块安装螺母（1）（3处）。
⑦ 拆卸混合动力总成控制模块（2），见图22-15。

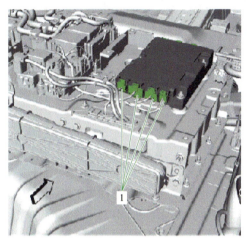

图22-14　断开4处电气连接器

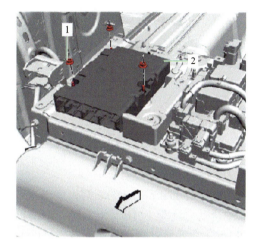

图22-15　拆卸控制模块固定螺栓

⑧ 按照与拆卸相反的顺序进行安装，混合动力总成控制模块安装螺母（1）紧固力矩为9Nm。
⑨ 启用高压系统。
⑩ 重新编程混合动力总成控制模块2。

第23章 比亚迪 DM-i 系统

23.1 系统组成

DM 是 dual model 的缩写，意思是双模式（燃油+电动）。比亚迪的 DM 车型都是插电式混合动力汽车（PHEV）。DM-i 是比亚迪主打超级油耗的超级混动技术，与其对应的就是 DM-p 主攻四驱性能型的超混技术。DM-i（DM 第 4 代的精简优化版）与 DM（第 4 代性能加强版为 DM-p）的区别如表 23-1 所示。

表 23-1 比亚迪 DM 各版本区别

项目	混动技术类型		
	DM	DM-i	DM-p
技术目标	节能与性能兼顾	更低能耗	更高性能
电机布置	180kW 后置（后驱）；250kW 前置+180kW 后置（四驱）	145kW/160kW 前置（前驱）	与 DM 相同
发动机类型	2.0T 普通发动机，最大功率141kW，最大转矩 320Nm	1.5T 骁云（米勒循环）发动机，最大功率139kW，最大转矩 231Nm	与 DM 相同
变速箱类型	6 挡湿式双离合变速箱	E-CVT 无级变速箱	与 DM 相同

以宋 Plus DM-i 为例，高压系统主要包括双电机（前驱动电机+发电机+变速箱总成维修包）、双电控（发电机控制器+驱动电机控制器）、高压配电箱、高压电池包、PTC、电动压缩机、车载电源总成、直流充电配电箱（110 公里）、充电口、高压电缆等，如图 23-1 所示。

图 23-1 宋 PlusDM-i 动力与高压系统部件

该车型有两种不同的配置，51公里配置和110公里配置。51公里车型高压部件布局如图23-2所示，该配置无直流充电功能，高压电池包输出的高压电经过前电控，通过高压配电箱分配给压缩机、PTC及OBC/DC。正极接触器、预充接触器、负极接触器、高压监控模块HVSU（集成漏电传感器、电流霍尔传感器、接触器烧结检测等）及BMC集成在电池包内部。

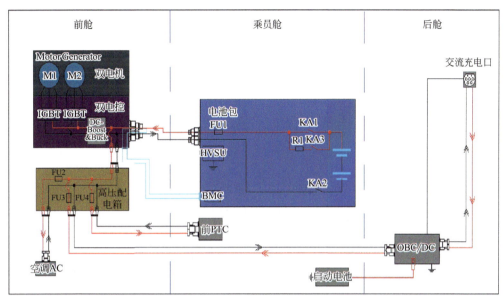

图23-2　高压系统配置一（51公里车型）

110公里车型高压部件布局如图23-3所示，除低配高压结构特点外，增加了直流充配电箱，直流充配电箱中集成了直流充电正、负极接触器及交流充电接触器。由于只有一个充电口，所以随车配有交直流转换插头。车载与前舱高压配电箱连接必须经过直流充配电箱。

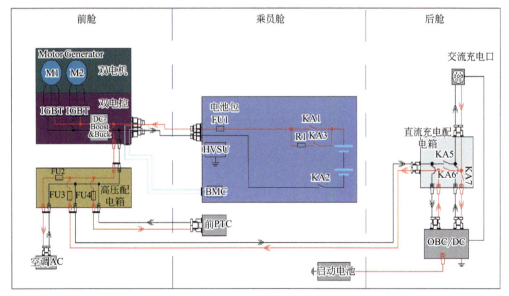

图23-3　高压系统配置二（110公里车型）

EHS 是 DM-i 超级混动的核心，集成了发电机、驱动电机、双电控（可单独更换）、离合器以及液压系统，如图 23-4 所示。发电机由发动机带动发电，产生的电能可通过驱动电机驱动车轮转动以及给整车低压用电器供电，还能给高压电池包充电。驱动电机可以利用发电机产生的电能以及电池包的电能来驱动车辆，双电控则控制着发电和驱动两个过程。离合器通过接合和分离可实现发动机发电和直驱两种模式的转换。液压系统则通过油路实现齿轮和轴的润滑以及电机的降温。

图 23-4 EHS 系统组成

EHS 各工作模式下部件工作状态及动力流传递路径如表 23-2 所示。

表 23-2 EHS 工作模式

工作模式	离合器状态	动力源	传力路径
EV 纯电模式	脱开	驱动电机	驱动电机→副轴→差速器
HEV 串联模式	脱开	发动机 + 驱动电机	发动机→离合器→发电机轴→发电机→逆变器→驱动电机→副轴→差速器
HEV 并联模式	结合	发动机 + 驱动电机	路线一：发动机→离合器→主轴→副轴→差速器 路线二：驱动电机→副轴→差速器

23.2 系统原理

双电控功能包括：发电机控制器 + 驱动电机控制器 + 双向 DC + 配电接口。发电机控制器由输入输出接口电路、控制电路和驱动电路组成，主要功能是驱动发电机发电，同时包括 CAN 通信、故障处理、在线 CAN 烧写、与其他模块配合完成整车的工作要求以及自检等功能。驱动电机控制器是控制高压电池与电机之间能量传输的装置。它由输入输出接口电路、控制电路和驱动电路组成，主要功能是控制驱动电机，使其驱动车辆行驶，同时包括 CAN 通信、故障处理、在线 CAN 烧写、与其他模块配合完成整车工作的要求以及自检等功能。双向 DC 是在高压电池和电机控制器之间的部件，起到升压、降压的作用。双电控的设计使配电盒多了一路高压供电接口。双电机控制器安装位置如图 23-5 所示。

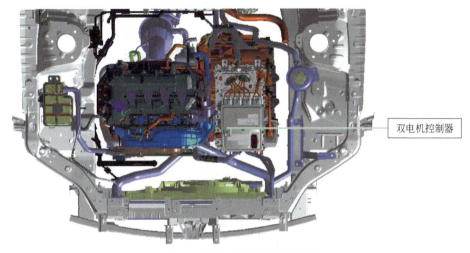

图 23-5 双电机控制器安装位置

双电机控制器原理框图如图 23-6 所示，电路简图如图 23-7 所示。

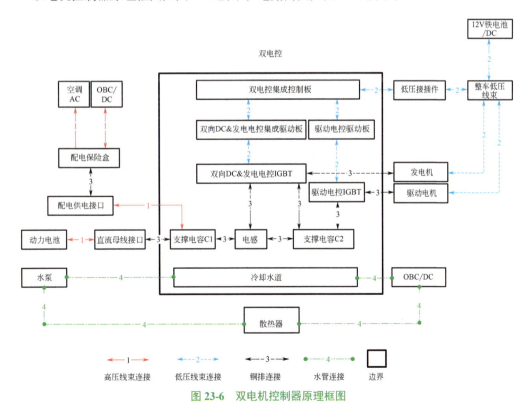

图 23-6 双电机控制器原理框图

第 23 章 比亚迪 DM-i 系统

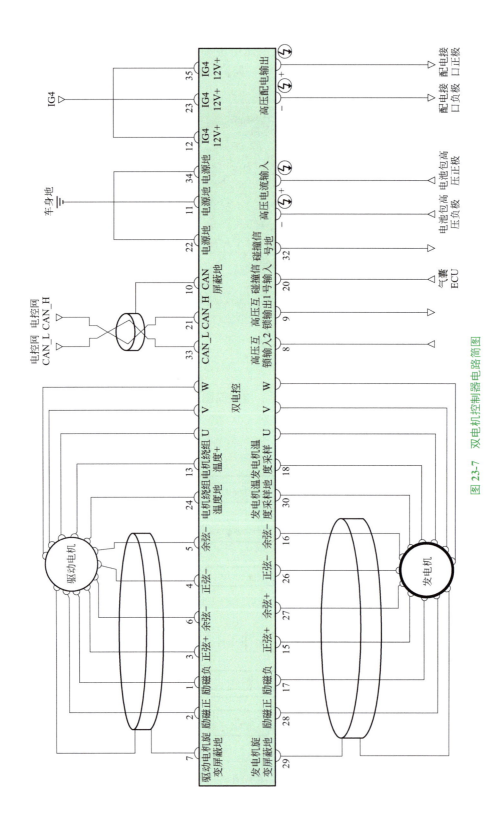

图 2.3-7 双电机控制器电路简图

23.3 系统检测

秦 Plus DM-i 双电控系统信号端子分布如图 23-8 所示,接线端子序号 1～12,13～23,24～35 为从左向右数。端子功能定义及技术参数如表 23-3 所示。

图 23-8　双电控系统低压接插件端子分布

表 23-3　双电控低压信号端子功能定义

端子	端口名称	端口定义	线束接法	信号类型	工作电流/A	备注
1	/EXCOUT	驱动励磁 -	接驱动电机励磁 -（驱动电机模块 3 号端子）	—	< 1	六芯屏蔽线
2	EXCOUT	驱动励磁 +	接驱动电机励磁 +（驱动电机模块 9 号端子）	—	< 1	六芯屏蔽线
3	SIN+	驱动正弦 +	接驱动电机正弦 +（驱动电机模块 8 号端子）	—	< 1	—
4	SIN-	驱动正弦 -	接驱动电机正弦 -（驱动电机模块 2 号端子）	—	< 1	六芯屏蔽线
5	COS-	驱动余弦 -	接驱动电机余弦 -（驱动电机模块 1 号端子）	—	< 1	六芯屏蔽线
6	COS+	驱动余弦 +	接驱动电机余弦 +（驱动电机模块 7 号端子）	—	< 1	六芯屏蔽线
7	GND	驱动旋变屏蔽地	接电机低压搭铁	—	< 1	—
8	/HV-LOCK2	高压互锁输入 2	—	PWM 信号	< 1	—
9	/HV-LOCK1	高压互锁输入 1	—	PWM 信号	< 1	—
10	GND	CAN 屏蔽地	—	—	—	预留
11	GND	外部电源地	—	—	< 1	低压电源三路电流总计 < 3A
12	+12V0	外部提供的 +12V 电源	接外部提供的 +12V 电源	—	< 1	低压电源三路电流总计 < 3A

续表

端子	端口名称	端口定义	线束接法	信号类型	工作电流/A	备注
13	STATOR-T-IN	驱动绕组温度	接驱动电机绕组温度（驱动电机温感6号端子）	模拟信号	<1	—
14	STATOR-YL-GND	预留	—	—	—	—
15	sSIN+	发电正弦+	接发电机正弦+（发电机模块11号端子）	—	<1	六芯屏蔽线
16	sCOS-	发电余弦-	接发电机余弦-（发电机模块6号端子）	—	<1	六芯屏蔽线
17	s/EXCOUT	发电励磁-	接发电励磁-（发电机模块4号端子）	—	<1	六芯屏蔽线
18	sSTATOR-T-IN	发电机温度采样	接发电机温度采样（发电机温度传感器5号端子）	模拟信号	<1	—
19	sSTATOR-YL-IN	预留	—	—	—	—
20	CRASH-IN1	碰撞信号	接安全气囊碰撞传感器	—	<1	—
21	CAN_H	CAN信号高	接电控网VCU	CAN信号	<1	屏蔽双绞线
22	GND	外部电源地	接外部电源地	—	<1	低压电源三路电流总计<3A
23	+12V0	外部提供的+12V电源	接外部提供的+12V电源	—	<1	低压电源三路电流总计<3A
24	STATOR-GND	驱动电机绕组温度地	接驱动电机绕组温度地（驱动电机温度传感器2号端子）	模拟信号	<1	—
25	STATOR-YL-IN	预留	—	—	—	—
26	sSIN-	发电正弦-	接发电机正弦-（发电机模块5号端子）	—	<1	六芯屏蔽线
27	sCOS+	发电余弦+	接发电机余弦+（发电机模块12号端子）	—	<1	六芯屏蔽线
28	sEXCOUT	发电励磁+	接发电机励磁+（发电机模块10号端子）	—	<1	六芯屏蔽线
29	GND	发电旋变屏蔽地	接电机低压搭铁	—	<1	—
30	sSTATOR-GND	发电机温度采样地	接发电机温度采样地（发电机温度传感器1号端子）	模拟信号	<1	—

续表

端子	端口名称	端口定义	线束接法	信号类型	工作电流 /A	备注
31	sSTATOR-YL-GND	预留	—	—	—	—
32	GND	碰撞信号地	接安全气囊碰撞传感器地	—	<1	—
33	CAN_L	CAN 信号低	接电控网 VCU	CAN 信号	<1	屏蔽双绞线
34	GND	外部电源地	接外部电源地	—	<1	低压电源三路电流总计 <3A
35	+12V0	外部提供的 +12V 电源	接外部提供的 +12V 电源	—	<1	低压电源三路电流总计 <3A

秦 Plus DM-i 双电控系统端子检测参考值见表 23-4。

表 23-4 双电控低压端子检测参考值

连接端子	端子名称 / 功能	条件	正常值
35pin-11	GND（VCC）外部电源地	OFF 挡	小于 1Ω
35pin-20～32	碰撞信号	ON 挡	PWM 信号
35pin-21～33	CAN_H、CAN_L	OFF 挡	54～69Ω（接插件连接之后测试）
35pin-33～21	CAN_H、CAN_L	OFF 挡	54～69Ω（接插件连接之后测试）
35pin-22	GND（VCC）外部电源地	OFF 挡	小于 1Ω
35pin-12	VCC 外部 12V 电源	ON 挡	10～14V
35pin-23	VCC 外部 12V 电源	ON 挡	10～14V
35pin-34	GND（VCC）外部电源地	OFF 挡	小于 1Ω
35pin-35	VCC 外部 12V 电源	ON 挡	10～14V

23.4 系统部件拆装

EHS 总成的维修拆装步骤如下：

① 首先拆解 EHS 周边的进、回油管，冷却水管，低压线束，高压线束，配电箱，悬置部件，注意做好总成支撑与防护，防止拆卸悬置后总成跌落。

② 拆电控上电机三相铜排连接窗口上的 8 个内六角螺栓（安装时，螺栓紧固力矩 2～3Nm），如图 23-9 所示。

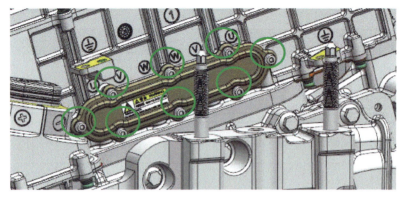

图 23-9 拆除三相铜排连接窗口

③ 拆电机电控三相铜排的 6 个六角头法兰面螺栓 [安装时，螺栓紧固力矩（11±2）Nm]，如图 23-10 所示。

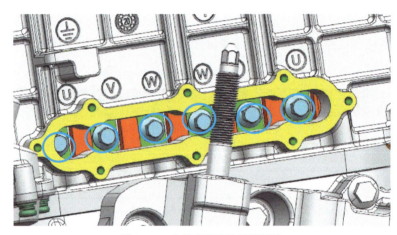

图 23-10 电控六角头法兰面螺栓

④ 拆解电控 4 个安装支脚上的六角法兰盘螺栓 [安装时，螺栓紧固力矩（50±3）Nm]，如图 23-11 所示。

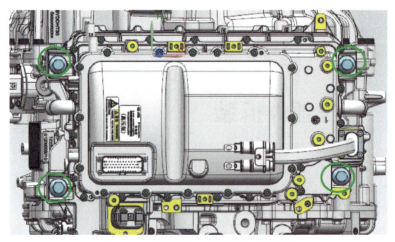

图 23-11 拆解电控 4 个安装支脚上螺栓

⑤ 分离电控，注意电控下方连接变速箱处有导电橡胶，如图 23-12 所示（图中环形区域）。

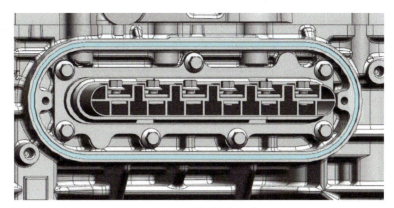

图 23-12　电控导电橡胶

⑥ 分离导电橡胶，并废弃。

⑦ 装配电控的步骤按以上拆解步骤倒序即可。装配时，注意更换导电橡胶，注意电控导向螺柱，注意电控接线板定位销，避免损坏。导向螺栓与定位销位置如图 23-13 所示。

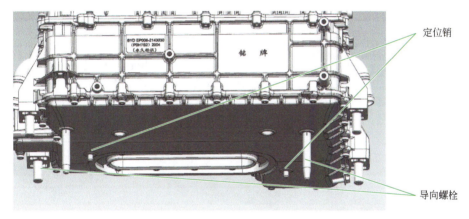

图 23-13　导向螺栓与定位销位置

第24章 国产 DHT 系统

24.1 系统组成

DHT（dedicated hybrid transmission）既是专用混合动力变速箱简称，同时也指一种混动技术。凡搭载 DHT 的混动系统我们都称其为 DHT 混动系统。目前主流的 DHT 混动系统大都拥有混动专用发动机、双电机及控制器以及定轴式或行星齿轮组式变速箱，如图 24-1 所示。

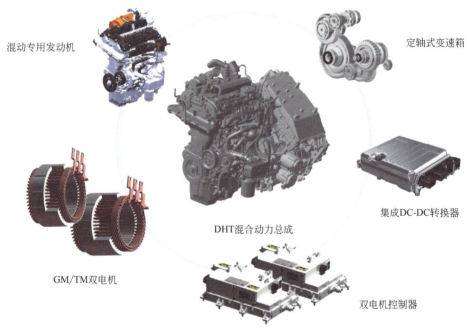

图 24-1　长城柠檬 DHT 混动系统组成部件示意图

柠檬 DHT 电驱动系统由 3 个平行齿轮组（发动机两挡 G2 和 G3，驱动电机 TM 单挡 G1）和对应的选挡机构 S1、发动机脱离离合器 C1、发电机 GM 及驱动电机 TM 组成，如图 24-2 所示。

吉利研发的雷神智擎 Hi·X 混动系统的 DHT Pro 通过独特的双排行星齿轮组实现了 3 挡布局。双电机及控制器安装位置如图 24-3 所示。

以吉利星越 L 雷神 Hi·X 车型为例，DHT 总成安装位置如图 24-4 所示。

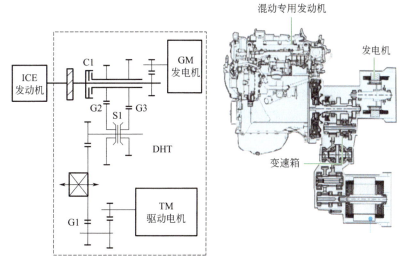

图 24-2　长城柠檬 DHT 电驱系统结构

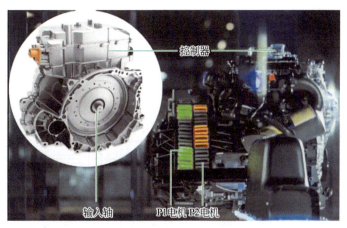

图 24-3　雷神智擎 Hi·X 混动系统中的 DHT Pro 示意图

图 24-4　吉利星越 L 雷神 Hi·X 混动变速机构

24.2 系统原理

长城柠檬 DHT 混动系统根据系统负荷、驾驶意图、电池电量等因素，可分为纯电驱动模式、串联模式、一挡直驱模式（低速巡航）、一挡直驱模式（性能直驱）、二挡直驱模式（高速巡航）、能量回收模式。系统工作原理如图 24-5 所示。

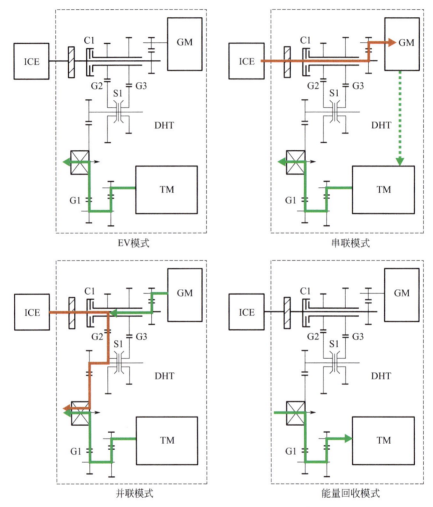

图 24-5　长城柠檬 DHT 混动系统工作模式

以吉利星越 L Hi·X 搭载的 DHT Pro 为例，该变速箱是湿式双离合器变速箱，配置 3 个前进挡。机械传动效率最高可达 97.5%。DHT Pro 变速箱由双离合器系统、双电机系统、轴齿系统、集成式 PCM、液压模块和电子双联泵组成。

DHT Pro 变速箱有双电机系统，可实现串联、并联、纯电、能量回收等不同工作模式。3 轴齿系统具有双行星排，设计提供 3 个挡位，可使发动机更好地运行在高效区。柱轴承和球轴承可以实现低损耗，轴齿采用高重合度设计，具有优异的 NVH 性能，领先的传动效率。集成式 PCM 包含电机控制器（invertor）和变速箱控制模块（TCM），具有以下优点：

① 高集成度：逆变器 + T CU。

② 双面水冷技术，功率密度达到 30kW/L。
③ 采用定制 IGBT 模块，系统最高效率≥ 99.2%。
④ 新一代六核处理器，可运行在 300MHz，支持定点和浮点运算。

通过控制电磁阀的开闭、开度等，借助液压系统实现如下功能：
① 变速箱离合器接合及分离控制。
② 实现变速箱自动选换挡、模式切换等功能。

DHT Pro 变速箱共有 7 种工作模式：纯电动模式、串联混动模式、并联混动模式、全功率驱动模式、发动机驱动 / 行车驱动、怠速充电、能量回收。不同车速下变速箱处于不同的工作模式，如图 24-6 所示。

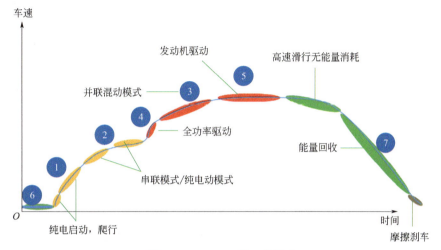

图 24-6　DHT Pro 的工作模式

通过控制制动器和离合器，每种模式可实现三种速比。混动变速箱内部结构如图 24-7 所示，制动器与离合器工作状态如表 24-1 所示。

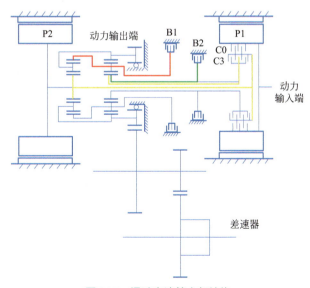

图 24-7　混动变速箱内部结构

表 24-1　不同挡位制动器与离合器工作状态

	B1	B2	C3
1 挡	√		
2 挡		√	
3 挡			√
倒挡	√		

一挡：B1 制动器接合（红色路径）。
P2 电机/发动机→后行星排太阳轮→行星机构总成→输出齿圈。
二挡：B2 制动器接合（绿色路径）。
P2 电机/发动机→后行星排太阳轮→后行星排行星轮→前行星排行星轮→输出齿圈。
三挡：C3 离合器接合（黄色路径）。
P2 电机/发动机→后行星排太阳轮→输出齿圈。

(1) 纯电动模式（图 24-8）

动力传递路径：高压电池→ PCM → P2 电机→行星机构→输出轴→差速器→轮端。

图 24-8　纯电动模式

(2) 串联混动模式（图 24-9、图 24-10）

串联混动模式一动力传递路径：高压电池→ PCM → P2 电机→行星机构→输出轴→差速器→轮端；发动机→ C0 离合器→转子→ PCM → P2 电机。

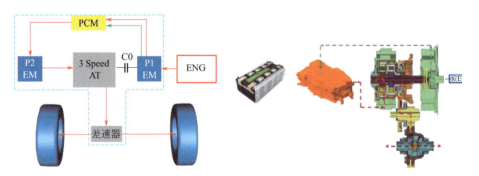

图 24-9　串联混动模式一

串联混动模式二动力传递路径：高压电池→ PCM → P2 电机→行星机构→输出轴→差速器→轮端；发动机→ C0 离合器→转子→ PCM →高压电池（充电）。

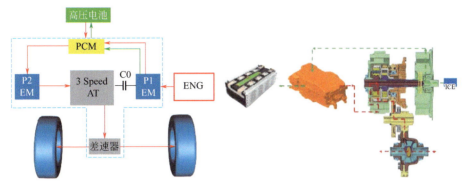

图 24-10　串联混动模式二

（3）并联混动模式（图 24-11）

动力传递路径：高压电池→ PCM → P2 电机→行星机构→输出轴→差速器→轮端；发动机→行星机构→输出轴→差速器→轮端。

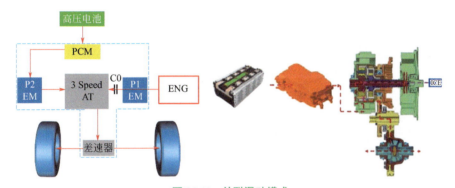

图 24-11　并联混动模式

（4）全功率驱动模式（图 24-12）

动力传递路径：高压电池→ PCM → P2 电机→行星机构→输出轴→差速器→轮端；高压电池→ PCM → P1 电机→行星机构→输出轴→差速器→轮端；发动机→行星机构→输出轴→差速器→轮端。

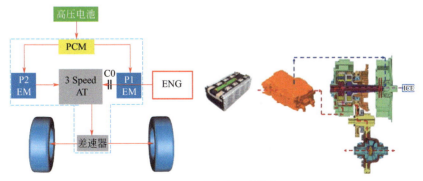

图 24-12　全功率驱动模式

（5）发动机驱动/行车驱动（图24-13）。

动力传递路径：发动机→行星机构→输出轴→差速器→轮端；发动机→C0离合器→转子→PCM→高压电池（充电）。

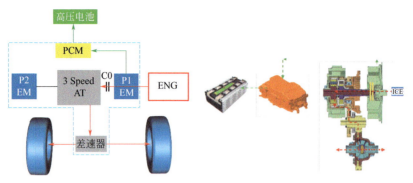

图24-13　发动机驱动模式

（6）怠速充电模式（图24-14）

动力传递路径：发动机→C0离合器→转子→PCM→高压电池（充电）。

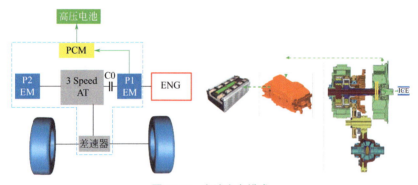

图24-14　怠速充电模式

（7）能量回收模式（图24-15）

动力传递路径：轮端→差速器→输出轴→行星机构→P2电机转子→PCM→高压电池（充电）。

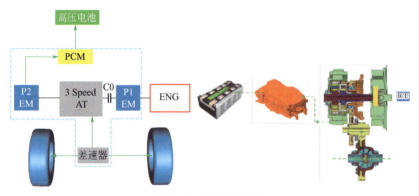

图24-15　能量回收模式

24.3 系统旋变标定

以长城哈弗赤兔 DHT 车型为例，电机控制器（DMCU）包含驱动电机控制器（TMCU）、发电机控制器（GMCU）、DC-DC 转换器。电机控制器总成响应整车控制器（HCU）发出的转矩 / 转速指令，控制驱动电机在纯电动模式下驱动车辆；混动模式下，增加动力输出；滑行或制动时，进行能量回收；控制发电机启动发动机，以及在发动机带动下进行发电。

（1）TM（驱动电机）旋变标定

更换驱动电机或电机控制器后，必须进行旋变标定。标定前确认车辆各种油液及电池包正常。标定前车辆处于 N 挡。操作步骤如下：

① 将车辆固定于举升机，稍许离地。
② 连接诊断仪。
③ 使点火开关由 OFF 位置变为 ON" 置，操作点火开关过程中禁止踩下制动踏板。
④ 整车上高压电，组合仪表显示 READY。
⑤ 进入"驱动电机旋变标定"界面。
⑥ 选择"驱动电机旋变标定"，点击"确定"，等待系统完成标定。等待系统完成标定过程中禁止对车辆进行任何操作。标定过程中驱动电机可能会转动。
⑦ 系统提示"驱动电机旋变位置标定成功"。

（2）GM（发电机）旋变标定

更换发电机或电机控制器后，必须进行旋变标定。标定前确认车辆各种油液及电池包正常。标定前车辆处于 N 挡。操作步骤如下：

① 将车辆固定于举升机，稍许离地。
② 连接诊断仪。
③ 使点火开关由 OFF 位置变为 ON 位置，操作点火开关过程中禁止踩下制动踏板。
④ 整车上高压电，组合仪表显示 READY。
⑤ 进入"发电机旋变标定"界面。
⑥ 选择"发电机旋变标定"，点击"确定"，等待系统完成标定。等待系统完成标定过程中禁止对车辆进行任何操作。标定过程中发电机可能会转动。
⑦ 系统提示"发电机旋变位置标定成功"。

第 5 篇 底盘系统

第25章 纯电传动系统

25.1 齿轮箱构造

以宝马 i3 车型为例,该车变速箱总传动比为 9.7∶1,因此变速箱输入端的转速是变速箱输出端转速的 9.7 倍。该传动比通过两个圆柱齿轮对来实现,因此在变速箱内输入轴旁还有一个中间轴。变速箱输出端处的圆柱齿轮与差速器壳体固定连接在一起并驱动差速器。变速器内部齿轮结构如图 25-1 所示。差速箱将转矩分配给两个输出端并在两个输出端之间进行转速补偿。

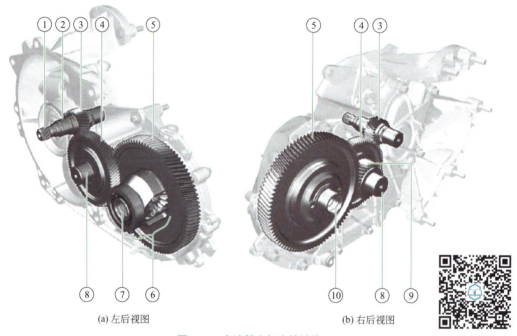

(a) 左后视图　　　　　　　　　　(b) 右后视图

图 25-1　变速箱内部齿轮结构

1—啮合轴用于连接电机驱动轴;2—变速箱输入轴;3—输入轴上的圆柱齿轮 1;4—中间轴上的圆柱齿轮 2;5—变速箱输出端处的圆柱齿轮 4;6—差速器;7—左侧半轴接口;8—中间轴;9—中间轴上的圆柱齿轮 3;10—右侧半轴接口

特斯拉驱动单元设有一个单速齿轮减速齿轮箱,位于电机和变频器之间,见图 25-2。变速箱通过两个相等长度驱动轴与后轮连接。变速箱采用二级减速和三轴副轴结构。铸铝变速箱外壳配有齿轮箱、变频器透气孔、注油塞和排水塞。

挡位选择器和变速箱之间没有机械连接。变速箱齿轮组是常啮合的。变速箱没有机械空挡或倒挡，也没有停车棘爪。反向驱动是由反转电机转矩的极性来实现的。空挡是通过电动机断电来实现的。

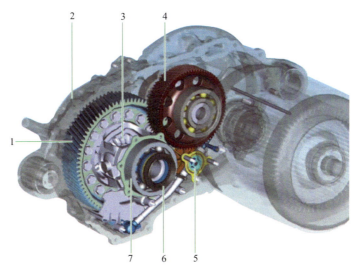

图 25-2　变速箱结构

1—齿圈；2—变速箱外壳；3—差速器；4—中间轴齿轮；5—油泵；6—传动轴密封；7—差速器轴承

25.2　电子换挡器结构原理

以荣威 EI5 车型为例，电子换挡器总成的作用如下：
① 采集当前挡位信息；
② 输出换挡位置信号；
③ 输出驾驶模式、能量回收模式、电量显示请求信号。

电子换挡器总成通过动力高速 CAN 总线与外部其他电控单元交换信息，主要的数据交换对象是整车控制单元（VCU）。R、N、D 挡位信息是通过读取电子换挡器总成内的挡位位置传感器的信号获得的，而 P 挡的位置信号可通过按压换挡旋钮开关触发，驾驶模式、能量回收模式、电量显示的信息则是通过对应的模式位置开关获得。

采集到的 R、N、D 位置信息，各类模式信息通过动力高速 CAN 总线发送给 VCU。

P 挡驻车通过与电子驻车系统交互实现。电子换挡器控制原理如图 25-3 所示。

电子换挡器总成上的 LED 指示灯指示当前挡位，各个挡位都有一个对应的 LED 指示灯，这些位置分别是"P""R""N""D"。当点火开关处于 ON 位置时，SCU 程序根据换挡器的挡位来点亮对应的 LED 指示灯。

电子换挡器总成包括 SCU、换挡旋钮开关、驾驶模式开关、能量回收开关、电量显示开关等，实体见图 25-4。电子换挡器总成由 2 个螺钉和 4 个卡夹固定到中控台上。

SCU 电路板上感应挡位信息的芯片内封装有一个霍尔旋转角度位置传感器。当操作换挡旋钮开关时，芯片内的传感器可以感应换挡旋钮开关的角度位置，将挡位信号以 PWM 形式输出给 SCU，从而判断出 R、N、D 位置。各挡位切换模式及条件如表 25-1 所示。

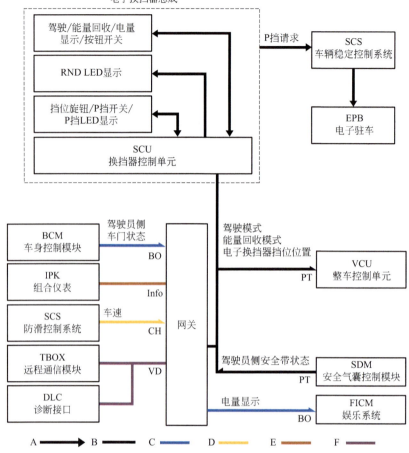

图 25-3　电子换挡器控制原理

A—硬线；B—动力高速 CAN 线；C—车身高速 CAN 线；D—底盘高速 CAN 线；
E—信息高速 CAN 线；F—诊断高速 CAN 线

图 25-4　电子换挡器开关分布（荣威 EI5）

表 25-1 挡位切换

挡位切换	切换条件	功能说明
P → N	踩制动踏板，车速 <2 km/h	驻车挡切换空挡
N → D	NA	空挡切换前进挡
N → R	踩制动踏板	空挡切换倒挡
D → N	NA	前进挡切换空挡
R → N	NA	倒挡切换空挡
R → D	NA	倒挡切换前进挡
N/R/D → P	车速 < 2km/h，按下换挡旋钮开关；车速 < 2km/h，关闭点火开关；车速 < 2km/h，没有踩下制动踏板，松开驾驶员侧安全带且打开驾驶员侧车门	非 P 挡切换 P 挡

25.3 电子换挡器拆装与检测

（1）电子换挡器拆装

以荣威 ERX5 车型为例，电子换挡器拆装步骤如下：

① 断开蓄电池负极。
② 撬开中控台上饰板。
③ 拆下电子换挡器固定到中控台的 2 个螺钉，见图 25-5。

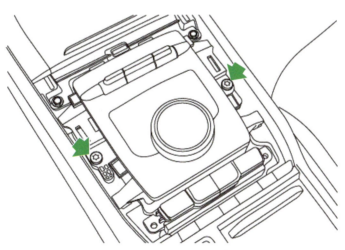

图 25-5　拆下换挡器紧固螺钉

④ 断开与电子换挡器连接的线束接插件，见图 25-6。
⑤ 拆下电子换挡器。
⑥ 以相反的顺序进行部件安装，注意螺钉的拧紧力矩为 3.5 ～ 4.5Nm。
⑦ 连接蓄电池负极。

⑧ 对电子换挡器进行编程与编码。

（2）挡位控制器端子检测

以比亚迪 e6 车型为例，挡位控制器电路与连接器端子如图 25-7、图 25-8 所示，其检测数据见表 25-2、表 25-3。

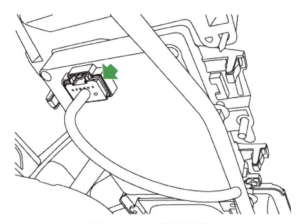

图 25-6　断开线束接插件

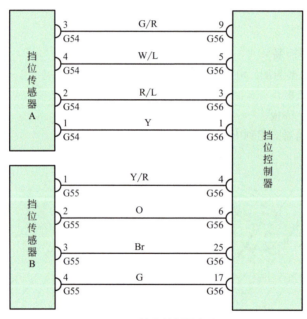

图 25-7　挡位控制器电路

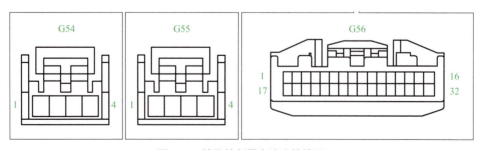

图 25-8　挡位控制器电路连接端子

表 25-2　挡位传感器回路检测电压值

端子	线色	条件	正常值
G54-3 → 车身地	Gr	始终	小于 1Ω
G54-4 → 车身地	W/L	换挡手柄打到 N 挡	约 5V
G54-2 → 车身地	R/L	换挡手柄打到 P 挡	约 5V
G54-1 → 车身地	Y	电源打到 ON 挡	约 5V
G55-1 → 车身地	Y/R	换挡手柄打到 R 挡	约 5V
G55-2 → 车身地	O	换挡手柄打到 D 挡	约 5V
G55-3 → 车身地	Br	始终	小于 1Ω
G55-4 → 车身地	G	电源打到 ON 挡	约 5V
G56-28 → 车身地	R/G	电源打到 ON 挡	11～14V
G56-12 → 车身地	R/G	电源打到 ON 挡	11～14V
G56-19 → 车身地	B	始终	小于 1Ω
G56-20 → 车身地	B	始终	小于 1Ω

表 25-3　挡位传感器与挡位控制器线束电阻值

端子	线色	正常值
G54-3 → G56-9	Gr	小于 1Ω
G54-4 → G56-5	W/L	小于 1Ω
G54-2 → G56-3	R/L	小于 1Ω
G54-1 → G56-1	Y	小于 1Ω
G55-1 → G56-4	Y/R	小于 1Ω
G55-2 → G56-6	O	小于 1Ω
G55-3 → G56-25	Br	小于 1Ω
G55-4 → G56-17	G	小于 1Ω

25.4　齿轮箱故障排除

以奇瑞 EQ1 电动汽车为例，减速器一般故障的排除方法如表 25-4 所示。

表 25-4　齿轮箱故障排查指引

故障情况	可能原因	排除方法
噪声过大或异常	一轴、二轴、差速器轴承损坏	更换轴承

续表

故障情况	可能原因	排除方法
噪声过大或异常	齿轮齿面磕碰、有毛刺、齿面发生点蚀或接触不良	修复或更换齿轮
	齿轮轴向位置和间隙不当	检查、调整
	油面太低,润滑不够充分	加油至规定位置
	总成内有异物	检查、排除
渗油	油封过量磨损或损坏	更换
	密封胶涂敷不均匀或密封垫损坏	更换密封垫、涂胶
	结合面磕碰未及时修平	检查、修复
	通气阀失效	更换通气阀
	差速器油封损坏	更换
轴承非正常损坏	润滑油含金属杂质	更换
	润滑不充分或润滑油不符合要求	更换
	使用不合格的轴承	更换

第 26 章　混动传动系统

26.1　变速箱构造

丰田 P410 混合动力车辆传动桥总成包括 2 号电动机发电机（MG2）（用于驱动车辆）和 1 号电动机发电机（MG1）（用于发电），采用带复合齿轮装置的无级变速箱装置。该传动桥总成应用于丰田雷凌 - 卡罗拉双擎、第 7 代凯美瑞混动、第 3 代普锐斯，雷克萨斯 CT200H、ES300H 等车型上。

此混合动力传动桥系统使用电子换挡杆系统进行换挡控制。

传动桥主要包括 MG1、MG2、复合齿轮装置、变速箱输入减振器总成、中间轴齿轮、减速齿轮、差速器齿轮机构和油泵。组成部件如图 26-1 所示。

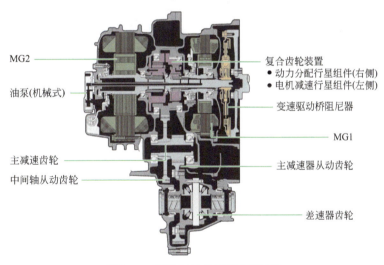

图 26-1　丰田 P410 传动桥内部结构

传动桥为 3 轴结构。复合齿轮装置、变速箱输入减振器总成、油泵、MG1 和 MG2 安装在输入轴上。从动齿轮和减速主动齿轮安装在第二轴上。减速从动齿轮和差速器齿轮机构安装在第三轴上。齿轮组连接如图 26-2 所示。

发动机、MG1 和 MG2 通过复合齿轮装置机械连接。每一个行星齿圈都与复合齿轮机构结合，见图 26-3。复合齿轮装置包括动力分配行星齿轮机构和电机减速行星齿轮机构。各行星齿圈与复合齿轮集成一体。另外，此复合齿轮装置还集成了中间轴主动齿轮和驻车挡齿轮。

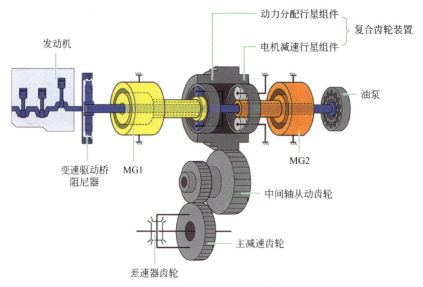

图 26-2　驱动桥齿轮组组成

动力分配行星齿轮机构将发动机的原动力分成两路，一路用来驱动车轮，另一路用来驱动 MG1，因此，MG1 可作为发电机使用。为了降低 MG2 的转速，采用电机减速行星齿轮机构，使高转速、大功率的 MG2 更好地适应复合齿轮。该齿轮装置结构如图 26-4 所示。

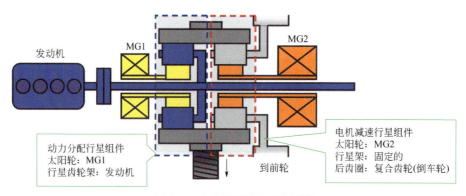

图 26-3　齿轮组连接与动力分配

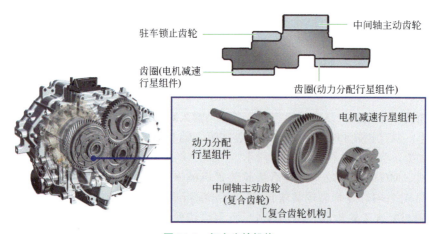

图 26-4　复合齿轮机构

26.2 变速箱原理

以比亚迪 DM 系列插电混动车型为例，其搭载的 6HDT45 为六挡湿式离合变速箱，该变速箱最大转矩为 450Nm，可以工作于纯燃油驱动、纯电动与混合动力三种模式中，变速箱整体结构如图 26-5 所示。

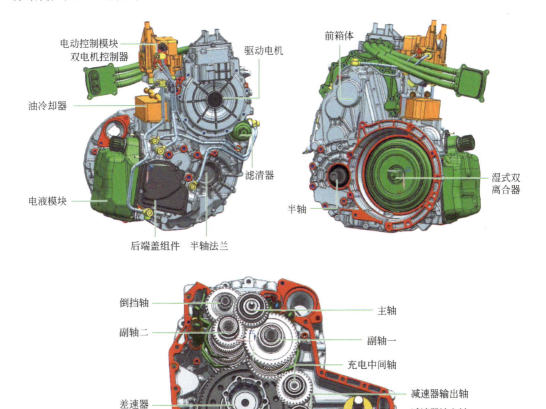

图 26-5 比亚迪 6HDT45 变速箱结构

电液模块集成了各种传感器，用于采集变速箱的各种工况信息，然后反馈给变速箱控制单元（TCU），变速箱控制单元做出恰当的判断后，通过电磁阀控制油压实现相应的机械动作。液压模块中还有一个压力释放阀，它防止油压升到足以损坏液压选择阀的程度。

电液模块内有 11 个电磁阀。主压力控制阀 3 一般处于作用位置，5Ω 电阻，调节系统主油压。根据引擎转速和引擎温度来调节主油压。如失效，会进入关闭位置，主油压会维持在最高值。

离合器 1 压力控制阀 1 一般处于限压位置，大约 5Ω 电阻，调节 K1 离合器的油压，随引擎转矩而变化。它的失效会导致离合器提前损坏。如在作用位置上失效，会在车辆刹车时导致引擎熄火。

离合器 2 压力控制阀 2 一般处于限压位置，大约 5Ω 电阻，调节 K2 离合器的油压，随引擎转矩而变化。它的失效会导致离合器提前损坏。如在作用位置上失效，会在车辆刹车时导致引擎熄火。

润滑冷却控制阀一般处于作用位置，5Ω 电阻，调节两个离合器的冷却油压。离合器油温发送器作用在此电磁阀上。如果润滑冷却控制阀在最小流量位置上失效会使离合器过热，在最大流量位置上失效，则会在周边温度较低时产生入挡接合困难。

4 个开关换挡电磁阀，大约 8Ω 电阻，4 个电磁阀通用。

1/5 挡开关阀（促动器阀 1）或换挡电磁阀为常闭型开关电磁阀，在 1 挡和 5 挡时传送油压。

3/N 挡开关阀（促动器阀 2）或换挡电磁阀为常闭型开关电磁阀，在 3 挡和空挡时传送油压。

6/2 挡开关阀（促动器阀 3）或换挡电磁阀为常闭型开关电磁阀，在 2 挡和 6 挡时传送油压。

R/4 挡开关阀（促动器阀 4）或换挡电磁阀为常闭型开关电磁阀，在 4 挡和倒挡时传送油压。

多路转换控制电磁阀为常闭型开关电磁阀，大约 15～20Ω 电阻，用来推动阀体中的多路转换阀，使挡位执行元件选择不同的挡位。

安全阀 1 一般处于作用位置，5Ω 电阻，用来隔离第 1 部分齿轮传动系统的安全电磁阀，使这部分传动系统无法挂挡。如失效，则只有 2、4、6 挡存在。

安全阀 2 一般处于作用位置，5Ω 电阻，用来隔离第 2 部分齿轮传动系的安全电磁阀，使这部分传动系无法挂挡。如失效，则只有 1、3、5、R 挡存在。

变速箱各挡位动力传递路线如图 26-6 所示。

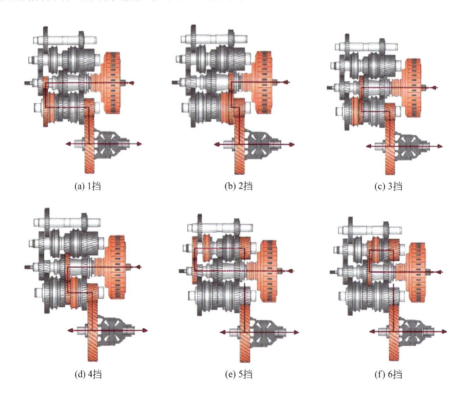

(a) 1挡　　(b) 2挡　　(c) 3挡

(d) 4挡　　(e) 5挡　　(f) 6挡

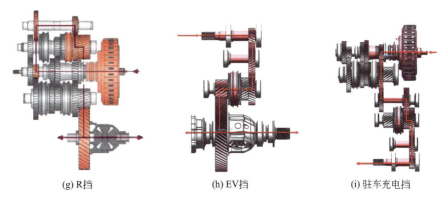

(g) R挡　　　　　　　(h) EV挡　　　　　　　(i) 驻车充电挡

图 26-6　变速箱挡位动力传递路线

1 挡：K1 离合器→主轴 1→副轴 1→差速器。
2 挡：K2 离合器→主轴 2→副轴 1→差速器。
3 挡：K1 离合器→主轴 1→副轴 1→差速器。
4 挡：K2 离合器→主轴 2→副轴 1→差速器。
5 挡：K1 离合器→主轴 1→副轴 2→差速器。
6 挡：K2 离合器→主轴 2→副轴 2→差速器。
R 挡：K1 离合器→主轴 1→副轴 2→差速器。
EV 挡：驱动电机→减速器输入轴→减速器中间轴→减速器输出轴→差速器。
驻车充电挡：K2 离合器→主轴 2→副轴 1→充电中间轴→差速器输出轴→减速器中间轴→减速器输入轴→驱动电机。

26.3　变速箱故障排除

（1）车辆无法启动且 P 挡指示灯闪烁故障

故障现象：比亚迪唐 DM 车辆无法启动，车辆正常上电，组合仪表显示请检查网络系统，P 挡指示灯闪烁，见图 26-7。

图 26-7　仪表提示"请检查车辆网络"

故障分析：① 网关控制器故障；②TCU 保险丝损坏故障；③ 相关线束通信异常；④TCU 故障。

维修步骤：

① 用 VDS1000 扫描模块，发现无法正常进入 TCU 模块，其他模块通信正常，TCU 通信出现异常。

② 进入相关模块读取故障时发现只有 ECM 系统存在故障，显示 U0102：ECM 与 TCU 通信失败（历史故障）。

③ 清除故障码后重新启动车辆测试，依旧只有 ECM 报故障，这时就显示 U0102：ECM 与 TCU 通信失败（当前故障）。

④ 重点检查 TCU 电源和 ECM 到 TCU 之间的通信线束。拔下 F1/20#30A TCU 保险丝，正常无损坏；检查 BJ37 R/Y 和 AJ02 R/Y 对接插头 16# 端子无异常，测量有电源，导通性正常；拔下 TCU 模块 A49# 插头测量 1#R/Y 和 3#R/Y 端子都有 12V 电源信号，测量 48#CAN_H 线 2.6V 正常，测量 62#CAN_L 线 2.38V 正常，此时判定 TCU 模块内部故障。

故障排除：更换 TCU 模块后故障排除。

（2）变速箱功能受限故障

故障现象：比亚迪唐车辆出现故障时没有 2、4、6 挡，仪表出现"变速器功能受限"，见图 26-8。

图 26-8　仪表提示"变速器功能受限"1

故障分析：① 电液控制模块故障；② 湿式双离合器总成故障。

检修过程：

① 用 VDS1000 读取 TCU，发现有两个故障码，"P160F 离合器 2 压力传感器故障""P163A 离合器 2 压力不正常"，见图 26-9。

图 26-9　读取故障码信息

② 读取数据流发现离合器 2 实际压力只有 55kPa（严重偏小），离合器 1 实际压力

455kPa（正常），见图 26-10。

图 26-10　离合器压力值数据

③ 结合故障码以及数据流判断电液控制模块故障。

故障排除：更换电液控制模块后故障排除。

（3）无 EV 模式只能 HEV 模式行驶

故障现象：比亚迪唐车辆仪表提示"变速器功能受限"，见图 26-11，无 EV 模式只能以 HEV 模式行驶。

图 26-11　仪表提示"变速器功能受限"2

故障分析：① 电液控制模块故障；② 湿式双离合器总成故障；③ TCU 故障；④ 线束故障；⑤ 变速箱机械故障。

检修过程：

① 用 VDS1000 读取 TCU，发现有两个故障码，"P1684　EV2 挡挂不到位""P1685　EV 挡回不了空挡"，见图 26-12。

图 26-12　读取系统故障码

② SOC53% 时查看数据流，发现 P 挡时促动器 5 位置传感器的数值为 8.94mm，在发电挡，正常应该在 EV 挡，如图 26-13 所示。

图 26-13　查看 P 挡数据流

③ 做一键自适应无法成功，显示挡位失败，确认过程中油泵电机可以运转，排除油泵电及其控制器异常。

④ 检查挡位传感器接插件未见异常。

⑤ 为避免挡位传感器误报，更换挡位传感器，更换后故障依旧。

⑥ 通过以上确认为变速箱机械部分异常导致 EV2 挡挂不到位。

（4）从 EV 模式自动切换到 HEV 模式

故障现象：仪表显示当前 SOC 为 90%，OK 灯点亮，EV 模式起步后不久自动切换到 HEV 模式，仪表无异常提示，见图 26-14。

图 26-14　故障车辆仪表显示

故障分析：① 高压系统异常；② 变速箱异常。

检修过程：

① 扫描各高压模块，无故障码。

② 扫描 TCU 发现报 "P1688 油泵压力低（当前故障）"，见图 26-15。注意，若 TCU 报 P1688 故障会导致车辆 EV 模式不能正常使用，此油泵压力是指油泵电机的压力，并非变速箱油泵组件的压力偏低。

③ 考虑到车辆原地不动且模式不切换时油泵电机工作，故无法判断油泵的实际工作情况（注：若车辆在做 TCU 一键自适应，则可在自适应过程中确认油泵电机是否能正常运转）。

④ 首先试车，发现 EV 自动切换 HEV 时，前驱动电机控制器数据流显示启动原因为 "TCU 请求启动发动机"，见图 26-16，进一步确认为变速箱部分导致车辆出现故障。

图 26-15　TCU 系统故障码

图 26-16　前驱动电机控制器数据

⑤ 再次试车观察故障时，TCU 的数据流变化为电机运行占空比 80%、电机使能信息为使能、电机转速为 0，见图 26-17（根据控制原理分析：TCU 已经发送命令给油泵电机控制器，但油泵电机控制器未驱动运转）。

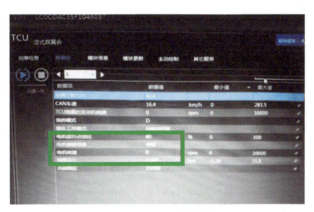

图 26-17　TCU 数据流

⑥ 分析出现上述数据流的原因有：a. 油泵电机控制器供源有异常；b. 油泵电机控制器内部损坏；c. 油泵电机自身损坏。

⑦ 检查油泵电机控制器的电源端子（Ea06-2）发现无 12V 供电，进一步结合电路图检查油泵电机控制器供电保险 F6/1（此保险在副驾座椅下的盒中），发现保险极柱松脱，重新紧固故障排除。

第27章 智能制动系统

27.1 制动系统组成

以大众电动汽车所采用的 eBKV 制动系统为例。该制动系统包括以下部件：串联式制动主缸、车轮制动器、电子机械式制动助力器、ESC/ABS、制动系统蓄压器和三相电流驱动装置。组成部件如图 27-1 所示。通过电子机械式制动助力器增强驾驶员施加的制动踏板力。

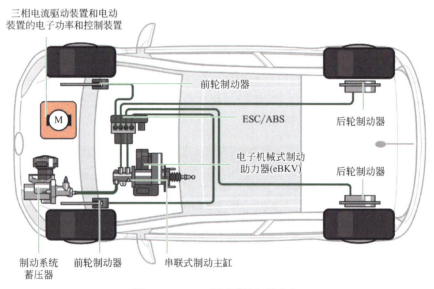

图 27-1　eBKV 制动系统部件分布

可实现制动能量回收的制动系统是专为配备三相电流驱动装置的车辆而开发。在发电机运行模式下，三相电流驱动装置会根据转速、高压电池的温度及电量产生制动效果。这种相互关系会导致不稳定的电子制动，因此必要时需要通过液压进行补偿。这种电子和液压制动之间的交替变化称为 brake blending（联合制动）。由此回收的能量将提供给高压电池电驱动装置的电子功率和控制系统。在驾驶员制动期间，制动系统利用三相电流驱动装置的制动潜力增加电动车辆的行驶距离。

可实现制动能量回收的制动系统包括电子机械式制动助力器（eBKV）、串联式制动主缸、制动系统蓄压器 VX70、三相电流驱动装置 VX54、电动装置的电子功率和控制装置 JX1，如图 27-2 所示。

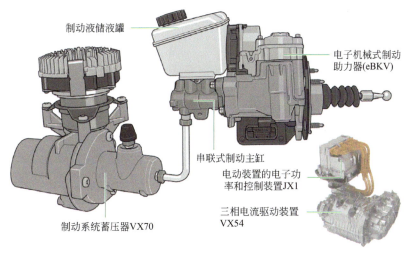

图 27-2 带制动能量回收的制动系统

制动助力通过电子机械式制动助力器（eBKV）产生。eBKV 的优点包括：
① 不依赖低压的制动助力器；
② 联合制动功能；
③ 改进的压力升高动态特性；
④ 较高的压力点精度；
⑤ 均匀的制动踏板特性/踏板力。

电子机械式制动助力器安装在发动机舱中，它与制动系统蓄压器 VX70 和 ESC/ABS 连接。电子机械式制动助力器包括：制动助力器控制单元 J539、发动机/变速箱单元、eBKV 推杆和串联式制动主缸。电子机械式制动助力器如图 27-3 所示。

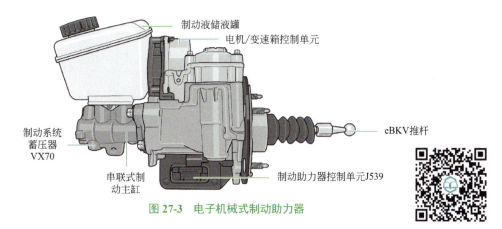

图 27-3 电子机械式制动助力器

驾驶员踩下制动踏板，通过推杆对踏板力进行控制并通过活塞杆传递到串联式制动主缸。为此将推杆以特定值向左移动。该数值通过制动踏板位置传感器 G100 传输到制动助力器控制单元 J539，同时 eBKV 识别发动机位置。这一信息由安装在发动机/变速箱单元中的制动助力器的发动机位置传感器 G840 提供。通过驾驶员制动要求信息和发动机位置，eBKV 的制动助力器控制单元 J539 计算出所需的制动助力。在此加强套筒从轴向运动的小齿轮轴向左侧移动，为驾驶员施加的踏板力提供支持。制动力通过 e-Golf 中的 eBKV 提高了 6 倍。电子制动助力器内部结构如图 27-4 所示。

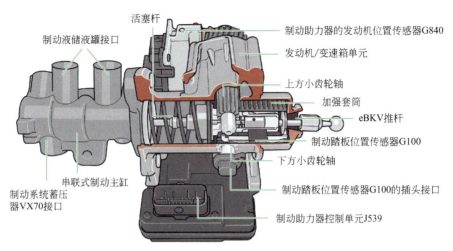

图 27-4　电子制动助力器内部构造

制动灯和制动测试信号通过 eBKV 的制动踏板位置传感器 G100 进行控制。

制动系统蓄压器 VX70 储存根据需求供应的制动液,并将其流回到制动系统中,目的是降低制动压力。制动系统蓄压器 VX70 与串联式制动主缸直接连接。如果车辆通过三相电流驱动装置 VX54(发电机运行模式)制动,则未使用的制动液将储存在制动系统蓄压器 VX70 中。蓄压器内部结构如图 27-5 所示。

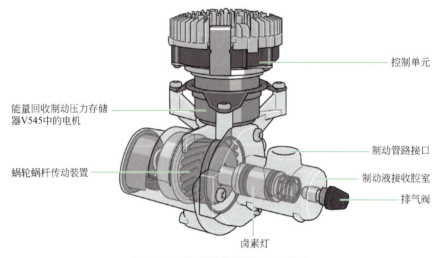

图 27-5　制动系统蓄压器 VX70 结构

通过系统元件实现 brake blending(联合制动)功能。如果制动助力器控制单元 J539 识别到发电机制动力不充分,则制动液在压力作用下从制动系统蓄压器 VX70 中输送到制动系统中。信号由制动助力器控制单元 J539 发送到制动系统蓄压器 VX70 控制单元。如果有足够的发电机制动力,则卸载车轮制动器上的制动压力。这是通过接收制动系统蓄压器 VX70 中的制动液实现的。为此应将活塞通过发动机拉回到能量回收制动压力存储器 V545 中。根据法律规定,应对三相电流驱动装置不稳定的电子制动进行自动补偿。目的是使制动踏板上的力和行程始终相同。无论是通过电子(通过三相电流驱动装置)还是液压(通过车轮制动器)的制动方式,其目的都是使制动踏板上的制动力和制动行程始终一致。

27.2 能量回收原理

在技术上,"再生"这一名词一般指能量回收再利用的过程。在能量再生过程中,当前形式的能量被转换为另一种形式,以便重新利用。

在动力及传动系统中,燃料中的化学能被转换为动能。如果采用传统的制动方式进行制动,制动摩擦产生的多余动能会转化为热能,并散发到周围环境中,不能被重新利用。能量回收原理如图 27-6 所示。

反之,如在混合动力技术中,我们在传统制动的基础上加一个发电机用作电机制动,一部分动能就会以电能的形式回收,以便重新利用,车辆的能量平衡性得以改善。这种制动类型也称"再生制动"。

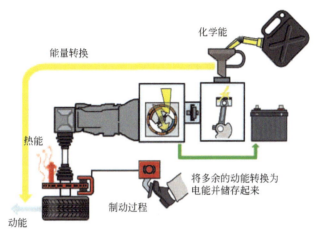

图 27-6　能量回收原理示意图

在车辆惯性滑行过程中,当出现踩下制动踏板、降低车速,滑行至停车,下坡行驶等情况时,混合动力系统会将电机作为发电机使用,对高压电池充电。因此在惯性滑行过程中,可利用电能为混合动力车辆"补充燃料"。

在车辆滑行至停车的过程中,电机(用作发电机)只会转换 12V 车载电网运行所需能量。

27.3 系统总成更换

以比亚迪唐 DM-i 车型为例,IPB(智能集成控制系统)总成的更换步骤如下:
① 整车上电点火。
② 将 IPB 总成设置为"安装模式"。
③ 整车下电熄火。
④ 拆下前舱的通风盖板总成、空气滤清器总成、雨刮总成、雨刮电机总成、流水槽总成等 IPB 周边零部件(视具体情况)。
⑤ 拆下前舱线束与 IPB 总成的连接接插件,包括液位报警器、IPB 总成 ECU。

⑥ 拆下 IPB 总成与远程制动液壶的连接油管。为了防止溅洒，要将远程制动液壶里的制动液吸出，并将连接油管口堵住。

⑦ 预先拆除降落动力总成所需的零部件，然后适当降落前舱动力总成，注意断开动力总成与周边零部件的连接配合，以免损坏零部件（视具体情况）。

⑧ 断开制动硬管与 IPB 总成的连接。为了防止制动液溅洒，要用维修用毛巾或防尘塞将出油口和硬管接头堵住。

⑨ 拆下制动灯开关，然后拆下 IPB 总成与制动踏板连接的 4 个螺母，用制动踏板球笼专用拆卸工具断开制动踏板臂与 IPB 总成的连接。注意，拆卸时防止 IPB 总成从前舱跌落，防止制动踏板支架变形。

⑩ 取下 IPB 总成，注意不要使制动硬管出现变形或损坏。

⑪ 如图 27-7 所示将 IPB 备件从包装箱里取出，若 IPB 备件从高处掉落则不能再继续使用。

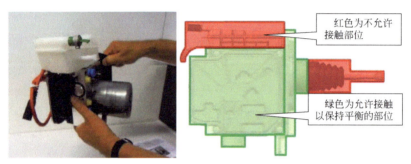

图 27-7　正确的提取与搬运方法

⑫ 更换 IPB 近程制动液壶。

⑬ 确保 IPB 各部件位置正确后将 4 个螺柱插入安装孔位，手动拧紧安装螺母，待位置相对稳定后用气动或电动工具拧紧至 25Nm，如图 27-8 所示。注意确保在安装过程中 IPB 不会受到撞击，IPB 安装衬垫和车身安装面应清洁无异物。

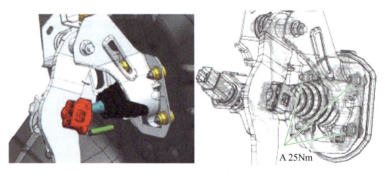

图 27-8　安装固定螺栓

⑭ 轻压制动踏板面使 IPB 推杆球头压入踏板臂球窝，在连接过程中应避免从侧面推 IPB 推杆（安装后推杆绕各方向的角度 < 3°）。

⑮ 用合适的工具移除 IPB 总成出液口和制动硬管的密封堵头，避免损坏螺纹和密封区域。

⑯ 用指定的力矩将制动硬管连接到 IPB 相应的出液口，如图 27-9 所示，注意不要装错制动硬管，否则会导致制动失效。装配力矩要求：M10 硬管接头，(18±2) Nm；M12 硬管接头，(20±2) Nm。

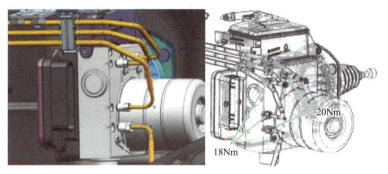

图 27-9　安装制动硬管

⑰ 拆掉 IPB 近程制动液壶进油口堵塞，然后将制动液壶连接软管连接至 IPB 近程制动液壶，并用卡箍紧固，如图 27-10 所示。

图 27-10　安装连接软管

⑱ 将前舱线束与 IPB 总成的 ECU 和液位传感器相连，如图 27-11 所示。

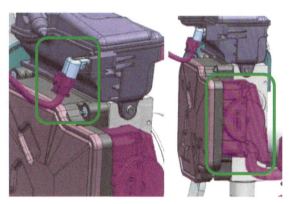

图 27-11　安装液位传感器与控制连接器

⑲ 以与拆卸相反的顺序将 IPB 总成周边环境件进行安装。
⑳ 整车上电，使 IPB 总成进入"安装模式"。
㉑ 用干式排气的方法进行制动系统排气。
㉒ 排气完成后，进行 IPB 车型配置写入及传感器标定。
㉓ 重新上电点火，检查仪表制动系统警告灯是否都已熄灭。

第28章 电动转向系统

28.1 系统结构原理

比亚迪唐车型使用电动助力转向器 REPS（电机在齿条上，配机械管柱，非同轴式）。REPS 系统由传感器（转矩转角传感器、车速传感器）、控制器（EPS 电子控制单元）、执行器（EPS 电机）以及相关械部件组成，见图 28-1。

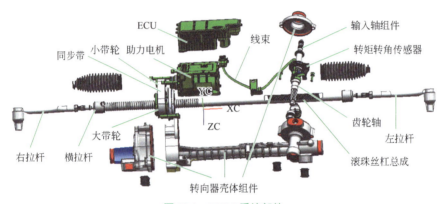

图 28-1　REPS 系统部件

汽车转向时，转矩转角传感器把检测到的信号大小、方向经处理后传给 EPS 电子控制单元，EPS 电子控制单元同时接收车速传感器检测到的信号，然后根据车速传感器和转矩转角传感器的信号决定电机旋转方向和助力转矩的大小。同时电流传感器检测电路的电流，对驱动电路实施监控，最后由驱动电路驱动电机工作，实施助力转向。其工作原理如图 28-2 所示。

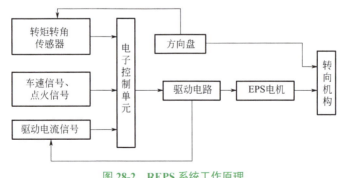

图 28-2　REPS 系统工作原理

28.2 转向系统维修

28.2.1 转矩与转角信号标定

需要标定转矩信号和转角的情况：
① 车辆总装下线四轮定位后需要进行转矩信号标定。
② 电动助力转向器带横拉杆总成更换后需进行转矩、转角标定。
③ 方向盘、万向节、转向管柱拆卸或更换后，需进行四轮定位时，要进行转角信号标定。

标定注意事项：
① 转角信号未标定前，禁止进行遥控驾驶操作，否则可能会引起严重损坏故障。
② 转角信号和转矩标定前，方向盘和车轮必须处于中间位置，并且方向盘不受任何外力作用（包括手扶方向盘）。
③ 标定前，车辆没有任何支撑，四轮自由放置在水平地面上。
④ 标定时，不要晃动车身、开闭车门等。
⑤ ON 挡电工况下才能进行标定。
⑥ 拆装过管柱 ECU 或转角传感器，也需对这两个系统进行标定。

标定流程如图 28-3 所示。

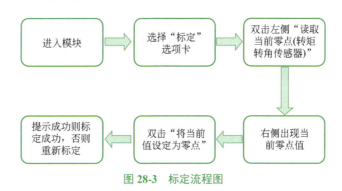

图 28-3 标定流程图

28.2.2 系统数据流分析

REPS 系统带有主动回正控制功能及遥控驾驶功能，经过拆换后，需重新进行车辆四轮定位，并标定转矩转角信号，同时标定 ESP 转角信号，标定以后重新上 ON 挡电清除残留故障码。

当 REPS 系统发生故障时，用 VDS1000 读取故障码，根据故障码定义进行检修。

REPS 系统故障一般包含 ECU 故障、转矩转角传感器故障、电机温度、电机过流、电源电压低、电源电压供电线路类故障以及模块通信故障。可以通过故障码定义和相关的电路图进行检修，也可以根据具体的数据流与当前数据进行对比看是否正常，如图 28-4 所示。

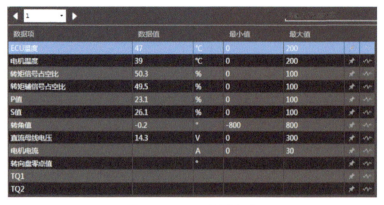

图 28-4　REPS 系统数据流

28.2.3　电动助力转向维修

（1）维修注意事项

① 避免撞击电动助力转向器总成，特别是传感器、EPS 电子控制单元、EPS 电机和减速机构。如果电动助力转向器总成跌落或遭受严重冲击，需要更换一个新的总成。

② 移动电动助力转向器总成时，请勿拉拽线束。

③ 在从转向器上断开转向管柱或者中间轴之前，车轮应该保持在正前方向，车辆处于断电状态，否则，会导致转向管柱上的时钟弹簧偏离中心位置，从而损坏时钟弹簧。

④ 断开转向管柱或者中间轴之前，车辆处于断电状态。断开上述部件后，不要移动车轮。不遵循这些程序会使某些部件在安装过程中定位不准。

⑤ 方向盘打到极限位置的持续时间不要超过 5s，否则可能会损坏助力电机。

（2）常见故障检修（表 28-1）

表 28-1　常见故障分析

故障现象	可能原因
转向沉重	① 轮胎充气不当 ② 前轮定位不正确 ③ 转向节磨损 ④ 悬架摆臂球头节磨损 ⑤ 转向管柱总成有故障 ⑥ 电动助力转向器总成有故障 ⑦ EPS 控制单元有故障
游隙过大	① 转向节磨损 ② 中间轴、滑动节叉磨损 ③ 转向器有故障
异常噪声	① 减速机构磨损 ② 转向节磨损 ③ 电动助力转向器总成有故障
回位不足	① 轮胎充气不当 ② 前轮定位不正确

续表

故障现象	可能原因
回位不足	③ 转向管柱弯曲 ④ 电动助力转向器总成有故障
方向盘抖动	① 电动助力转向器总成有故障 ② 转向管柱总成有故障

28.3 系统故障诊断

比亚迪唐车辆正常行驶中躲避前方障碍物打方向时和在低速转弯时方向盘打到一半时突然没有助力，但是没有助力时用力左右转动方向盘就有助力了。

故障分析：① 电机接插件松动；② 系统软件有升级项目；③ 电机故障；④ 供电电路虚接或短路；⑤ 搭铁不良。

检修过程：

① 首先，举升车辆查看接插件是否松动或脱落，特别是电机和 ECU 接插件，经检查接插件正常无故障。

② 然后用 VDS1000 检查是否有关于电机的升级更新项目，在扫描后发现电子转向系统有 3 处故障码：a. 转矩传感器故障；b. 转角信号故障；c. 电机过流故障。系统故障码见图 28-5。

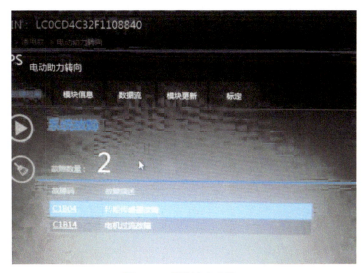

图 28-5 系统故障码显示

③ 分析这 3 个故障的共同点，从第三个故障看应该是搭铁不良，通过查询电路图发现这 3 个故障是有交集的，找到电机搭铁点发现螺栓处有电烤漆引起的搭铁不良，打磨处理装车试车，故障依旧。

④ 再次读故障码发现电机过流故障依然存在，分析为电机故障，但是再次拆卸检查搭铁点，见图 28-6，发现在搭铁点焊接点上有凸起点，再看看线卡上的附着面上只有一个点，

就是搭铁不良。

⑤ 再次打磨搭铁点，把凸点打磨平，再次装车试车，故障消失。

图 28-6　搭铁点接触不良

点评：按照维修手册，处理搭铁点故障，需同时更换 REPS 搭铁螺母。

第29章 电子驻车制动器

29.1 系统结构原理

（1）电子驻车制动器结构

EPB（electric parking brake），即电子驻车制动，其作用是替代传统意义的手刹车功能，具有舒适与方便、节约车内空间、可以进行自诊断、简化装配过程、安全性高等优点。比亚迪唐车型电子驻车器结构如图29-1所示。

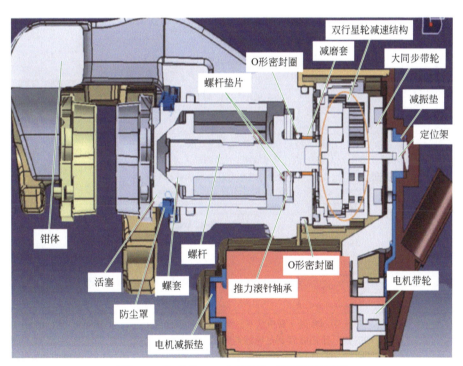

图29-1 集成式EPB内部结构（比亚迪唐车型）

（2）电子驻车制动系统原理

ECU根据开关及CAN信号进行逻辑判断，控制电流驱动EPB卡钳内部电机，电机输出转矩（正反转及大小）。通过电流的正负转换来控制电机的正向或反向转动，从而控制电动驻车器的驻车与解除驻车动作；驻车力度的大小则是通过控制流经电机电流的大小来控制的。

（3）电子驻车制动系统功能

EPB能够实现静态功能、动态功能、遥控功能等，具体描述如表29-1所示。

表 29-1 电子驻车制动系统功能描述

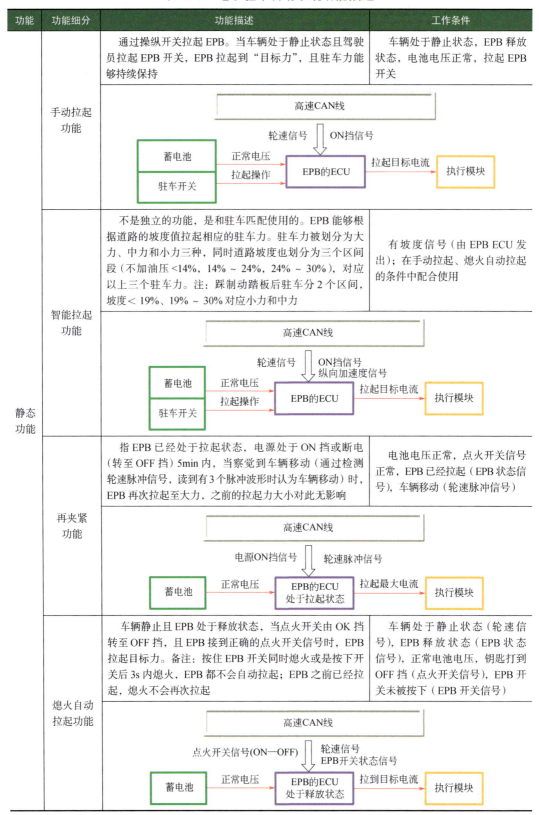

功能	功能细分	功能描述	工作条件
静态功能	手动拉起功能	通过操纵开关拉起EPB。当车辆处于静止状态且驾驶员拉起EPB开关，EPB拉起到"目标力"，且驻车力能够持续保持	车辆处于静止状态，EPB释放状态，电池电压正常，拉起EPB开关
	智能拉起功能	不是独立的功能，是和驻车匹配使用的。EPB能够根据道路的坡度值拉起相应的驻车力。驻车力被划分为大力、中力和小力三种，同时道路坡度也划分为三个区间段（不加油压<14%，14%~24%，24%~30%），对应以上三个驻车力。注：踩制动踏板后驻车分2个区间，坡度<19%、19%~30%对应小力和中力	有坡度信号（由EPB ECU发出）；在手动拉起、熄火自动拉起的条件中配合使用
	再夹紧功能	指EPB已经处于拉起状态，电源处于ON挡或断电（转至OFF挡）5min内，当察觉到车辆移动（通过检测轮速脉冲信号，读到有3个脉冲波形时认为车辆移动）时，EPB再次拉起至大力，之前的拉起力大小对此无影响	电池电压正常，点火开关信号正常，EPB已经拉起（EPB状态信号），车辆移动（轮速脉冲信号）
	熄火自动拉起功能	车辆静止且EPB处于释放状态，当点火开关由OK挡转至OFF挡，且EPB接到正确的点火开关信号时，EPB拉起目标力。备注：按住EPB开关同时熄火或是按下开关后3s内熄火，EPB都不会自动拉起；EPB之前已经拉起，熄火不会再次拉起	车辆处于静止状态（轮速信号），EPB释放状态（EPB状态信号），正常电池电压，钥匙打到OFF挡（点火开关信号），EPB开关未被按下（EPB开关信号）

续表

功能	功能细分	功能描述	工作条件
静态功能	手动释放功能	车辆静止且EPB已经拉起，整车处于上电或点火状态，踩下制动踏板（EPB能够接到正确的制动踏板开关信号）并按下EPB开关，EPB执行释放功能	EPB处于拉起状态（EPB状态信号），电池电压正常，点火开关处于ON挡（点火开关信号），踩下制动踏板（制动踏板开关信号），按下EPB开关（EPB开关状态信号）
	踩加速踏板自动释放功能	发动机启动（或OK指示灯点亮）、EPB处于拉起状态、挡位处于D/R挡（行驶挡位），踩下一定深度的加速踏板时，EPB检测到驾驶意图且判定当前的油门满足起步要求后自动释放	发动机启动（发动机状态信号），EPB拉起状态（EPB状态信号），电池电压正常，挡位处于D/R挡（挡位信号），踩下加速踏板（油门开度信号），根据道路坡度判定释放时机（纵向加速度信号）
	P—X自动释放功能	车辆处于驻车状态，OK指示灯点亮，挡位处于P挡或N挡，踩下制动踏板并换挡到D/R等行驶挡位后EPB自动释放（挡位判定时间为50ms）	EPB处于拉起状态（EPB状态信号），电池电压正常，发动机启动（发动机状态信号），踩下制动踏板（制动开关信号），挡位从P/N换挡到D/R行驶挡位
	维修释放功能	车辆处于静止状态，车辆上电或启动，踩下制动踏板并持续按下驻车开关10s以上（10s后仪表上黄色警报灯会闪烁），松开开关5s内再次按下驻车开关，EPB释放到装车状态（此时黄色警告灯常亮），松开制动踏板	电池电压正常，车辆上电或启动（点火开关信号），车辆处于静止状态（轮速信号），持续踩下制动踏板（制动踏板开关信号），持续按下EPB开关10s以上，松开后5s内再按下一次（EPB开关状态信号）

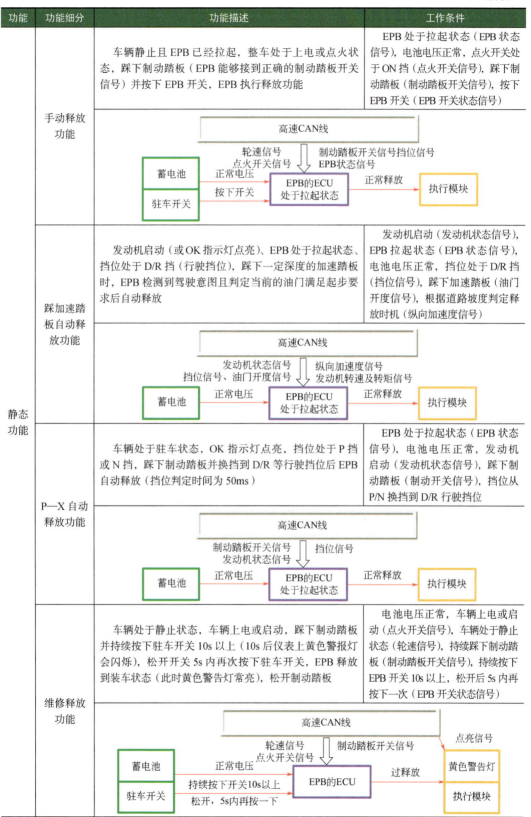

续表

功能	功能细分	功能描述	工作条件
静态功能	P挡关联功能	车辆启动并静止（≤3km/h），挡位由D/R/N等挡位换至P挡，EPB自动拉起至当前道路对应的目标力	电池电压正常，发动机启动（发动机状态信号），换挡至P挡（挡位信号），车速低于3km/h，坡道信号正常
		高速CAN线：发动机状态信号、挡位信号、轮速信号、纵向加速度信号；蓄电池 正常电压→EPB的ECU处于释放状态→拉起到目标电流→执行模块	
动态功能	行车制动系统执行模式（ESP模式）功能	车辆速度大于5km/h，手动持续拉起EPB开关，EPB确认ESP及其附属功能CDP（ESP状态信号和CDP状态信号）状态信号正常后，发出制动请求及恒定减速度，ESP接到后执行恒定减速度制动（四轮制动），当车速低于5km/h后EPB执行静态驻车制动，ESP退出制动	电池电压正常，踩下制动踏板（制动踏板开关信号），制动初始车速大于5km/h（轮速信号），确认ESP及其附属功能CDP状态信号正常（ESP状态信号和CDP状态信号），持续拉起EPB开关（EBP开关状态信号）
		高速CAN线：轮速信号、ESP状态信号、制动踏板开关信号、CDP状态信号；蓄电池 正常电压、驻车开关 持续拉起→EPB的ECU→制动请求信号、减速度要求信号→ESP的ECU	
	EPB防抱死执行模式（EPB模式）功能	车辆速度大于5km/h，手动持续拉起EPB开关，EPB确认ESP及其附加功能CDP的状态信号异常，或ESP收到制动请求后未执行制动，EPB根据轮速信号执行防抱死制动（只对两个后轮），车速小于5km/h后转为静态驻车制动	电池电压正常，踩下制动踏板（制动踏板开关信号），制动初始车速大于5km/h（轮速信号），确认ESP及其附属功能CDP状态信号异常（ESP状态信号和CDP状态信号），持续拉起EPB开关（EBP开关状态信号）
		高速CAN线：轮速信号、CDP状态信号、ESP状态信号；蓄电池 正常电压、驻车开关 持续拉起→EPB的ECU→根据滑移率快速调节拉起力→执行模块	
	EPB动态降级模式（EPB降级模式）功能	车辆正常行驶，手动持续拉起EPB开关，EPB确认ESP及其附加功能CDP的状态信号异常，或ESP收到制动请求后未执行制动，轮速信号丢失或失效，EPB逐步拉起至最大输出力5s后转为静态驻车制动	电池电压正常，轮速信号丢失或失效，确认ESP及其附属功能CDP状态信号异常（ESP状态信号和CDP状态信号），持续拉起EPB开关（EBP开关状态信号）

续表

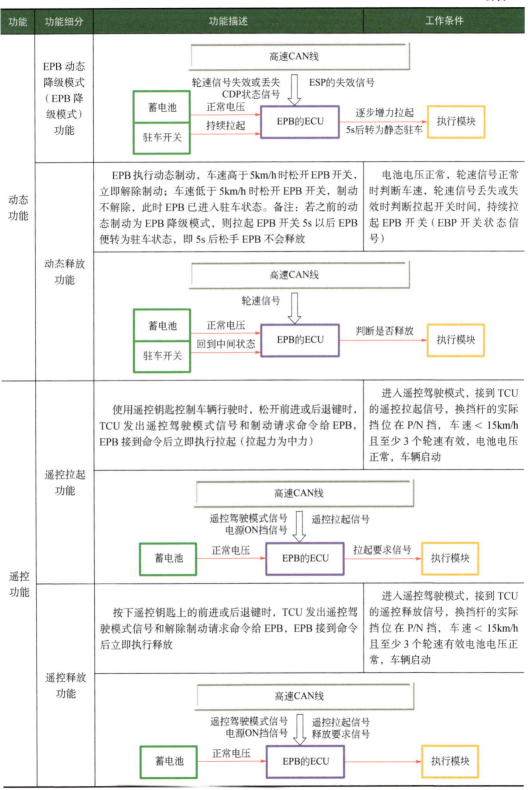

29.2 系统电气检测

(1) EPB 开关电阻测试

以比亚迪唐车型为例,EPB 开关连接端子如图 29-2 所示,电气检测参数如表 29-2 所示。

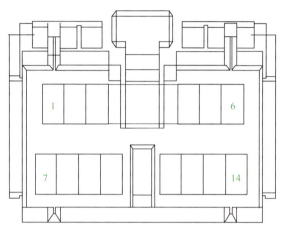

图 29-2　K52 开关连接端子

表 29-2　端子检测参数

端子	测试条件	正常情况
K52-1-K52-4	开关无动作	小于 1Ω
K52-2-K52-3		小于 1Ω
K52-5-K52-6		小于 1Ω
K52-1-K52-4	开关拉起	小于 1Ω
K52-2-K52-3		大于 10kΩ
K52-5-K52-6		小于 1Ω
K52-3-K52-4		小于 1Ω
K52-1-K52-4	开关按下	小于 1Ω
K52-2-K52-3		小于 1Ω
K52-5-K52-6		大于 10kΩ
K52-6-K52-1		小于 1Ω

(2) EPB 控制器端子检测

EPB 控制器连接端子如图 29-3 所示,端子定义与检测参数见表 29-3。

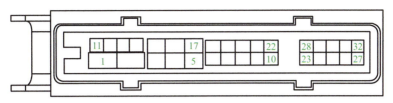

图 29-3　K147 控制器连接端子

表 29-3　控制器电气检测参数

端子号	线色	端子描述	条件	正常值
K147-1—车身地	W/B	常电电源（右 EPB 电机供电电源）	始终	11～14V
K147-2—车身地	B	接地	始终	小于 1Ω
K147-3—车身地	Y/B	右 EPB 电机负极	—	—
K147-5—车身地	G/B	常电电源（左 EPB 电机供电电源）	始终	11～14V
K147-15—车身地	Y/R	右 EPB 电机正极	—	—
K147-16—车身地	G/B	左 EPB 电机负极	—	—
K147-17—车身地	G/R	左 EPB 电机正极	—	—
K147-21—车身地	L/R	IG1	ON 挡电	11～14V
K147-23—车身地	V/W	开关信号	—	—
K147-24—车身地	Gr	开关信号	—	—
K147-25—车身地	L/Y	开关信号	—	—
K147-27—车身地	V	CAN_L	始终	约 2.5V
K147-28—车身地	W/L	开关信号	—	—
K147-29—车身地	Br	开关信号	—	—
K147-30—车身地	L/B	开关信号	—	—
K147-32—车身地	P	CAN_H	始终	约 2.5V

第 6 篇
车身电气

第30章 电气概述

30.1 电路图识读

在汽车电气系统中,一个完整电路一般由电源(蓄电池)、保险丝、继电器、控制器(开关按钮)、用电器(如扬声器、车灯、电机、电磁阀等)与搭铁(接地)组成,如图30-1所示。在电动汽车中,由于存在高压部件,有别于传统的燃油车的电路,常常把高压这部分电路称为高压电路,原来燃油汽车那些功能电路(由12V蓄电池提供电源)叫作低压电路。汽车电路图中常按系统功能划分单个电路,如把电源系统这一块称为配电电路,搭铁部分叫搭铁电路,车载网络的网关以及各种底盘、动力、高压、娱乐信息总线归于一处称为总线电路。

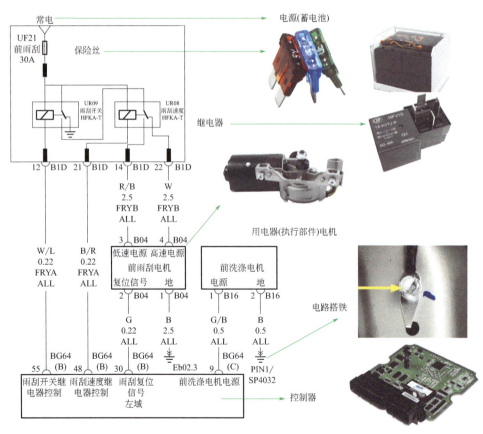

图30-1 雨刮与洗涤器电路图(比亚迪海豚)

在电动汽车上，除却高压系统电器外，剩下的就是低压系统电器。低压电器主要为12V车载供电的电子部件，这些部件的结构、功能和原理大都和传统的燃油车型所配置的低压电器是一样的。以比亚迪车型为例，元EV535低压电气系统部件分布如图30-2所示，e5/秦ev低压电气配电电路如图30-3所示。

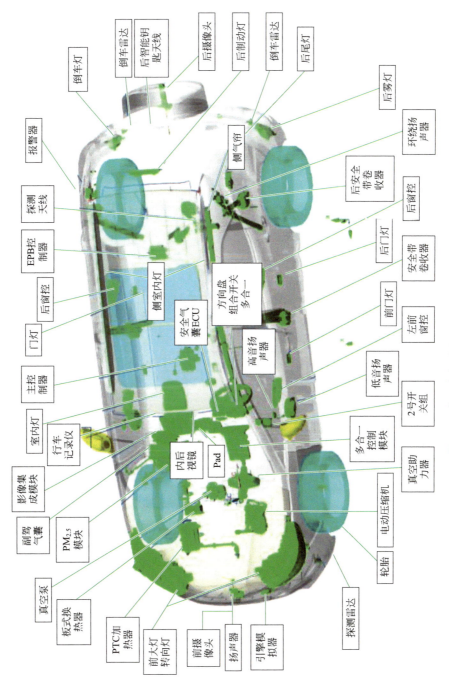

图30-2 低压电气系统主要部件（元EV535）

第30章 电气概述 251

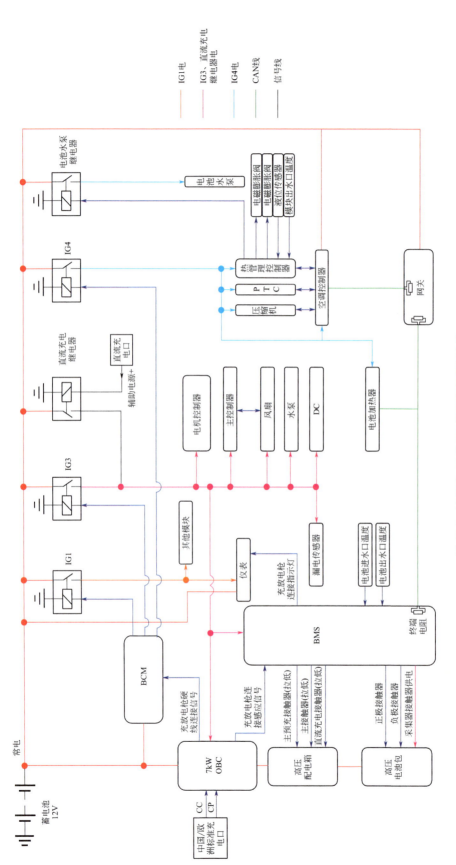

图 30-3 比亚迪 e5/秦 EV 低压电气配电电路

30.2 导线类型与表示法

在汽车电路中，常见的导线有三种类型：一种是不带屏蔽的标准线，用于一般电路的连接；第二种是双绞线，这种导线可以靠自身来抵抗外来干扰及相互之间的串音，主要用于CAN总线、音频传输线路；第三种是带信号屏蔽层的导线，这种线可以将辐射降低在一个范围内，防止辐射进入导线内部，形成干扰，如音频信号线。三种导线实物与电路表示形式如图30-4所示。

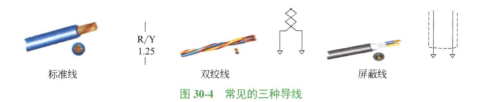

图 30-4 常见的三种导线

汽车线束通过表皮颜色进行区分，有的导线是单色线，有的是双色线，即在一种颜色的基础上还有一种别的颜色，这样通过不同颜色的组合就可以表示和区分更多类别的导线。在电路图中，导线的颜色用颜色名称的缩写（一般为首字母）来表示，如图30-5所示。除了线色的表示，一般在颜色的附近还有一个数值，这个数值表示的是线的粗细即导线的截面大小，单位为平方毫米（mm^2）。

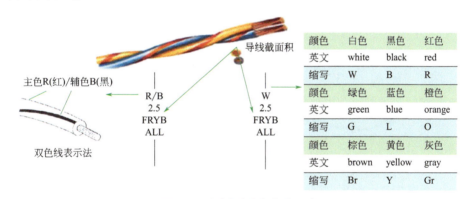

颜色	白色	黑色	红色
英文	white	black	red
缩写	W	B	R
颜色	绿色	蓝色	橙色
英文	green	blue	orange
缩写	G	L	O
颜色	棕色	黄色	灰色
英文	brown	yellow	gray
缩写	Br	Y	Gr

图 30-5 线束颜色与粗细表示法

第 31 章　空调系统

31.1　系统组成

31.1.1　制冷系统

电动汽车空调制冷系统不同于常规燃油车，制冷系统的动力源是电动空调压缩机。电动空调系统组成与常规燃油车型类似，主要由 HVAC 总成、空调风管总成、空调管路总成、电动压缩机、冷凝器、空调控制面板及其相关传感器、空调驱动器等组成。其中空调驱动器与 DC-DC 转换器布置于同一壳体中，位于前舱左侧，见图 31-1。

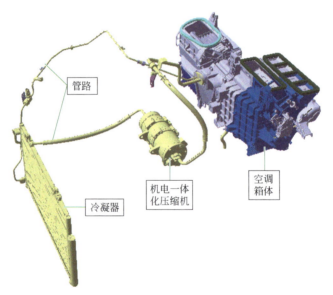

图 31-1　空调制冷系统组成部件（比亚迪 e6）

传统燃油车辆上，制冷压缩机靠带轮，通过发动机曲轴带动转动。其转速只能被动地通过发动机转速来调节，空调系统无法主动地对压缩机转速进行调节。比亚迪 e6 先行者车型，空调系统的压缩机为电动压缩机，其驱动靠高压电驱动，转速可由空调系统主动调节，调节范围在 0～4000r/min。这样保证了良好的制冷效果，同时也节省了电能。

空调不制冷排查思路：传统部件则按传统排查思路排查，先确认冷媒压力是否正常，排查管路冷媒是否泄漏，排查电子风扇是否故障，排查相关继电器保险丝是否故障等。高压系

统则排查电动压缩机供电是否正常。(排查时需做好绝缘防护)

31.1.2 加热系统

传统燃油车型制热方面,通过发动机冷却水温的热量来制热,但在发动机启动、暖机阶段制热效果不好。

以广汽 GA3S PHEV 车型为例,暖风系统采用发动机及 PTC 加热器(最大功率5000kW)作为供热元件。根据车辆的使用工况及用户需求,自动选择发动机或者 PTC 供暖。PTC 加热器通过发热元件将水加热,将电能转化为热能。PTC 加热器安装位置见图 31-2。

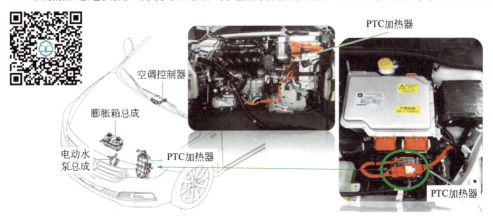

图 31-2　PTC 加热器安装位置(广汽 GA3S PHEV)

注意,PTC 加热器、电动压缩机为新能源汽车的耗电部件,会消耗高压电池电能,长期开启时会影响纯电行驶里程。建议使用时适度开启,避免高压电池电量消耗过快。

冷却液在 PTC 加热器中加热后,由暖风水管流入空调暖风水箱中,通过鼓风机使车厢内冷空气与暖风水箱进行热交换,之后热风从风道进入乘客舱,从而起到采暖、除霜、除雾的作用。PTC 系统有发动机和 PTC 两个供热元件,根据系统的需求进行切换,能够满足用户需求,同时考虑效率最佳。PTC 工作原理如图 31-3 所示。

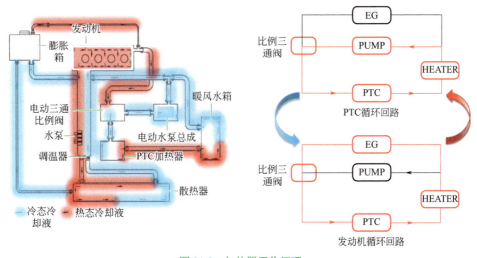

图 31-3　加热器工作原理

31.2 系统原理

31.2.1 制冷系统原理

电动空调压缩机受高压电驱动，当压缩机工作时，压缩机吸入从蒸发器出来的低温低压的气态制冷剂，经压缩，制冷剂的温度和压力升高，并被送入冷凝器。在冷凝器内，高温高压的气态制冷剂因把热量传递给经过冷凝器的车外空气而液化，变成液体。液态制冷剂流经膨胀阀时，温度和压力降低，并进入蒸发器。在蒸发器内，低温低压的液态制冷剂吸收经过蒸发器的车内空气的热量而蒸发，变成气体。气体又被压缩机吸入进行下一轮循环。这样，通过制冷剂在系统内的循环，不断吸收车内空气的热量并排到车外空气中，使车内空气的温度逐渐下降。空调制冷工作原理如图 31-4 所示。

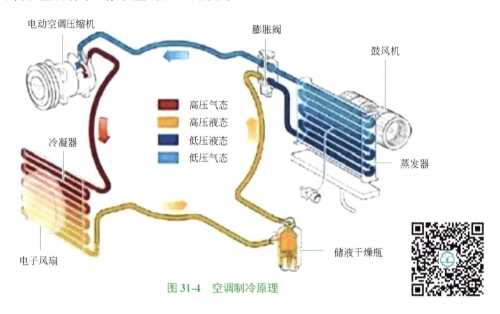

图 31-4　空调制冷原理

31.2.2 加热系统原理

加热系统包括鼓风机和电加热器（PTC）、加热器水泵、加热器芯体等。

当自动空调系统处于加热模式时，加热器在高压电的作用下对冷却液进行加热，高温冷却液被加热器水泵抽入加热器芯。同时，冷暖温度控制电机旋转至采暖位置，气流在鼓风机的作用下流过加热器芯，产生热量传递。外部空气在进入乘客舱前，与加热后的空气混合，吹出舒适的暖风。空调加热系统工作原理如图 31-5 所示。

31.2.3 通风系统原理

通风系统上的各种位置设置可使模式阀门通过风道导入冷风、热风和外部空气，它们可直接或混合后进入汽车乘客舱内。通风系统原理如图 31-6 所示。

在"AUTO（自动）"模式中会自动选择相应的模式状态，使用"MODE"（模式）按钮可更改车辆的送风模式。如果当前显示一个送风模式,则按"MODE"(模式)按钮可选择下一送风模式。

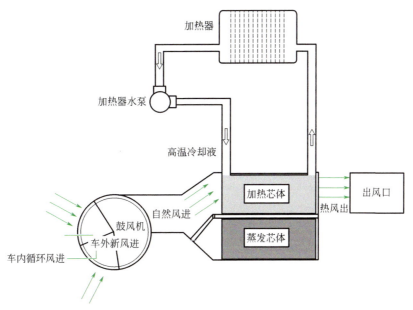

图 31-5　空调加热系统

空气流向按下列模式进行改变:
① 吹面——通过仪表板出风口送风。
② 双向——通过仪表板出风口、吹脚出风口送风。
③ 吹脚——通过吹脚出风口送风。
④ 混合——通过吹脚、前风窗出风口送风。
⑤ 除霜——前风窗出风口送风。

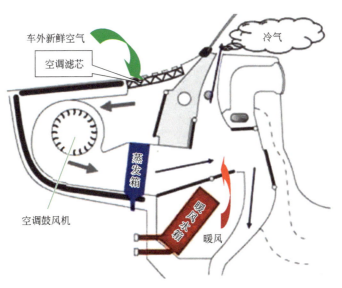

图 31-6　空调通风系统原理

31.3 系统部件拆装

31.3.1 电动空调压缩机拆装

下面以宝马 i3 电动汽车为例图解电动空调压缩机的拆装步骤及注意事项。

需要的专用工具：装配楔 009030（用于拆卸 O 形圈、密封件及饰件）和塞子 321270，如图 31-7 所示。

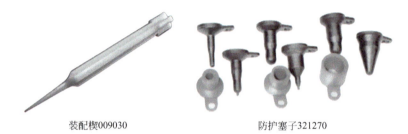

图 31-7 拆装所用工具

拆装注意事项：高压系统存在生命危险！工作开始之前务必将高压系统切换至无电压。制冷循环回路处在高压下！避免接触制冷剂和冷冻油。

宝马 i3 根据国家规定使用了两种不同的制冷剂和一种新的冷冻油。在制冷循环回路上执行维修工作之前，务必查明车辆中使用的是哪种制冷剂！当制冷循环回路按规定注满后，再重新打开冷暖空调，否则有损坏危险！

如果冷暖空调敞开时间超过 24 小时，则更新冷暖空调的冷凝器。

需要的准备工作：排放冷暖空调中的制冷剂和拆卸左侧水平支柱，注意用专用工具 321270 将压缩机上的开口或导线密封，以避免介质溢出及产生污物。

拆卸步骤：

① 松开螺栓（1），拆下缓冲挡块（2），见图 31-8。

② 松开螺栓 M6（1），取下电位补偿导线（2），见图 31-9。拧紧力矩 19Nm。

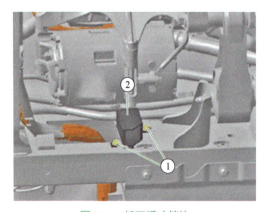

图 31-8 拆下缓冲挡块

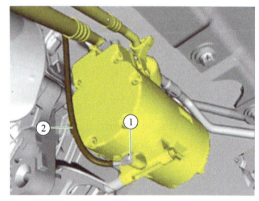

图 31-9 取下电位补偿线

③ 松开压缩机（2）上的螺栓 M6（1），见图 31-10。拧紧力矩 7.6Nm。注意不要忘记去耦环。

④ 松开插头连接（1），见图 31-11。

图 31-10　松开压缩机螺栓

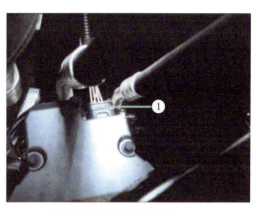

图 31-11　松开插头连接

⑤ 松开高压线插头（1），见图 31-12。
⑥ 固定住压缩机（1）以防脱落，松开螺栓 M8（2），拧紧力矩 19Nm，拆下制冷剂管路（3），见图 31-13。

注意：更换密封环时为了不损坏装配密封环，请使用专用工具 009030。

图 31-12　松开高压线插头

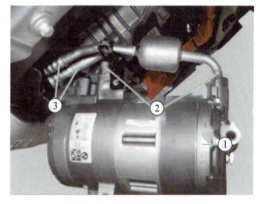

图 31-13　拆下制冷剂管路

⑦ 在更新时：调整新压缩机内的制冷剂油量。
⑧ 装配完成之后：对冷暖空调抽真空和加注制冷剂。

31.3.2　电加热器拆装

需要的专用工具：钳子 172050（包括松脱工具 1、弯曲型钳子 2 与平直型钳子 3）和塞子 321270（用于封闭空调、制动与转向系统液压管路），如图 31-14 所示。

注意事项：工作开始之前务必断开高压系统电压；松开冷却液管时会有冷却液流出，准备好容器盛放并妥善处理排出的冷却液。

准备工作：拆除行李厢槽与断开负极蓄电池导线。
① 拆卸空气导管（1），见图 31-15。
② 松开插头连接（1），将冷却液管（2）解除联锁并取下，见图 31-16。

钳子172050

图 31-14　拆装所需专用工具

图 31-15　拆卸空气导管

③ 松开插头连接（1），松开螺栓 M6（2），见图 31-17。拧紧力矩 2.6Nm。

图 31-16　松开插头连接 1

图 31-17　松开插头连接 2

④ 将卡箍（1）松开，借助专用工具 172050 松开，并拔下冷却液管（2），见图 31-18。松开螺母 M6（3）并拆下电位补偿导线。松开螺栓 M6（4），拧紧力矩 2.6Nm，按照箭头方向取下电气加热装置（5），拧紧力矩 4Nm。

⑤ 小心吹洗电气加热装置，清除残余冷却液。电气加热装置上的开口或管路借助专用工具 321270 进行封堵，避免介质溢出和污染。

⑥ 在更新时：将卡箍（1）借助专用工具 172050 松开，并拔下冷却液管（2）。松开螺栓（3 和 4），拆下支架（5），见图 31-19。

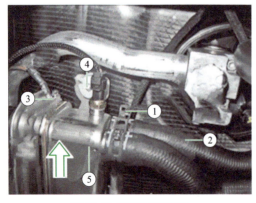

图 31-18　取下冷却液管

图 31-19　拆下安装支架

⑦ 装配完成之后：对冷却系统排气和加注冷却液。注意，不允许在 ECO-PRO 模式下加注和排气。

31.4　系统故障排除

（1）空调系统高压电路故障

故障现象：江淮新能源车辆无法启动，系统故障灯点亮，上位机读取故障码为 P301B。

故障原因：车辆压缩机反馈的高压值与系统总压不符合，导致车辆采取保护措施，无法行驶。

排除方法：① 压缩机高压接插件未接插到位，重新插紧接插件；② 高压接线盒内空调保险熔断，更换保险；③ 压缩机自身故障。

（2）空调压缩机排查流程

检查前提：拔下压缩机高压航插与低压航插。

检查步骤：

① 检查高低压绝缘（绝缘表调到 500V 挡，正极接到压缩机高压接插件其中一端，负极接触壳体，测量值 ≥ 550MΩ），若绝缘值为 0Ω 则表示压缩机故障，建议更换压缩机，如图 31-20 所示。

② 检查高压接插件正负极是否短路，不短路表示正常，若短路表示压缩机电路损坏，建议更换压缩机，如图 31-21。如正常请参照 ③。

图 31-20　测量绝缘值

图 31-21　检查高压正负极是否短路

③ 检查高低压接插件正负极之间电阻值（万用表调到 20M，万用表正负极接触高压端子），如电阻值 ≥ 10Ω 表示正常，如图 31-22 所示。

若以上测试结果均正常，基本上可确认压缩机完好，建议排查整车其他部件。

（3）EV 模式下空调不工作故障

故障现象：比亚迪秦 PHEV 车辆上 OK 挡电后，在 EV 模式下，开启空调后，发动机自动启动，机械压缩机工作。

故障分析：因打开空调后，机械压缩机可以正常工作，可以排除空调管路系统、空调面板按键、温度传感器及压力传感器等的故障。分析此故障主要和电动压缩机高压部分及控制部分有关，分析原因如下：① 高压配电箱故障；② 空调控制器故障；③ 空调配电盒故障；

图 31-22　检查正负极间电阻值

④ 电动压缩机及其线路故障。

检修过程：

① 车辆上 OK 挡电后，诊断仪读取电动压缩机及 PTC 加热器模块高压输入为 500V，说明高压配电箱及空调配电盒正常。

② 断开电动压缩机 A56 接插件，测量 A56 接插件端子 1 电压为 13V，正常；测量 A56 接插件的端子 2，搭铁正常。

③ 测量电动压缩机 A56 接插件的端子 4、端子 5 CAN 线，都为 2.5V 电压，正常。

④ 断开 PTC 加热器 B57 接插件，测量 B57 接插件端子 1 电压为 13V，正常；测量 B57 接插件的端子 6，搭铁正常。

⑤ 测量 PTC 加热器接插件的端子 4、端子 5 CAN 线，都为 2.5V 电压，正常。

⑥ 因电动压缩机及 PTC 加热器接插件线路高压及低压都正常，怀疑电动压缩机或 PTC 加热器故障。

故障排除：更换电动压缩机后，故障排除。

专家指点：

秦空调系统在传统机械压缩机制冷及发动机冷却液制热的基础上，增加了一套不依靠发动机工作即可实现的制冷和制热系统。

秦在 EV 模式和 HEV 模式下，开启空调时，优先使用电动压缩机及 PTC 加热器加热，只有在高压电池电量不足或高压空调系统故障时才会使用发动机制冷和制热。使用发动机制冷和制热时，空调控制器经网关和驱动电机控制器通信，并由驱动电机控制器和发动机电脑进行通信，启动发动机，利用传统发动机带动机械压缩机及冷却液的循环实现制冷及制热。

秦空调控制系统的核心为空调控制器，空调控制器主要接收空调面板等操作面板的按键指令（主要为 CAN 线传递），同时接收传统的温度及压力信号，并和电动压缩机及空调 PTC 加热器共同构成空调内部 CAN 网络。空调控制器接收并检测以上 CAN 信号及传感器信号后，会根据检测的信号情况进行空调冷风或暖风的开启及关闭，并根据实际情况判断是否启动发动机。空调控制系统工作原理图如图 31-23 所示。

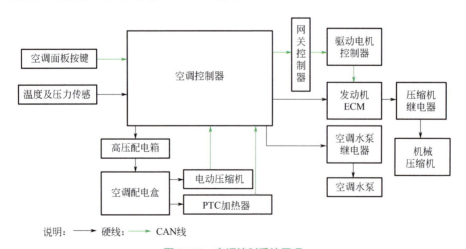

图 31-23　空调控制系统原理

（4）PTC 继电器排查流程

以江铃新能源车型为例，检测"BDU+"和多芯连接器的"5/6"号孔位之间是否导通，如图 31-24 所示。如果导通则为继电器粘连，其中如"5"号孔位与"BDU+"导通，则为"PTC1"继电器粘连；如"6"号孔位与"BDU+"导通，则为"PTC2"继电器粘连。

BDU 低压接插件连接端子排列如图 31-25 所示，端子定义见表 31-1。

图 31-24 导通检测

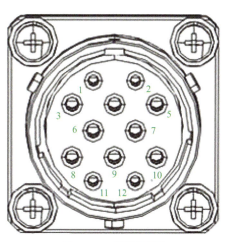

图 31-25 低压接插件

表 31-1 连接端子定义

端子编号	定义
1	空
2	空
3	空
4	一体式空调压缩机 +
5	电加热器 1+
6	电加热器 2+
7	空
8	一体式空调压缩机 -
9	电加热器 1-
10	电加热器 2-
11	空
12	空

（5）加热系统维修保养排气说明

以比亚迪宋 DM 车型为例，在拆装空调采暖系统回路中的 PTC 电动水泵、PTC 加热器、暖风水管、空调箱体和动力总成等零部件后，需对发动机冷却系统加注适量的、规定的冷却液，且需按照如下步骤进行系统排气：

① 整车上OK挡电，将挡位挂至N挡，切换至HEV模式中的Sport模式启动发动机。

② 打开空调，将空调温度设置到Hi，风量挡位建议设置4挡风。

③ 将加速踏板踩下，按"5min 2500r左右发动机转速"→"1min原地急速"的周期进行排气。两次循环过后，在发动机急速工况下，用手感受出风口的风温。

若风温出现明显的下降趋势，则继续按上述第3点的排气方法进行排气。

若风温不出现明显的下降趋势，则切换至EV模式，再次用手感受出风温度（感受时间不能太短，建议大于3min），若风温无明显的下降，则排气完成，若风温有明显的下降，需再次切换至HEV模式按上述第3点进行排气。

④ 排气完成后，检测冷却系统是否漏液。

⑤ 排气完成后，观察前舱发动机冷却液补液壶内的液位，若液位低于max线，则需要进行补液，让发动机冷却液补液壶中的液位接近max线。

注：上述第3点可以适当地调整每次排气改变转速和急速的频率，如2500r/min，30s急速。

（6）PTC功能不正常检修步骤

下面以比亚迪宋DM车型为例，讲解PTC功能异常的检修方法。

① 检查高压互锁信号。断开B19（B）接插件，见图31-26，检查线束端电阻，参数见表31-2，如异常则更换线束，正常则进入第2步。

表31-2 端子电阻检测参数

端子	线色	条件	正常情况
B19（B）-1-B28-11	L	始终	小于1Ω
B19（B）-2-K46-5	Gr	始终	小于1Ω

② 检查保险。用万用表检查F2/32保险是否导通，如异常则更换保险，正常则进入第3步。

③ 检查PTC电源与接地。断开接插件B19（A），见图31-27，检查对地电压，参数见表31-3，如异常则检查电源线束，正常则进入第4步。

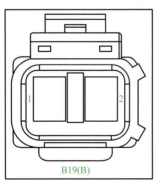

图31-26 B19（B）接插件

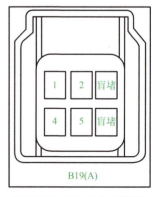

图31-27 B19（A）接插件

表 31-3 端子电压检测参数

端子	线色	条件	正常情况
B19（A）-1-车身地	R/G	ON挡	11～14V
B19（A）-2-车身地	B	始终	小于1V

④ 检查线束。断开接插件 B19（A），测线束阻值，参数见表 31-4，如异常则更换线束，正常则进入第 5 步。

表 31-4 端子电阻检测参数

端子	线色	条件	正常情况
B19（A）-2-车身地	B	始终	小于1Ω

⑤ 检查 CAN 通信。断开接插件 B19（A），检查电压值是否正常，参数见表 31-5，如异常则检查 CAN 线束，正常则进入第 6 步。

表 31-5 端子检测电压参数

端子	线色	条件	正常情况
B19（A）-4-车身地	P	始终	约2.5V
B19（A）-5-车身地	V	始终	约2.5V

⑥ 检查空调 ECU。更换空调 ECU，检查故障是否再现，如正常则可判定为空调 ECU 故障，如异常则更换 PTC 总成。

第32章　智能座舱

32.1　车机系统

汽车的智能化主要体现在自动驾驶与智能座舱两个方面，而在座舱智能化上，车机系统是核心。汽车车机是汽车车载计算机的简称，硬件表现为中控大屏，软件则为集成娱乐信息系统、车载通信系统等多个功能的应用操作平台。技术层面则使用了触摸操控、语音声控、人脸识别、摄像头监控、手势感应器、平视显示器（HUD）、红外夜视等手段。一些常见品牌主流车型搭载的车机系统如表32-1所示。

表 32-1　常见品牌主流车型搭载的车机系统

品牌	车型	车机系统	应用芯片	中控屏幕	仪表	HUD
奔驰	S 级	MBUX	英伟达	12.8in OLED 屏	12.3in 裸眼 3D	AR-HUD
宝马	X7	iDrive7.0	英伟达	双 12.3in 液晶		W-HUD
奥迪	A8	MMI	英伟达	上 10.1+ 下 8.6in	12.3in	W-HUD
大众	帕萨特	均胜 CNS3.0	高通	8in/9.2in	部分 10.2in	—
丰田	RAV4	Entune3.0	—	10.1in	7in	
特斯拉	MODEL3	Version	英特尔	整合至 15in 液晶屏		
蔚来	ES8	NOMI	英伟达	11.3in	9.8in	W-HUD
荣威	MARVEL X	AliOS	高通	14in	12.3in	—
比亚迪	唐	DiLink	高通	12.8in	12.3in	
吉利	博越	GKUI	亿咖通	12.3in	7in/12.3in	高配 W-HUD

注：1in=2.54cm。

比亚迪元 Plus 电动汽车车机系统组成部件如图 32-1 所示。车机系统包括 4G 网络、PAD 主机、蓝牙电话、智能语音识别、车机互动、车载收音机、USB、SD 卡总成、音频设备接口、视频设备接口、影像系统等多种部件和功能。

车机系统主机连接器分布如图 32-2 所示。

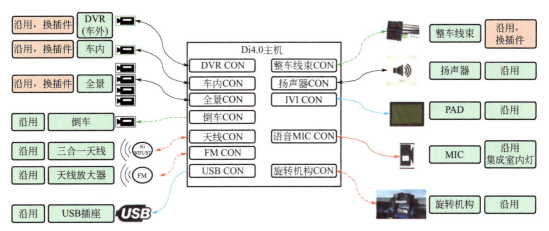

图 32-1　比亚迪元 Plus 车机系统组成部件

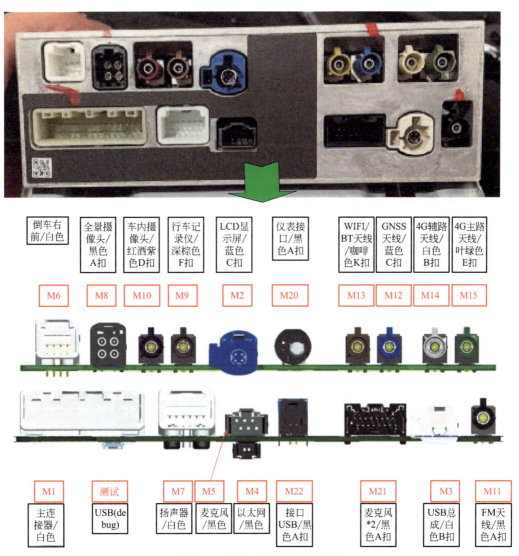

图 32-2　车机系统主机连接器分布

第 32 章 智能座舱　267

32.2 部件拆装

以理想 ONE 车型为例，车机的拆装步骤如下：
① 断开蓄电池负极线束总成。
② 拆装副仪表板右下饰板前段总成。
③ 连接诊断仪。
④ 点击左侧列表中的"匹配功能"。
⑤ 点击"HU"。
⑥ 点击弹出对话框中的"确认"。
⑦ 点击"解除绑定 SN"，如图 32-3 所示。

图 32-3 诊断系统设置

⑧ 断开前侧 HMI 车机线束连接器 1（共 9 处），如图 32-4 所示。

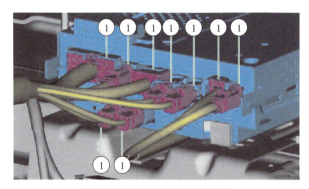

图 32-4 断开前侧线束连接器

⑨ 断开后侧 HMI 车机线束连接器 1（共 7 处），如图 32-5 所示。

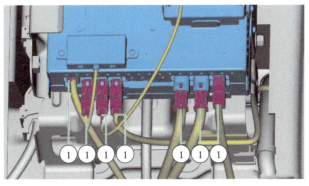

图 32-5　断开后侧线束连接器

⑩ 拆卸固定螺栓 1（共 2 个），取下 HMI 车机，如图 32-6 所示。

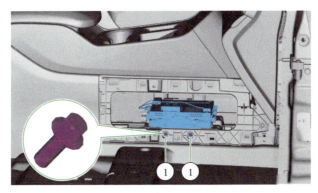

图 32-6　拆卸固定螺栓

⑪ 按与拆卸相反的顺序安装 HMI 车机，安装 Q1840616F36 六角法兰面螺栓，拧紧力矩 (6±1) Nm。

大屏拆装步骤如下：

① 断开蓄电池负极线束总成。
② 拆卸左侧装饰板。
③ 拆卸右侧装饰板。
④ 拆卸中央扬声器盖板总成。
⑤ 拆卸 HMI 大屏固定螺栓 1（共 6 个），如图 32-7 所示。注意保护 HMI 大屏屏幕防止刮花。

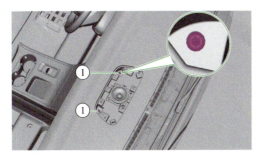 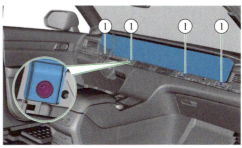

图 32-7　拆卸大屏固定螺栓

第 32 章　智能座舱

⑥ 脱开固定卡扣1（共3处），取出HMI大屏，如图32-8所示。

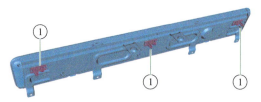

图32-8　松开卡扣

⑦ 断开线束连接器1（共3处），取下HMI大屏，如图32-9所示。

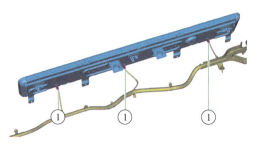

图32-9　断开线束连接器

⑧ 按与拆卸相反的顺序安装HMI大屏。注意HMI大屏固定螺栓（六角头螺栓）拧紧力矩：（6±1）Nm。

第33章 自动驾驶

33.1 系统概述

美国汽车工程师协会将自动驾驶技术进行了分级,这是目前国际公认的术语界定,如图 33-1 所示。

自动驾驶分级		称呼(SAE)	SAE定义	主体			系统作用域
NHTSA	SAE			驾驶操作	周边监控	支援	
0	0	无自动化	由人类驾驶者全权操作汽车,在行驶过程中可以得到警告和保护系统的辅助	人类驾驶者	人类驾驶者	人类驾驶者	无
1	1	驾驶支援	通过驾驶环境对方向盘和加减速中的一项操作提供驾驶支援,其他的驾驶动作都由人类驾驶员进行操作	人类驾驶者系统			部分
2	2	部分自动化	通过驾驶环境对方向盘和加减速中的多项操作提供驾驶支援,其他的驾驶动作都由人类驾驶员进行操作				
3	3	有条件自动化	由无人驾驶系统完成所有的驾驶操作。根据系统请求,人类驾驶者提供适当的应答	系统	系统	系统	
4	4	高度自动化	由无人驾驶系统完成所有的驾驶操作。人类驾驶者不一定需要对所有的系统请求作出应答,限定道路和环境条件等				
	5	完全自动化	由无人驾驶系统完成所有的驾驶操作。人类驾驶者在可能的情况下接管。在所有的道路和环境条件下驾驶				全域

图 33-1 汽车自动驾驶技术分级标准

L0 属于传统驾驶,L1 和 L2 属于驾驶辅助,L3 ~ L5 属于自动驾驶,L5 的自动驾驶技术等级也称为"无人驾驶"。因此,按照自动驾驶技术等级划分,驾驶辅助＜自动驾驶＜无人驾驶。

驾驶辅助技术当前已经在量产车上应用,通常称为高级驾驶辅助系统(advanced driver assistant systems,简称 ADAS)。

ADAS 是利用安装在车上的各式各样传感器,在汽车行驶过程中随时感应周围的环境,收集数据,进行静态、动态物体的辨识、侦测与追踪,并结合导航仪地图数据,进行系统的运算与分析,从而预先让驾驶者察觉到可能发生的危险,有效增加汽车驾驶的舒适性和安全性。初级的 ADAS 以被动式报警为主,当车辆检测到潜在危险时,会发出警报提醒驾车者注意异常的车辆或道路情况。对于最新的 ADAS 技术来说，主动式干预已较为普遍。

驾驶辅助技术处于自动驾驶技术等级的 L1 和 L2，L1 阶段车辆开始介入制动与转向其中一项控制，分担驾驶员的工作，主要有自适应巡航（ACC，adaptive cruise control）、车道保持功能（LKA，lane keep assist）、紧急制动刹车（AEB，automatic emergency braking）等。L2 阶段车辆开始接管纵向与横向的多个控制，驾驶操作由系统完成，但司机仍然要保持驾车状态，以便随时接管车辆。与 L1 不同，L2 的横向和纵向系统需要进行融合。

在汽车自动驾驶技术研发领域，有一类厂商是以摄像头感知为主要发展方向的，如特斯拉、日产、斯巴鲁等。

以特斯拉 Model 3 车型为例，该车环绕车身共配有 8 个摄像头，视野范围达 360°，对周围环境的监测距离最远可达 250m，各个摄像头分布及功能如图 33-2 所示。12 个新版超声波传感器作为整套视觉系统的补充，可探测到柔软或坚硬的物体，传感距离和精确度接近上一代系统的两倍。增强版前置雷达通过发射冗余波长的雷达波，能够穿越雨、雾、灰尘，甚至前车的下方空间进行探测，为视觉系统提供更丰富的数据。

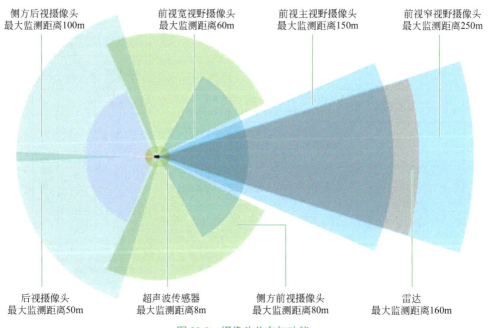

图 33-2　摄像头分布与功能

在汽车自动驾驶技术研发领域，有一类厂商是以激光雷达感知为主要发展方向的，如奥迪、奔驰、宝马等。

以奥迪 e-tron 为例，该车也使用了激光扫描装置，该装置首次使用在奥迪 A8（车型 4N）上。该传感器单元直接取自奥迪 A8 上。

激光扫描装置安装在前保险杠中间的牌照架下方，如图 33-3 所示。由于该激光扫描装置的高度位置几乎与奥迪 A8 上的完全相同，因此其调整步骤和所需设备也是相同的。其他的维修保养内容也与奥迪 A8 上的系统是相同的。

该激光扫描装置在功能方面与远距离雷达传感器一样，都是用于探测车辆前方物体的。基本工作原理也与雷达传感器类似，但发出的不是超声波而是激光束，光束照射到其他物体表面后会反射回来，如图 33-4 所示。通过测量激光束从发射到接收所需要花费的时间，就可以确定本车与相应物体之间的距离。激光扫描装置与雷达传感器的根本区别在于辐射的传播特性。雷达传感器发射出的是锥形雷达波来覆盖较大的空间，而激光扫描装置是将单个激光束集中到一个点上。要想探测较大空间，那么就必须向多个水平面水平发射很多"单束激光"。所使用的激光脉冲（脉冲宽度约为4ns）的波长约为905nm。这种电磁辐射是人眼所不能看到的（红外线），且因强度很低，也不会造成伤害（激光等级1）。

图 33-3　激光扫描装置与雷达传感器安装位置

图 33-4　激光扫描装置工作原理

奥迪 A8（车型 4N）上的激光扫描装置有一个可回转的反射镜（700r/min），该反射镜会把激光束以扇形散发出去。发射单元发出的激光碰到镜面并被散发出去。该反射镜由一个电机驱动。比如：100m 远的物体反射回来的红外线激光脉冲，在发射后不到 0.7μs 就会到达激光扫描装置的接收二极管了。反射的激光脉冲碰到反光镜的下部并从这里到达光电二极管，光电二极管会把这个光学信息转换成电信号。

该激光扫描装置水平探测范围覆盖了约 145°的角度，作用距离平均约为 80m。车距为 10cm 时仍能对物体做出识别。扇形的激光束在垂直方向分布在四个平面内，每个平面的辐射角为 0.8°，垂直方向总角度约为 3.2°，水平分辨率为 0.25°，比雷达技术精准多了。

33.2　故障排除

多功能视频控制器，简称 MPC，是集成在车辆上的通过配备的传感器和控制系统来有效并高效地满足立法者和消费者保护组织所设立的不断增加的安全标准的驾驶员辅助系统。多功能视频控制器总成底座固定在前窗玻璃上，多功能视频控制器总成模块安装在底座上，如图 33-5 所示。

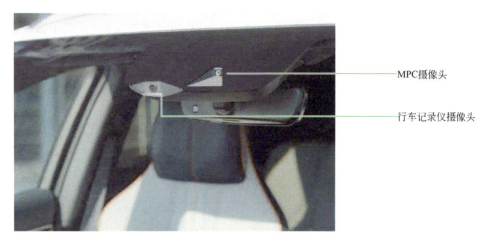

图 33-5 MPC 安装位置

当仪表提示诸如检查行人探测系统、车道偏离系统等故障信息时，直接用 VDS/电脑读取多功能视频控制器模块的故障码，根据不同的故障码参照图 33-6 进行检修。

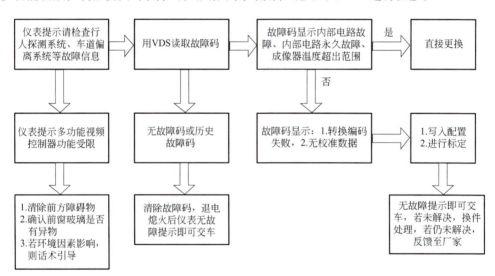

图 33-6 MPC 检修流程

① VDS 故障码显示内部电路故障、内部电路永久故障、成像器温度超出范围，对这三种故障码可以进行换件维修。

② VDS 故障码显示转换编码失败，定义为 MPC 未配置，在多功能视频控制器里写入配置可解决。

③ VDS 故障码显示无校准数据，定义为 MPC 未标定，在多功能视频控制器进行标定可解决。

④ 针对多功能视频控制器里无当前故障码（无故障码或历史故障码），退电熄火后仪表无故障提示即可。其他模块导致的偶发故障提示，熄火会恢复正常，不属于多功能视频控制器故障。

仪表提示多功能视频控制器功能受限：① 退电上电后仪表提示故障未消除，首先清洗前窗玻璃，再检查前窗玻璃是否有异物遮挡，有异物则清除异物；② 试退电上电后故障是否消除。可根据不同的故障类型进行快速排查，如表33-1所示。

表33-1　MPC故障快速排查

多功能视频控制器故障类型	故障判定	解决方法
内部电路故障	硬件故障	更换
内部电路永久故障	软件故障	更换
成像器温度超出范围	硬件故障	更换
转换编码失败	MPC未写入配置	在多功能视频控制器里写入配置
无校准数据	MPC未标定	在多功能视频控制器进行标定
内部电路输出电压低	可恢复历史故障码	用VDS清除历史故障码

第34章 整车控制系统

34.1 系统功能

车辆控制器（VCU, vehicle control unit），是整个汽车的核心控制部件，它通过硬线或 CAN 采集电子加速踏板信号、挡位信号、制动踏板信号及其他部件信号，并做出相应判断后，控制下层的各部件控制器的动作，驱动汽车正常行驶。整车控制器所连接到的系统及部件如图 34-1 所示。系统功能描述见表 34-1。

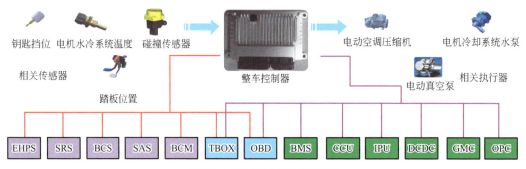

图 34-1 整车控制器连接系统

表 34-1 整车控制系统功能描述

零件名称	缩写	功能	零件名称	缩写	功能
电动液压助力转向系统	EHPS	控制电磁阀的开度，从而满足高、低速时的转向助力要求	电池管理系统	BMS	检测高压电池状态，控制高压电池输入/输出
安全气囊	SRS	被动安全性保护系统，与座椅安全带配合使用，为乘员提供防撞保护	整车控制器	VCU（HCU）	接收整车高压/低压附件信号，对整车进行控制
车身控制系统	BCS	控制 ABS/ESP	耦合控制单元	CCU	检查 GMC 油压/油温，通过控制电磁阀实现离合器吸合/断开
半主动悬架	SAS	通过传感器感知路面状况和车身姿态，改善汽车行驶平顺性和稳定性的一种可控式悬架系统	智能动力单元	IPU	控制驱动电机和发电机

续表

零件名称	缩写	功能	零件名称	缩写	功能
车身控制模块	BCM	设计功能强大的控制模块，实现离散的控制功能，对众多用电器进行控制	直流直流转换器	DC-DC转换器	将高压电池内高压直流电转化为12V，供低压用电器使用
远程监控系统	TBOX	行车时实时上传整车信号至服务器，实现对车辆进行实时动态监控	机电耦合系统	GMC	内置TM、ISG、差减速器，实现整车动力输出
车载诊断系统	OBD	诊断整车故障状态	低压油泵控制器	OPC	辅助控制GMC内部冷却油流动

34.2 电气检测

小鹏P7整车控制器端子分布如图34-2所示，端子定义与信号参数见表34-2。

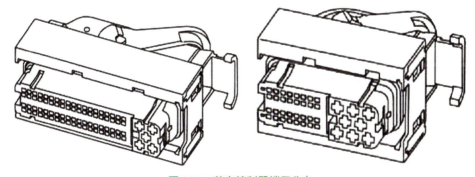

图 34-2 整车控制器端子分布

表 34-2 整车控制器端子定义及信号参数

端子	端子定义	电流	信号类型	备注
1	电源地	5A	电源地	0V
2	电源地	5A	电源地	0V
3	搭铁地	10A	搭铁地	0V
4	12V电源输入	5A	12V输入	13～14V
5	12V电源输入	5A	12V输入	13～14V
6	ECAN_L	100mA	CAN_L	查看CAN报文
7	5V信号地	100mA	5V信号地	0V

续表

端子	端子定义	电流	信号类型	备注
9	直流充电口温度传感器信号2	3mA	模拟电压输入	常温下采集到的电压值：20℃ 2.778V；25℃ 2.5V；30℃ 2.23V
14	风扇1_速度控制	200mA	LSS	—
15	加速踏板传感器电源1	15mA	5V电源	4.9～5.1V
16	加速踏板传感器电源2	15mA	5V电源	4.9～5.1V
17	挡位传感器5V电源	15mA	5V电源	4.9～5.1V
19	散热风扇继电器控制	150mA	LSS	输出：＜0.5V；断开：13～14V
21	倒车灯电源输出	470mA	HSS	打到倒挡，输出：12～14V；离开倒挡，断开：＜0.5V
25	ECAN_H	100mA		查看CAN报文
26	加速踏板传感器接地1	100mA	5V信号地	0V
28	直流充电口温度传感器信号1	3mA	模拟电压输入	常温下采集到的电压值：20℃ 2.778V；25℃ 2.5V；30℃ 2.23V
29	交流充电口温度传感器信号3	3mA	模拟电压输入	常温下采集到的电压值：20℃ 2.778V；25℃ 2.5V；30℃ 2.23V
30	加速踏板位置传感器信号2	12mA	模拟电压输入	松开加速踏板0.375V；踩下加速踏板2.295V
31	加速踏板位置传感器接地	100mA	5V信号地	0V
32	挡位传感器	100mA	5V信号地	0V
37	碰撞硬线信号	25mA	PWM信号	正常时：高电平200ms，低电平40ms（用万用表测试平均值10V左右）
38	电池水泵自诊断信号	5mA	PWM检测	100Hz，占空比10%～98%，高电平11～13V，低电平＜0.5V
40	风扇反馈信号	5mA	LSS	100Hz，占空比10%～90%
41	LIN通信	50mA	LIN线	
42	制动灯继电器控制	150mA	LSS	断开时：13～14V；能量回收时：＜0.5V
43	紧急停止		HSS	断开时：＜0.5V；紧急停止时：12～14V

续表

端子	端子定义	电流	信号类型	备注
44	电机水温传感器信号	3mA	模拟电压输入	常温下采集到的电压值：25℃ 2.5V
47	CCAN_H	100mA	CAN 信号	查看 CAN 报文
48	CCAN_L	100mA	CAN 信号	查看 CAN 报文
50	加速踏板传感器信号 1	12mA	模拟电压输入	松开加速踏板 0.75V；踩下加速踏板 4.59V
52	高压互锁输入	20mA	PWM 检测	100Hz，50% 占空比（用万用表测试平均值 4.2V 左右）
56	充电指示灯 2	20mA	LSS	未使用时：4V 左右 充电照明时：<0.5V
60	电机水泵转速控制 1	6mA	LSS	100Hz，占空比 10%～98%，高电平 11～13V，低电平 <0.5V
62	ADCAN_H	100mA	CAN 信号	查看 CAN 报文
64	电池水温传感器信号 2	3mA	模拟电压输入	常温下采集到的电压值：25℃ 2.5V
65	交流充电口温度传感器信号 1	3mA	模拟电压输入	常温下采集到的电压值：20℃ 2.778V；25℃ 2.5V；30℃ 2.23V
66	交流充电口温度传感器信号 2	3mA	模拟电压输入	常温下采集到的电压值：20℃ 2.778V；25℃ 2.5V；30℃ 2.23V
67	电机水温传感器接地	100mA	5V 信号地	0V
68	充电指示灯 4	20mA	LSS	未使用时：4V 左右；充电时：<0.5V
69	充电指示灯 3	20mA	LSS	未使用时：4V 左右；充电时：<0.5V
71	电池水温传感器接地	100mA	5V 信号地	0V
74	电机水泵自诊断	5mA	PWM 检测	100Hz，占空比 10%～98%，高电平 11～13V，低电平 <0.5V
76	水泵继电器控制	150mA	LSS	断开时：13～14V；输出时：<0.5V
77	主继电器控制	150mA	LSS	断开时：13～14V；输出时：<0.5V

续表

端子	端子定义	电流	信号类型	备注
79	电池水泵转速控制	6mA	LSS	100Hz，占空比10%～98%，高电平11～13V，低电平<0.5V
80	直流充电口温度传感器接地	100mA	5V信号地	0V
81	ADCAN_L	100mA	CAN信号	查看CAN报文
82	挡位传感器N挡	5mA	模拟电压输入	打到N1挡：0.799V；离开N1挡：4.283V
84	主继电器状态回采	5mA	HSS	主继电器闭合时：13～14V；主继电器断开时：0V
85	制动开关信号	0.3A	低电平检测	踩下刹车踏板：0V；松开刹车踏板：13～14V
86	直流充电唤醒信号	10mA	唤醒电	快充充电唤醒时：13～14V；无效时：<0.5V
87	IG1电源	0 5A	唤醒电	车辆上电时：13～14V；车辆下电时：<0.5V
88	高压互锁输出		PWM输出	100Hz，50%占空比（用万用表测试平均值4.2V左右）
90	挡位传感器D挡	5mA	模拟电压输入	打到01挡：0.799V 离开01挡：4.283V
92	制动开关常闭信号	5.25A	低电平检测	踩下刹车踏板：13～14V 松开刹车踏板：0V
94	交流充电唤醒信号	10mA	唤醒电	慢充充电唤醒时：13～14V；无效时：<0.5V
101	挡位传感器P挡	5mA	模拟电压输入	按下P挡开关：(1.947±0.15)V 松开P挡开关：(4.68±0.15)V
104	挡位传感器R挡	5mA	模拟电压输入	打到R1挡：0.799V；离开R1挡：4.283V
114	电源地	5A	电源地	0V
115	电源地	5A	电源地	0V
116	接地	10A	搭铁地	0V
119	12V电源	5A	12V输入	13～14V

34.3 故障诊断

整车故障管理模式为判断整车的各个传感器、执行机构的状态；指出相应的错误标志，协调在故障情况下各个模块的计算、执行；将故障状态记录、输出、消除。

整车控制器根据电机、电池、DC-DC 等零部件故障、整车 CAN 网络故障及 VCU 硬件故障进行综合判断，确定整车的故障等级，并进行相应的控制处理。整车控制器故障等级的4 级划分如表 34-3 所示。

表 34-3 整车控制器故障等级

等级	名称	故障后处理	故障列表
一级	致命故障	紧急断开高压	MCU 直流母线过压故障、BMS 一级故障
二级	严重故障	零转矩	MCU 相电流过流、IGBT、旋变等故障；电机节点丢失故障；挡位信号故障
三级	一般故障	跛行	加速踏板信号故障
		降功率	MCU 电机超速保护
		限功率 <7kW	跛行故障、SOC<1%、BMS 单体欠压、内部通信、硬件等二级故障
		限速 <15km/h	低压欠压故障、制动故障
四级	轻微故障	只仪表显示（维修提示）能量回收故障，仅停止能量回收	MCU 电机系统温度传感器、直流欠压故障；VCU 硬件、DC-DC 转换器异常等故障

车辆必须能够与故障诊断仪通信，但凡故障诊断仪无法连接的车辆，请按以下顺序排查。

① 使用万用表，检查 VCU 的供电是否正常，包括 ON 挡电、常电，同时，需要检查低压电气盒中 VCU 的各个供电保险是否正常。

② 使用万用表，检查 OBD 诊断口与 VCU 的 CAN 总线线束连接是否牢固、正常。

③ 如果以上都正常，请更换全新的整车控制器。

排查结束，故障诊断仪将可以顺利与整车控制器 VCU 建立 CAN 总线通信连接。

进入诊断界面，按照流程进行其他故障的定位、排查、维修，最后清除故障码，试车，结束维修。

当仪表显示整车故障时正确的诊断流程：

读取故障码→读取冻结帧→读取数据流→维修→清除故障码→关闭钥匙，再打开钥匙到 ON 挡，再次读取故障码，确认故障不再存在，那么维修完成。

整车控制器故障检修流程如图 34-3 所示。

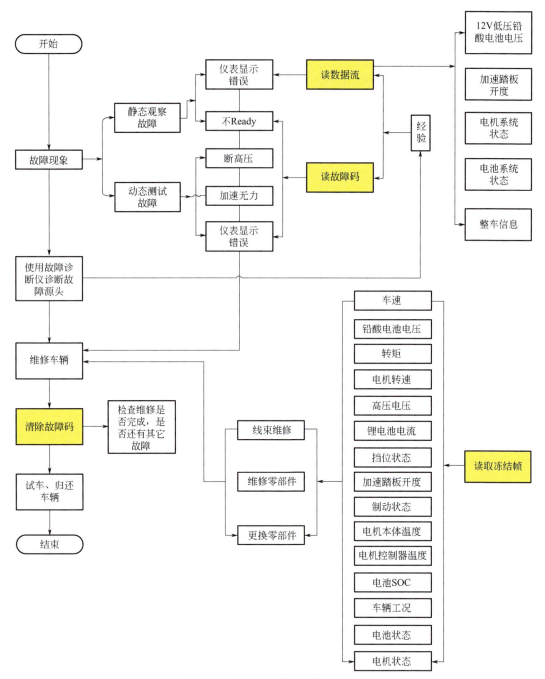

图 34-3 整车控制器故障检修流程

第35章 车身控制系统

35.1 系统功能

以荣威 Marvel X 车型为例，该车 BCM 安装于 A 柱左前侧围板处。BCM 原理框图如图 35-1 所示。

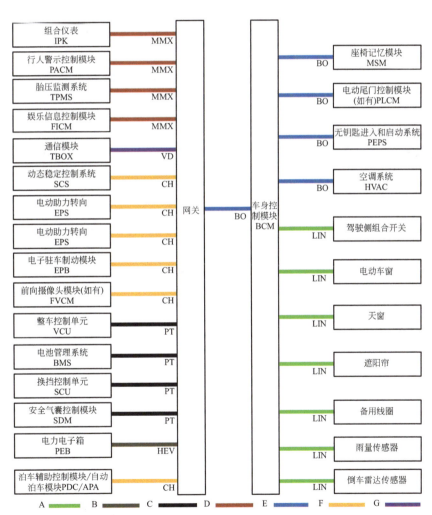

图 35-1 BCM 原理框图

A—LIN 线；B—混动高速 CAN 线；C—动力高速 CAN 线；D—多媒体高速 CAN 线；E—车身高速 CAN 线；F—底盘高速 CAN 线；G—诊断高速 CAN 线

BCM 包括低功率模式的微处理器、电可擦除只读存储器（EEPROM）、CAN、LIN 收发机和电源。BCM 具有离散的输入和输出端子，控制车身大部分功能。它通过高速 CAN 总线与其他主要电气系统交互，通过 LIN 总线与次要的电气系统交互。BCM 的电源模式主控模块（PMM），为大部分车辆电器部件供电。

通过车身高速 CAN 总线，BCM 与以下部件直接通信：HVAC（暖风空调）、PEPS（无钥匙进入和启动系统）、MSM（座椅记忆模块）、PLCM（电动尾门模块）。

使用 LIN 总线，车身控制模块与以下部件直接通信：PEPS（无钥匙进入和启动系统）、PWL（电动车窗）、DDSP（驾驶侧组合开关）、SR（天窗）、雨量灯光传感器、备用线圈、PDC 传感器。

35.2 故障排除

这里以一则案例来说明相关车身控制器的维修方法与诊断思路。

一辆比亚迪 e1 仪表挡位 N 挡闪烁，换挡旋钮背光不亮，无法挂挡。PAD 提示"请检查挡位系统"。

连接 VDS 诊断仪，读取故障码，显示如图 35-2 所示。发现前驱动电机控制器、整车控制器、集成式车身控制器均与气囊模块有 CAN 信号和硬线信号异常，判断为车身网络故障所致。

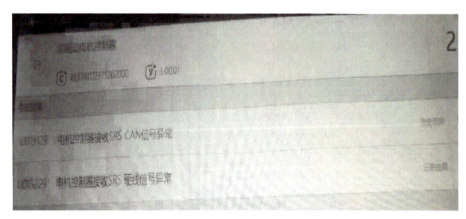

图 35-2　故障码内容

由于当前无故障，测量换挡旋钮接插件 CAN 线、电源线、接地线均良好，且端子无退针现象。

因故障时，SRS 与多个模块出现信号异常，且换挡旋钮不工作，故推测 IG1 供电有问题。由于换挡旋钮还存在背光不亮情况，查看小灯保险及继电器，良好，端子无异常。

通过电路图（图 35-3）可知，小灯继电器是由集成式车身控制器接插件 E 来驱动的。

排查 BCM 时发现，其接插件 E 虚接，未插接到位。处理插头后，反复试车，故障排除。

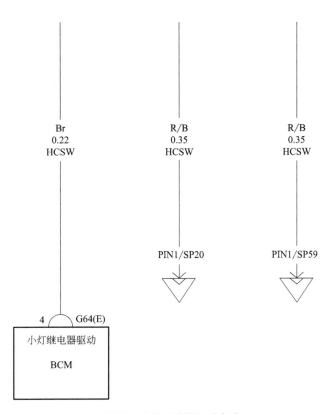

图 35-3　小灯继电器驱动电路

第36章 车载网络

36.1 总线概述

现今在汽车上使用的通信网络主要有以下三种:FlexRay、CAN-控制器局域网络、LIN-本地互联网络。

FlexRay——高速度(每信道高达 10Mbit/s)、双信道、时间触发、强大的容错协议,设计用作骨干网。一般的目标应用是线控(X-by-wire),即以线路控制取代机械控制。其目的是通过电子信号传输来替代传统的制动踏板和制动器或方向盘和车轮之间的机械传动。

CAN-控制器局域网——中等速度(最高 1Mbit/s)、单信道、双线容错协议,目前不仅在汽车业,还在许多工业应用中广泛使用。CAN 协议的目标应用可以包括电机控制、悬架控制和车内信息娱乐功能。

LIN-本地互联网络——低速(最高 20kbit/s)、单线低成本协议,可用于终端节点。这种协议用于传感器/执行器中,一般用于低速通信,即速度不是关键因素的应用中。

CAN-BUS 是总线技术中的一种,目前应用于汽车的几种总线如表 36-1 所示。

表 36-1 应用于汽车的几种总线

类别	现存标准	波特率	目前主要使用标准	应用范围
A	单线 CAN、LIN、BEAN、12C 等	5～20kbit/s	LIN	电动门窗、座椅调节、灯光照明等控制
B	低速 CAN、容错 CAN、J1850、VAN 等	30～125kbit/s	低速 CAN、容错 CAN	电子车辆信息中心、故障诊断、仪表显示、安全气囊等系统
C	高速 CAN、TTP、FlexRay	125～1000kbit/s	高速 CAN	悬架控制、牵引控制、发动机控制、ASR、ABS、EBD 等系统
D	MOST、IDB-1394、D2B、以太网等	10～400Mbit/s	MOST	多媒体技术

宝马 i3 数据通信网络连接系统如图 36-1 所示。

宝马 i3 使用的 K-CAN 总线有 K-CAN2、K-CAN3、K-CAN4 等 3 种。所有 K-CAN 总线的数据传输率均为 500kbit/s。在 i3 上不使用数据传输率为 100kbit/s 的 K-CAN。

宝马 i3 使用的 PT-CAN 总线有 PT-CAN、PT-CAN2 等两种。用于 PT-CAN2 的网关位于数字式发动机电气电子系统 EDME 内。两个 PT-CAN 的数据传输率均为 500kbit/s。

用于车辆诊断的 D-CAN 数据传输率为 500kbit/s。使用 OBD2 接口通过 D-CAN 可进行车辆诊断。用于车辆编程的以太网访问接口同样位于 OBD2 接口内。

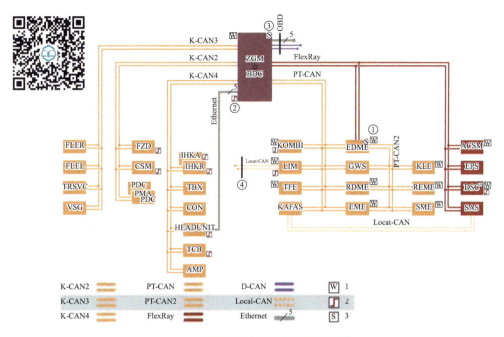

图 36-1 宝马 i3 数据网络连接

ACSM—碰撞和安全模块；AMP—放大器；BDC—车身域控制器；CON—控制器；CSM—汽车共享模块；DSC—动态稳定控制系统；EDME—数字式发动机电气电子系统；EME—电机电子装置；EPS—电动助力转向系统；FLER—右侧前部车灯电子装置；FLEL—左侧前部车灯电子装置；FZD—车顶功能中心；GWS—选挡开关；HEADUNIT—主控单元；IHKA—自动恒温空调；IHKR—手动恒温空调；KAFAS—基于摄像机的驾驶员辅助系统；KLE—便捷充电电子装置；KOMBI—组合仪表；LIM—充电接口模块；PDC—驻车距离监控系统；PMA—驻车操作辅助系统；RDME—增程器数字式发动机电子系统；REME—增程电机电子装置；SAS—选装配置系统；SME—蓄能器管理电子装置；TFE—燃油箱功能电子系统；TBX—触控盒；TCB—远程通信系统盒；TRSVC—顶部后方侧视摄像机；VSG—车辆发声器；ZGM—中央网关模块；1—与总线端 15WUP 连接的控制单元；2—有唤醒权限的控制单元；3—用于 FlexRay 总线系统启动和同步的启动节点控制单元；4—车辆上的充电接口

在 i3 上根据相应配置提供的局域 CAN 总线有：从选装配置系统 SAS 连至基于摄像机的驾驶员辅助系统 KAFAS 的局域 CAN；从充电接口模块 LIM 连至车辆充电接口的局域 CAN。局域 CAN 总线的数据传输率均为 500kbit/s。

根据所需信息，LIN 总线使用不同数据传输率。在 i3 上 LIN 总线的数据传输率为 9.6~20.0kbit/s。例如：车外后视镜、驾驶员车门开关组件为 9.6kbit/s，左侧前部车灯电子装置、右侧前部车灯电子装置为 19.2kbit/s，遥控信号接收器为 20.0kbit/s。

车身域控制器针对相应输入端的不同数据传输率进行设计。车身域控制器 BDC 控制以下部件：网关、禁启动防盗锁、总线端控制、舒适登车系统、中控锁、车窗升降器、照明装置、刮水和清洗装置、扬声器。

中央网关模块 ZGM 集成在 BDC 内。在车载网络结构 2020 中，ZGM 以模块形式集成在 BDC 内。它可以说是控制单元内的控制单元，因为 BDC 内 ZGM 的工作方式就像是一个独立的控制单元。ZGM 的任务是将所有主总线系统连接起来。通过这种连接方式可综合利用各总线系统提供的信息。ZGM 能够将不同协议和速度转换到其他总线系统上。通过 ZGM 可经过以太网将有关控制单元的编程数据传输到车辆上。

BDC 是 LIN 总线上以下组件的网关：右侧前部车灯电子装置、左侧前部车灯电子装置、主动风门控制、左侧车外后视镜、右侧车外后视镜、驾驶员车门开关组件、数字式发动机电气电子系统、智能型蓄电池传感器、前窗玻璃刮水器、晴雨传感器、自动防眩车内后视镜、车顶功能中心、遥控信号接收器、转向柱开关中心、车灯开关、智能型安全按钮、驾驶员侧座椅加热模块、前乘客侧座椅加热模块。

以下 LIN 组件连接到 BDC 上，但是仅形成环路：电气加热装置、电动制冷剂压缩机、自动恒温空调或手动恒温空调。宝马 LIN 总线连接部件如图 36-2 所示。

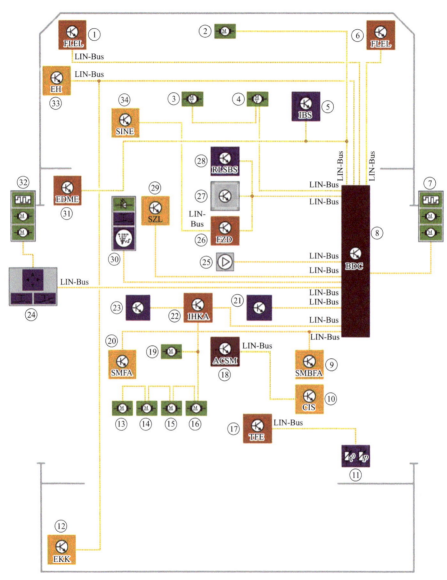

图 36-2　宝马 i3 LIN 总线方框图

1—左侧前部车灯电子装置；2—电风扇；3—前乘客侧刮水器电机；4—驾驶员侧刮水器电机；5—智能型蓄电池传感器；6—右侧前部车灯电子装置；7—右侧车外后视镜；8—车身域控制器；9—前乘客侧座椅模块；10—座椅占用识别垫；11—压力和温度传感器；12—电动制冷剂压缩机；13—脚部空间步进电机；14—空气混合风门步进电机；15—除霜步进电机；16—新鲜空气/循环空气风门步进电机；17—燃油箱功能电子系统；18—碰撞和安全模块；19—鼓风机功率输出级；20—驾驶员侧座椅模块；21—智能型安全按钮；22—自动恒温空调/手动恒温空调；23—暖风和空调操作面板以及收音机操作面板；24—驾驶员车门开关组件；25—遥控信号接收器；26—车顶功能中心；27—自动防眩车内后视镜；28—晴雨/光照/水雾传感器；29—转向柱开关中心；30—车灯开关操作单元；31—数字式发动机电气电子系统；32—左侧车外后视镜；33—电气加热装置；34—带有倾斜报警传感器的报警器

宝马 i3 各控制模块安装位置如图 36-3 所示。

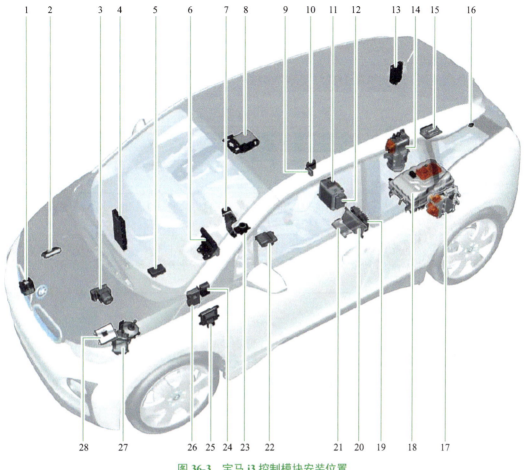

图 36-3　宝马 i3 控制模块安装位置

1—车辆发声器 VSG；2—右侧前部车灯电子装置 FLER；3—动态稳定控制系统 DSC；4—车身域控制器 BDC；5—自动恒温空调 IHKA 或手动恒温空调 IHKR；6—组合仪表 KOMBI；7—选挡开关 GWS；8—车顶功能中心 FZD；9—触控盒 TBX；10—驻车操作辅助系统 PMA 或驻车距离监控系统 PDC；11—主控单元 HEADUNIT；12—选装配置系统 SAS；13—充电接口模块 LIM；14—增程电机电子装置 REME；15—增程器数字式发动机电子系统 RDME；16—顶部后方侧视摄像机 TRSVC；17—便捷充电电子装置 KLE；18—电机电子装置 EME；19—放大器 AMP；20—远程通信系统盒 TCB；21—蓄能器管理电子装置 SME；22—碰撞和安全模块 ACSM；23—控制器 CON；24—燃油箱功能电子系统 TFE；25—数字式发动机电气电子系统 EDME；26—基于摄像机的驾驶员辅助系统 KAFAS；27—电动助力转向系统 EPS；28—左侧前部车灯电子装置 FLEL

36.2　总线诊断

36.2.1　比亚迪唐 CAN 总线检修方法

此处以比亚迪唐车型为例讲解 CAN 总线的故障维修方法。

(1) 故障形式

CAN 总线故障形式主要有 CAN_H 和 CAN_L 短路、CAN_H 对正极短路、CAN_H 对地短路、CAN_H 断路、CAN_L 对正极短路、CAN_L 对地短路和 CAN_L 断路共七种故障。

(2) 故障代码

CAN 总线使用三种类型的 DTC（见表 36-2）。

表 36-2　CAN 总线类型

DTC 类型	功能说明
内部错误 DTC	各 ECU 执行内部检查，如果其中一个发现内部 ECU 问题，则它会提出一个内部错误 DTC，指示该 ECU 需要更换
失去通信 DTC	失去通信 DTC（和总线关闭 DTC）是在 ECU 之间的通信出现问题时提出的，问题可能出在连接、导线或 ECU 本身上
信号错误 DTC	各 ECU 对某些输入回路执行诊断测试，以确定此回路功能是否正常（无断路或短路）。如果一个回路未通过诊断测试，则会相应设置一个 DTC（注意：并非所有输入都检测是否有错误）

(3) 诊断方法

CAN 线是否正常，一般可以通过在诊断口测量 CAN_H 和 CAN_L 的电阻来判断：

① 如果通过测量，电阻值为 60～70Ω，则 CAN 主线可以正常通信；

② 如果无限大，表明断路，可继续拆下终端电阻模块，单独测量 CAN_H 和 CAN_L 的电阻，应在 120Ω 左右；

③ 无限小表明短路，可断开 CAN 各模块，做初步判定；

④ CAN_H 和 CAN_L 的对地电阻：若其中一根与车身导通，说明该线短路；

⑤ 测量 CAN_H 和 CAN_L 的对地电压，正常情况下，应该测试 CAN 网隐性电压。CAN_H/L 的对地电压为 2.5V，如果为 0V 表明对地短路，如果大于正常值，则可能对电源短路。

(4) 波形测量

运用示波器可以同时测量 CAN_H 和 CAN_L 的波形，示波器的两个通道，分别接入 CAN_H 和 CAN_L 线路，这样在同一界面下同时显示 CAN_H 和 CAN_L 的同步波形，能很直观地分析系统出现哪些问题。

(5) 电阻测量

总线终端电阻可以用万用表进行测量：

① 拆下蓄电池的电源线；

② 等待约 5min，直到所有的电容器充分放电；

③ 连接万用表至 DLC 接口测量电阻值；

④ 将网关 CAN 插头拔下，检测总的阻值是否发生变化；

⑤ 把网关 CAN 插头插好，再将终端电阻模块 CAN 插头拔下；

⑥ 检测总的阻值是否发生变化，并分析测量结果。

由于带有终端电阻的两个控制单元是相连的，所以两个终端电阻是并联的。当测量的结果为每一个终端电阻大约为 120Ω，而总值为 60Ω 时，可以判断连接电阻是正常的，但是终端电阻不一定就是 120Ω，其相应的阻值依赖于总线的结构。如果在总的阻值测量后，将一个带有终端电阻的控制单元插头拔下，显示阻值发生变化，变化值就是测量的一个控制单元的终端电阻阻值。当在一个带有终端电阻的控制单元插头拔下后测量的阻值没有发生变化，则说明系统中存在问题，可能是被拔下的控制单元终端电阻损坏或是 CAN-BUS 出现断路。如果在拔下控制单元后显示的阻值变化无穷大，则可能是连接中的控制单元终端电阻损坏，或是到该控制单元的 CAN-BUS 出现故障。

（6）电压测量（表 36-3）。

表 36-3　CAN 总线电压参数

连接端子	线色	测试条件	正常值
CAN_H- 车身地	P	始终	2.5～3.5V
CAN_L- 车身地	V	始终	1.5～2.5V

（7）维修说明

① 了解故障车型的汽车多路传输系统特点。

② 检查汽车电源系统是否存在故障，如交流发电机的输出波形是否正常等。

③ 检查汽车多路信息传输系统的链路是否存在故障，采用示波器或汽车专用光纤诊断仪来观察通信数据信号，或者采用替换法或跨线法进行检测。

④ 如果是节点故障，采用替换法进行检测。

⑤ 如果 CAN-BUS 导线有破损或断路需接线时，每段接线应 <50mm，每两段接线之间应 ≥ 100mm；如果需要在中央节点处维修，则严禁打开节点，只允许在距节点 100mm 以外断开导线；另外，每条 CAN-BUS 导线长度不应超过 5m，否则所传输的脉冲信号会失真。

36.2.2　比亚迪 e6 总线检测

e6 车型高速总线电压如图 36-4 所示，低速总线电阻如图 36-5 所示。

图 36-4　检测高速总线电压

图 36-5　检测低速总线电阻

e6 总线节点电压的检测如图 36-6、图 36-7 所示，车辆上 OK 挡检测。

图 36-6 检测 DC-DC 转换器 CAN 进线电压

图 36-7 检测 DC-DC 转换器 CAN 出线电压

36.2.3 比亚迪 e6 总线终端电阻的检测

以比亚迪 e6 车型为例，从诊断接口上可以检测到的终端电阻只有 4 个，其余 6 个需要在各个子网检测。诊断接口检测电阻值如图 36-8、图 36-9 所示。

图 36-8 高速网 CAN 线检测

图 36-9 低速网 CAN 线检测

检测总线电压时不要用交流挡检测（图 36-10），应使用直流挡检测，如图 36-11 所示。

图 36-10 交流挡检测结果

图 36-11 直流挡检测结果

36.3 故障排除

一辆比亚迪 e6 车辆在正常操作的情况下,车辆无法上电。

检修过程:

① 整车处于 ON 挡,把万用表打到电压挡,然后把万用表一端接到诊断口 CAN 总线网络 CAN_L/CAN_H 端子上,万用表的另一端接到车身地,见图 36-12。

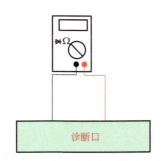

图 36-12 用万用表检测连接方法

② 如图 36-13 所示用万用表读取 CAN 总线网络 CAN_L/CAN_H 的隐性电平为 0V、12V 或者其他较大的偏离 2.5V 的数值。

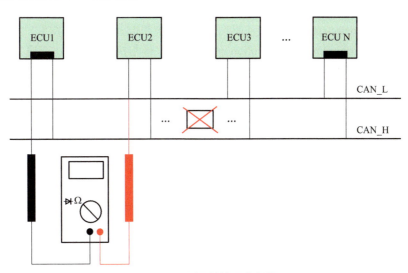

图 36-13 测量总线网络电压

③ 以上结果表明 CAN 总线网络是有故障的。一般来说,如果 ECU 上的总线收发器的 CAN_L/CAN_H 端子接地或者与电源短路,就会造成整个 CAN 总线网络的隐性电平为 0V 或者 12V。

排除方法:逐个检查整个 CAN 总线网络上的 ECU 内的收发器的 CAN_L 和 CAN_H 端子,看是否接地或者与电源短路。

新能源汽车常见英文缩略词

A

ABS，antilock brake system　防抱死制动系统
AC，alternating current　交流电
ACC，adaptive cruise control　自适应巡航
ADAS，advanced driver assistant systems　高级驾驶辅助系统
AEB，automatic emergency braking　紧急制动刹车

B

BAS，belt alternator starter　皮带（驱动）交流发电机起动机（轻混技术）
BASU，battery sampling and execution unit　电池采样与执行单元（比亚迪）
BCC　电池热管理控制器
BCM，body control module　车身控制模块
BCS，body control module　车身控制系统
BCU，battery control unit　电池控制单元
BEV，battery electric vehicle　纯电动汽车
BDU，battery energy distribution unit　电池能量分配单元，又称电池切断单元（battery disconnect unit）
BIC，battery information collector　电池信息采集器
BLDC，brushless DC motor　无刷直流电机
BMC，battery module controller　电池管理器
BMS，battery management system　电池管理系统
BSG，belt driven starter generator　带传动的集成起动机发电机（轻混技术）
BTMS，battery thermal management system　电池热管理系统（比亚迪）
BUS　巴士，公共汽车

C

CAN，controller area network　控制器局域网（汽车总线）
CC，connection check　充电连接检测信号
CCU，climate control unit　环境控制单元（蔚来）

CCU，coupling control unit 耦合控制单元（广汽）

CP，control pilot 充电控制引导功能信号，该信号主要用于监控电动汽车和电动汽车供电设备之间（充电桩）交互的功能

CTP，cell to 电池-电池包，是将电池直接集成到电池包中，从而省去了中间的模组架构，提高了空间利用率

D

DC，direct current 直流电

DC-DC 转换器 直流-直流转换器，高压直流转换为低压直流提供给低压电器及为低压蓄电池充电

AC-DC 转换器 交流—直流转换器，逆变器

DHT，dedicated hybrid transmission 专用混合动力变速箱

DLC data line connector 数据线插接器

DM，dual mode 双模（燃油加电动的插电混动技术）（比亚迪）

DMCU，drive motor control unit 电机控制器

DTC，diagnostic trouble codes 故障诊断码，简称故障码

E

e-tron 奥迪电动汽车

eBKV，electromechanical brake servo 德文缩写，电子机械式制动助力器

ECM，engine control module 发动机控制模块

ECU，electronic control unit 电子控制单元

EHPS，electrically hydraulic powered steering system 电动液压助力转向系统

EHS，electronic hybrid system 电子混动系统（比亚迪）

EME 电机电子装置，即电机控制器（宝马）

EPB，electric parking brake 电动驻车制动

EPS，electronic power steering 电动助力转向

ESC，electronic stability controller 车身电子稳定性控制

ESCM，energy storage control module 能量存储控制模块（通用）

EV，electric vehicle 电动车

EVT，electronically controlled continuously variable transmission 电控无级变速箱

F

F-CELL 燃料电池

FCEV，fuel cell electric vehicle 燃料电池电动车

FCV，fuel cell electric vehicle 燃料电池汽车

G

GMCU，generator motor control unit 发电机控制器

GND，ground （电路）地，接地

H

HCU，hybrid control unit　混动控制器

HDS，Honda diagnostic system　本田诊断系统

HEV，hybrid electric vehicle　混合动力电动汽车

HSD，hybrid synergy drive　混合动力系统（丰田）

HUD，head up display　平视显示器

HVAC heating ventilation and air conditioning　暖风空调

HVIL，high voltage interlock line　高压互锁线

h-tron　氢燃料汽车（奥迪）

HV，high voltage　高电压

HVH，high voltage electric heating　高压电加热系统（广汽）

I

ICE，internal combustion engine　内燃机

IGBT，insulated gate bipolar transistor　绝缘栅双极型晶体管，是由（bipolar junction transistor，BJT）双极型三极管和绝缘栅型场效应管（metal oxide semiconductor，MOS）组成的复合全控型电压驱动式功率半导体器件，是能源变换与传输的核心器件，俗称电力电子装置的"CPU"

IPB　智能集成制动系统（比亚迪）

IPU，intelligent power unit　智能动力单元

ISG，integrated starter generator　集成式起动机发电机

i-MMD，intelligent multi mode drive　智能化多模式驱动混合动力系统

i-Road　丰田生产的纯电动三轮汽车

K

kWh　千瓦时，表示一件功率为1kW的电器在使用1h之后所消耗的能量

L

LBC，lithium battery controller　锂电池控制器（日产，江淮）

LIN，local interconnect network　本地互联网络（总线）

LKA，lane keep assist　车道保持功能

M

MCU，motor control unit　电机控制单元

MG，motor generator　电动机发电机

MGU（motor generator unit）　电动机发电机单元（通用）

MHEV，mild hybrid electric vehicle　轻度混合动力汽车，简称"轻混"

MIC，multiple integrated control　多路集成控制（本田）

MICU，multi-channel integrated control unit　多路集成控制单元（比亚迪）

MIL，malfunction indicator light　故障指示灯

MPC　多功能视频控制器（比亚迪）

MSD，manual service disconnect 手动维修开关（高压切断器）
MCM 三元锂电池正极材料中三种金属镍（Ni）、钴（Co）、锰（Mn）的英文缩写

N

NCA 三元锂电池正极材料中三种金属镍（Ni）、钴（Co）、铝（Al）的英文缩写
NC，not connected （连接器端子）未连接（备用）
NEDC，New-European-Driving-Cycle 新欧洲驾驶周期，是欧洲的续航测试标准
NTC，negative temperature coefficient 负温度系数

O

OBC，On-board charger 车载充电机
OBD，On-board diagnostics 车载诊断系统
OCP，overcurrent Protection 过流保护
ODP OBC（车载充电机）、DC-DC 转换器（直流 - 直流转换器）、PDU（配电器）三合一充配电总成的简称（吉利）
OTP，over temperature protection 过温保护
OVP，overvoltage protection 过压保护，过充保护

P

PCB，printed circuit board 印刷电路板
PCM，power control module 动力控制模块
PCU，power control unit 动力控制单元
PDU，power distribution unit 动力分配单元，配电箱
PEU，power electronics unit 电力电子单元，即电机控制器
PHEV，plug-in hybrid electric vehicle 插电式混合动力汽车
PMSM，permanent magnet synchronous motor 永磁同步电机
PSD，power split device 动力分配器
PTC，positive temperature coefficient 正温度系数，一般指新能源汽车的电加热器
PWM，pulse width modulation 脉冲宽度调制（信号）

Q

quattro 全时四轮驱动（奥迪）

R

REEV，ranqe extend electric vehicle 增程式电动汽车
REPS，rack EPS 齿条式 EPS
RXBEV，range extender battery electric vehicle 带增程器的电动汽车

S

SCU，shift control unit 换挡控制单元
SGCM，starter/generator control module 起动机 / 发电机控制模块（通用）
SOC，state-of-charge （汽车电池）充电状态，又称剩余容量，表示电池继续工作

的能力

SOH，state of health 电池健康状态，可以理解为电池当前的容量与出厂容量的百分比

sportback 带溜背设计车型（奥迪）

T

TCM，transmission control module 变速箱控制模块

TCU，transmission control unit 变速箱控制单元

THS，Toyota hybrid system 丰田混合动力系统

TM，traction motor 驱动电机

TMCU，tractor motor control unit 驱动电机控制器

TPIM，traction power inverter module 动力功率逆变器模块（通用）

U

UVP，under-voltage protection 低电压保护，过放保护

V

VCC，volt current condenser （电路）供电电压

VCU，vehicle control unit 车辆控制单元，整车控制器

VDS，vehicle diagnostic system 车辆诊断系统

VIN，vehicle identification number 车辆识别码，由17位数字和字母组成，也称十七位码

VTOG 双向逆变充放电式电机控制器（比亚迪）

VTOV，vehicle to vehicle 车辆对车辆（充电）

参考文献

[1] 杜慧起. 新能源汽车维修从入门到精通. 北京：机械工业出版社，2019.
[2] 多国华. 新能源汽车维修技能全图解. 北京：中国铁道出版社，2022.
[3] 刘建华. 新能源电动汽车维修技术. 北京：北京交通大学出版社，2018.
[4] 胡欢贵. 新能源汽车维修完全自学手册. 北京：机械工业出版社，2020.
[5] 顾惠烽. 新能源汽车维修入门全程图解. 北京：化学工业出版社，2019.
[6] 瑞佩尔. 新能源汽车结构与原理. 北京：化学工业出版社，2019.
[7] 魏东坡. 电动汽车维修入门. 北京：化学工业出版社，2019.
[8] 蔡晓兵，樊永强. 电动汽车维修从入门到精通. 北京：化学工业出版社，2021.
[9] 于海东. 电动汽车维修快速入门与提高. 北京：化学工业出版社，2019.
[10] 周晓飞. 图解电动汽车维修入门与提高. 北京：化学工业出版社，2018.
[11] 于海东. 电动汽车结构原理与维修. 北京：北京理工大学出版社，2019.
[12] 曹砚奎. 图解电动汽车结构原理维修. 北京：机械工业出版社，2019.
[13] 曹砚奎. 电动汽车结构原理与维修. 北京：化学工业出版社，2018.
[14] 李伟. 全程图解电动汽车构造原理与维修. 北京：机械工业出版社，2019.
[15] 吴文琳. 电动汽车结构原理与使用维修. 北京：化学工业出版社，2017.
[16] 宁德发. 电动汽车结构原理检测维修. 北京：化学工业出版社，2017.
[17] 李伟. 电动汽车维修快速入门60天. 北京：机械工业出版社，2019.
[18] 黄费智. 电动汽车维修快速入门一本通. 北京：机械工业出版社，2019.